碳金融时代
碳交易的发展与机遇

THE EMERGENCE OF CARBON FINANCE / CARBON FRESH

胡宇晨◎著

经济管理出版社
ECONOMY & MANAGEMENT PUBLISHING HOUSE

图书在版编目（CIP）数据

碳金融时代：碳交易的发展与机遇 / 胡宇晨著. ——
北京：经济管理出版社，2025.7
ISBN 978-7-5096-9699-6

Ⅰ．①碳… Ⅱ．①胡… Ⅲ．①二氧化碳-排污交易-
金融投资-研究-中国 Ⅳ．①F832.2②X511

中国国家版本馆 CIP 数据核字（2024）第 091660 号

责任编辑：杜奕彤
责任印制：许　艳
责任校对：陈　颖

出版发行：经济管理出版社
　　　　　（北京市海淀区北蜂窝 8 号中雅大厦 A 座 11 层　100038）
网　　　址：www.E-mp.com.cn
电　　　话：（010）51915602
印　　　刷：北京晨旭印刷厂
经　　　销：新华书店
开　　　本：720mm×1000mm/16
印　　　张：16.75
字　　　数：319 千字
版　　　次：2025 年 7 月第 1 版　　2025 年 7 月第 1 次印刷
书　　　号：ISBN 978-7-5096-9699-6
定　　　价：98.00 元

前　　言

20 世纪 90 年代以来，气候变化议题引起全球各国关注，在蒸汽时代、电气时代和信息时代之后，人类大踏步迈进智能时代，在技术革命的浪潮中，能源和气候问题成为人类可持续发展的障碍。环境恶化和全球生态系统的持续性退化无法通过短期政策刺激来消除，通过"环境革命"来应对并解决气候变化问题已迫在眉睫。随着经济发展方式与碳基能源消耗重新挂钩，碳金融时代的巨大幕布已在不知不觉中拉开。

我国的碳排放量较高，节能降碳刻不容缓。2020 年 9 月 22 日，在第七十五届联合国大会上，我国宣布将提高国家自主贡献力度，采取更加有力的政策和措施，二氧化碳排放力争于 2030 年前达到峰值，努力争取 2060 年前实现碳中和，这被称为"双碳"目标。"双碳"目标的实现需要广泛而深刻的系统性变革，完善多维度碳金融体系，建立成熟的碳交易市场势在必行。

我国的绿色金融发展处于起步阶段，但随着绿色金融的推进，越来越多的绿色产业和资产与金融产品相联结。其中，碳金融产品的涌现便为企业投融资提供了多元化的选择，如碳排放权交易、碳信用交易、碳资产质押等。我国应通过市场化手段，激励碳减排活动投资并控制温室气体排放，利用碳定价机制来调节减排的成本或收益，影响市场主体的投资与交易行为，促进绿色低碳技术创新，进而引导资金技术流向，达到资源的有效配置。

本书系统介绍了国际碳市场和中国碳市场的发展现状、分析了中国碳市场未来发展面临的机遇和挑战、探讨了低碳技术和负碳措施的发展潜力，并提出了碳金融市场风险防范策略，以期推动碳市场平稳有序发展，为应对全球气候变化做出贡献。

本书作者是长期投资低碳科技产业的清新资本创始合伙人胡宇晨，在低碳科技及碳金融领域有着丰富的投资经验，对新兴的碳交易投资机遇具有敏锐的洞察力。希望本书能让对碳交易有兴趣的读者有所收获。

愿中国"双碳"目标早日实现！

目　　录

第一章 碳金融时代来临

碳金融时代是一个怎样的时代？在 18 世纪的蒸汽时代、19 世纪的电气时代和 20 世纪的信息时代之后，人类大踏步迈进 21 世纪的智能化工业时代，在技术革命的洪流中，能源危机和环境危机成为人类可持续发展的壁垒。其引发的温室效应、环境恶化和全球生态系统的持续性退化问题已不能通过短期政策刺激来消除，人类为其子孙后代的发展进行一场"环境革命"迫在眉睫。伴随着经济发展方式与碳基能源消耗的连接，碳金融时代的巨大幕布已在不知不觉中拉开。

第一节 碳金融的概念

一、什么是碳金融

何为碳金融？从国内外相关文献来看，碳金融是为节能降碳与减缓气候变化而开展的投融资活动，具体包括碳排放权交易、温室气体自愿减排交易、碳汇项目投融资等一系列金融服务活动。

世界银行在《2006 年碳金融发展年度报告》中首次界定了碳金融的含义，即"以购买减排量的方式为产生或者能够产生温室气体减排量的项目提供的资源"。按照世界银行发布的《碳定价机制发展现状与未来趋势报告 2009》给出的定义，碳金融指为购买产生（或预计产生）温室气体（二氧化碳）减排量的项目提供资源。该定义与狭义的碳衍生产品金融投资的概念不同，从广义的角度出发将碳金融界定为减缓气候变化的金融解决方案之一。

目前国内外对碳金融还没有明确统一的概念界定。从国内文献来看，袁鹰（2008）认为碳金融就是与减少碳排放有关的所有金融交易活动，既包括碳排放权及其衍生产品的买卖交易、投资或投机活动，也包括发展低碳能源项目的投融资活动以及相关的担保、咨询服务等活动。根据国内流行的观点，碳金融可被看作应对气候变化的金融解决方案。但现阶段国内碳排放权交易市场尚未开展碳期货和期权交易，金融机构也尚未大规模参与碳交易，所谓碳金融实践主要是为减排项目提供相关的融资和金融咨询服务。从国外文献来看，Labatt 和 White（2007）在 *Carbon Finance：The Financial Implications of Climate Change* 一书中认为，碳金融是由金融机构主导的，将碳排放因素引入金融理论和实践中，开发"为转移气候风险的基于市场的金融产品"（见表 1-1）。他们关注气候变化给金融机构带来的挑战以及金融机构对气候变化的责任。目前，碳金融的理论和实践发展均不成熟，但已达成共识的是，碳金融与温室气体排放息息相关，作为绿色金融的一个重要分支，是减缓气候变化和促进可持续发展的重要路径。

表 1-1　碳金融的定义

来源	篇名及作者	定义
权威机构	《2006 年碳金融发展年度报告》世界银行碳金融部门	首次界定碳金融的含义：以购买减排量的方式为产生或者能够产生温室气体减排量的项目提供的资源
	《碳定价机制发展现状与未来趋势报告 2009》世界银行	严格定义：碳金融指为购买产生（或预计产生）温室气体（二氧化碳）减排量的项目提供资源
	《金融市场知识：什么是碳金融?》中国人民银行武汉分行	碳金融指服务于限制温室气体排放的相关金融活动，如直接投融资、碳交易中介服务、碳指标交易、碳金融衍生品交易和银行贷款等
国内文献	《碳金融：不仅仅是机会》袁鹰	碳金融就是与减少碳排放有关的所有金融交易活动，既包括碳排放权及其衍生产品的买卖交易、投资或投机活动，也包括发展低碳能源项目的投融资活动以及相关的担保、咨询服务等活动
	《低碳经济：国外发展的动向及中国的选择》陈柳钦	碳金融指服务于旨在减少温室气体排放的各种金融制度安排和金融交易活动，包括碳排放权及其衍生品的交易和投资、低碳项目开发的投融资以及其他相关的金融中介活动
国外文献	*Carbon Finance：The Financial Implications of Climate Change* Labatt S，White R R	碳金融是由金融机构主导的，将碳排放因素引入金融理论和实践中，开发"为转移气候风险的基于市场的金融产品"
	Literature Review of Carbon Finance and Low Carbon Economy for Constructing Low Carbon Society in China Zeng S H，Zhang S	碳金融是建立在低碳经济基础上的，发展低碳经济的金融市场活动及相关政策可统称为"碳金融"

资料来源：笔者对相关资料整理所得。

本书基于以上概念构建碳金融框架（见图1-1），对碳金融进行了清晰的界定：基于碳税与碳交易这两种碳资产定价工具的视角，碳金融指使用碳定价工具来直接或间接限制或减少温室气体排放的金融活动。

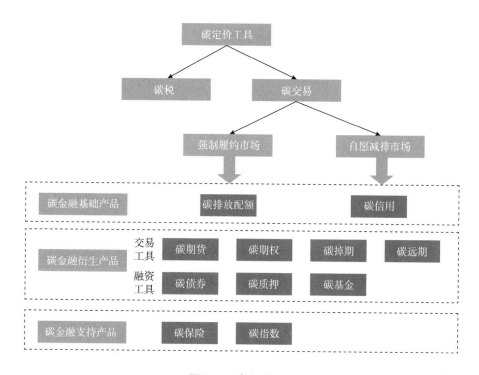

图1-1　碳金融框架

资料来源：上海清新碳和科技有限公司官网。

二、发展碳金融的重要意义

自20世纪90年代以来，气候变化议题逐步引起全球各国的关注，解决气候变化问题已迫在眉睫。若不尽快改善全球变暖问题，全球多达一半的陆地生物将惨遭灭绝，且部分地区的物种营养不良问题会变得极其普遍，极端天气事件也将越来越常见，严重影响人类的正常生产生活。2021年，联合国政府间气候变化专门委员会（Intergovernmental Panel on Climate Change，IPCC）指出，温室气体排放已经导致全球平均气温上升约1.1℃，如果不采取有效的减排措施，预计到2050年全球平均气温将比第一次工业革命前高出1.5℃。2023年3月20日，联合国政府间气候变化专门委员会发布第六次评估报告的综合报告，指出温室气排放量必须在 2025 年之前达到峰值，人类才有 50% 的机会把温度升高幅度控制在 1.5℃ 以内。虽然 1.5℃ 这个数字看上去并不严重，但其将加速破坏生态环境，如热带雨林与冰盖，导致地球调节能力发生变化，直接或间接导致地球出现更多的极端天气，危害人类生存环境，超过平衡点后，这种损害将不可逆。本次报告突出强调了人类正在经历或未来将持续面临的气候风险，警告全人类气候变暖将有可能进入不可逆的阶段，只有果断、迅速、彻底地进行减排行动，才可能使地球免于遭受更大的风险。除此之外，比尔·盖茨在《气候经济与人类未来》一书中提及，如果我们不着力减少排放，那么到 21 世纪中叶，全球平均温度可能上升 1.5℃~3℃，到 21 世纪末将上升 4℃~8℃，全球升温预计会使每 10 万人中约有 14 人因此死亡；到 21 世纪末，如果温室气体排放增长量继续维持在高位，将直接导致每 10 万人中额外有 75 人死亡。根据国际能源机构（International Energy Agency，IEA）的统计，全球燃料燃烧产生的二氧化碳排放量从 2004 年的 26.2 亿吨增加到 2013 年的 32.2 亿吨（见图 1-2）。故而，达成全球范围内的气候变化议题迫在眉睫。

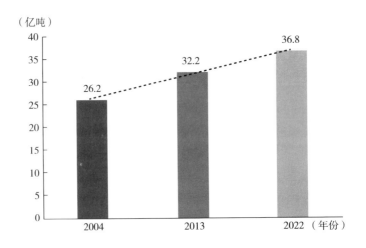

图 1-2 全球燃料燃烧产生的二氧化碳排放量

资料来源：国际能源机构。

回顾历史（见表 1-2），全球气候治理最早可追溯至 1972 年 6 月的联合国人类环境会议。作为会议成果之一的《联合国人类环境行动计划》正式提出，"建议各国政府注意那些具有气候风险的活动"。1979 年 2 月，第一次世界气候大会在瑞士日内瓦召开。会议指出，如果大气中二氧化碳含量保持当时的增长速度，那么到 20 世纪末气温上升将达到"可测量"的程度,到 21 世纪中叶将出现显著的增温现象。1987 年 2 月,世界环境与发展委员会通过了一份重要报告《我们共同的未来》。该报告明确提出,气候变化是国际社会面临的重大挑战,呼吁国际社会采取共同的应对行动。自 1991 年 2 月谈判启动以来,先后经过 5 轮谈判,气候变化框架公约政府间谈判委员会最终于 1992 年 5 月 9 日通过了《联合国气候变化框架公约》。1992 年 6 月,联合国环境与发展会议在巴西里约热内卢举行,《联合国气候变化框架公约》面向联合国各成员开放签署,1994 年 3 月正式生效。此后,在《联合国气候变化框架公约》框架下于 1997 年 12 月达成的《京都议定书》和 2015 年 12 月达成的《巴黎协定》被视为全球气候治理的两大标志性成果。从《联合国气候变化框架公约》到《巴黎协定》,气候治理逐渐走进全球人民的视野。控制温室气体排放、实现碳中和、发展低碳经济已成为全球各主要国家和地区的共同发展目标,这是全人类首次不分政治意识形态、宗教信仰、社会经济发展程度等因素所达成的重要共识。

表 1-2　碳金融标志性国际政策

时间	事件/政策	事件/政策的重点内容
1972 年 6 月	《联合国人类环境行动计划》	建议各国政府注意那些具有气候风险的活动
1979 年 2 月	第一次世界气候大会	如果大气中二氧化碳含量保持当时的增长速度,那么到 20 世纪末气温上升将达到"可测量"的程度,到 21 世纪中叶将出现显著的增温现象
1987 年 2 月	《我们共同的未来》	气候变化是国际社会面临的重大挑战,呼吁国际社会采取共同的应对行动
1992 年 5 月	《联合国气候变化框架公约》	目标是将温室气体浓度稳定在防止气候系统受到危险的人为干扰的水平,这一水平应当在足以使生态系统能够自然地适应气候变化、确保粮食生产免受威胁并使经济发展能够可持续地进行的时间范围内实现
1997 年 12 月	《京都议定书》	目标是将大气中的温室气体含量稳定在一个适当的水平,以保证生态系统的平滑适应、食物的安全生产和经济的可持续发展
2015 年 12 月	《巴黎协定》	目标是将全球气温升幅控制在工业化前水平以上 2℃之内,并努力将升温进一步限制在工业化前水平以上 1.5℃之内

资料来源:笔者对相关资料整理所得。

"中国—东盟应对气候变化与生态环境对话和 2022 中国—东盟环境合作论坛"指出,2022 年以来,全球多地高温、干旱、暴雨等极端事件频发,给自然生态环境、经济社会、生产秩序、民众生命健康带来严重威胁。现如今,全球气候变化从未来挑战变为现实而紧迫的气候危机。拜登在出任美国总统当天即宣布美国重返《巴黎协定》，并设定了2050年之前实现碳中和的目标，承诺加大新能源全产业链的投资。与此同时，中国秉持构建人类命运共同体理念，始终致力于推动建立公平合理、合作共赢的全球气候治理体系，促进全球绿色低碳转型。2020年9月22日，国家主席习近平在第七十五届联合国大会一般性辩论上表示，中国将提高国家自主贡献力度，采取更加有力的政策和措施，二氧化碳排放力争于2030年前达到峰值，努力争取到2060年前实现碳中和。2021年习近平总书记主持召开中央财经委员会第九次会议，会议表示将"双碳"目标纳入"十四五"规划纲要，明确了碳达峰、碳中和工作的定位，为今后5年做好碳达峰工作指明了路径。在不到一年的时间里，习近平总书记在将近10次的重大国际场合讲话中都重申了这一承诺。这是中国"推动构建人类命运共同体的责任担当和实现可持续发展的内在要求"，是中国对世界的庄严承诺。

纯公益属性的社会企业由于缺乏商业化资金运作，在投入和回报的可持续性方面一直存在争议。商业属性的企业因追求利益最大化，往往在商业决策中不将解决社会和环境问题列入优先级考量的范畴。先利后益，还是先益后利，一直是商业企业和公益企业的一条决策分界线。

对于参与碳市场和碳金融的主体来说，以上边界存在一定程度的融合。碳市场创立初期为了解决碳排放的负外部性问题，其参与主体通过减排或者参与市场推动了碳市场的发展，直接发挥了碳市场机制下对减排的促进作用。秉持减排有收益的原则，经济回报（利）和社会正面影响（益）都能在这个细分市场得到实现。

当"益"成为主要的价值主张时，经济活动对社会的价值创造和资源的整合就能具备更强的正外部性，并伴随可持续的优势，真正实现利与益的兼得。同时，"双碳"目标的长期性决定了碳市场和减排参与主体的长期投入，经济和公益效应具备确定性和可持续性。

三、中国碳金融历史沿革

碳金融作为加速完善碳中和全生命周期的金融工具，成为落实我国"双碳"目标的重要抓手。2011年，世界银行在《碳金融十年》报告中指出，碳金融为"出售基于项目温室气体减排量或交易碳排放许可证所获得的一系列现金流的统称"。为了减少温室气体排放，实现碳中和目标，世界范围内采取了各种措施，将现有的经济发展模式转向低碳方向。有望实现这一目标的两种方式是对排放征税和发展排放交易体系（即碳金融交易），后者已成为国际公认的选择。碳金融不仅具有"促进低成本减排，赋予参与者创造投资、利润和增长新周期潜力"的经济意义，更能推动我国产业转型升级，符合中国发展规划与价值链攀升方向。

我国自上而下的绿色金融行业正在快速起步阶段。随着绿色金融的推进，越来越多的绿色产业和资产得到了金融产品的支持，其中碳金融产品的涌现也为企业投融资提供了多元化的选择，比如碳交易、碳收益权质押、碳资产质押等。减碳最终需要靠技术投入和进步来实现，激励和促进资金与资源向减碳领域流动是碳金融所背负的使命。需要强调的是，碳交易市场的核心功能是通过碳定价的形成和传导来调节减排的成本或收益，影响市场主体的投资行为、交易行为等，进而引导资金技术流向，达到资源的有效配置。世界上越来越多的国家开始将碳排放权交易作为其实现温室气体减排目标的主要路径。

中国作为最大的发展中国家，碳排放资源丰富，在建立健全碳交易市场方面发挥着重要作用。我国从宣布"双碳"目标到碳达峰仅10年、从碳达峰到碳中和仅30年，降碳强度远大于发达国家，需要大规模资金支持，因此金融机构在实现"双碳"目标过程中将扮演关键角色。

目前，我国已经初步建立了现代绿色金融体系，绿色金融工具主要包括传统的绿色贷款、绿色债券、绿色基金、绿色信托、绿色租赁等。金融监管部门通过政策措施激励金融机构加大对减碳、低碳领域的信贷类资金投放，在短期内对引导产业低碳发展效果显著，例如，在2022年7月国务院新闻办就2022年上半年金融统计数据情况举行的发布会上，中国人民银行相关人员表示，中国人民银行推出的碳减排支持工具在2022年上半年累计发放近2000亿元。①

"双碳"目标的实现需要长期而复杂、广泛而深刻的系统性变革，而现有的银行信贷类产品还不足以支撑并满足全社会、全行业在10~30年长周期内实现低碳转型的资金需求。鉴于此，建立成熟的碳交易市场、完善多维度碳金融体系势在必行。据多个机构初步测算，中国实现"双碳"目标所需投资在100万亿~170万亿元人民币，这意味着未来中国每年将在"双碳"领域平均投资2.6万亿~4.2万亿元人民币（按2022年GDP折算，为GDP水平的2%~3.5%），公共财政仅能承担其中一小部分资金来源，大部分资金缺口需由社会资金填补（见表1-3）。因此，需要联合政府、开发机构、商业金融机构、企业与社会组织的

① 国务院新闻办就2022年上半年金融统计数据情况举行发布会［EB/OL］.中国政府网，https://www.gov.cn/xinwen/2022-07/14/content_5700948.htm?_refluxos=a10，2022-07-14.

力量，引导社会资本积极投入绿色低碳领域，助力实现"双碳"目标。

表1-3　部分机构对于中国实现碳达峰、碳中和目标潜在成本的估算

机构名称	成本估算（每年）	目标	具体阐述
国家发展和改革委员会	3.1万亿~3.6万亿元	2030年碳达峰	实现碳达峰需要资金
中金研究院	2.2万亿元	2030年碳达峰	绿色投资总需求
	3.9万亿元	2060年碳中和	绿色投资总需求
高盛	2.6万亿元	2060年碳中和	绿色投资总需求
清华大学气候变化与可持续发展研究院	4.23万亿元	21世纪末升温2℃	绿色投资总需求

资料来源：《迈向零碳——基于科技创新的绿色变革》。

此外，各市场参与者可从碳金融市场中获利，并形成较为紧密的利益捆绑关系。比如参与碳市场的企业，它们能够受益于以碳交易为中心的投资。当其逐渐意识到能够从碳市场或碳金融中获利，它们与碳市场的捆绑和联系将更加紧密。环保非政府组织（Non-Governmental Organizations，NGO）与碳市场公司之间也联系密切。许多非政府组织成员已转入碳市场活动。同时，由于投资者对绿色投资的偏好，市场上的公司将碳金融市场与其更广泛的投资战略联系起来。

碳金融助力资本和产业端结合，离不开强有力的政策引导和市场化工具，持续完善制度和政策体系是重中之重。调动更多资金资源来实现"双碳"目标是目前热议的课题。国家有长期坚定的碳中和目标，政策信号长期稳定。政府的长期目标需要和长期资金匹配，并推进气候变化立法。

第二节　碳价格与碳定价机制

一、碳定价机制

碳价格由碳定价机制决定，而碳定价机制的基础是碳排放的外部性特征所带来的隐性公共成本。

（一）碳排放的外部性特征

气候变化具有典型的外部性特征。一直以来，大气都是全人类所共有的，对

大气的消费具有全球性的非竞争性和非排他性。非竞争性也可以称作"非对抗性"或"非争夺性",指的是消费者数量的增加不会对他人的消费产生任何影响,即不会产生任何"拥挤成本",而且对于已经存在的公共品消费,消费者数量的增减也不会导致该公共产品的变动,生产者无须为增加的消费者增加投入。人们对大气的消费无论是增加还是减少,都不会影响他人对大气的使用,整个社会也不会因为消费大气人口的增加而额外支付生产成本,这就是大气消费的非竞争性。公共品的非排他性则是指对某种商品的消费,不能阻止其他人对该产品的消费,或者是阻止他人消费,原消费者需要付出更多的经济成本,或损失更多,即阻止他人消费是无法做到或者是不经济的。对于大气使用而言,任何人显然都无法阻止全球其他人对大气的消费。总之,大气具有明显的非竞争性和非排他性特征,是一种最为典型的公共产品,具有突出的外部性特征。

通常来说,洁净的大气具有典型的正外部性,但是在碳减排领域,碳的过度排放具有负外部性。原因在于个体排放边际成本低于社会边际成本,碳排放企业或个人单独承担的边际成本与整个社会所承担的边际成本存在偏差。通常,碳排放者可以零成本或低成本使用大气提供的生态服务,如工厂在工业化过程中,从经济利益最大化角度考虑生产,采用廉价高能耗设施,不仅对环境造成污染与破坏,还加剧了温室效应,进而造成极端气候现象频发。在这一过程中,碳排放者并未考虑对环境的破坏,也不用做出任何赔偿,对于其他未对环境造成恶劣影响却要忍受气候变化带来的负面影响的人而言,具有突出的负外部性。另外,政府在治理污染、减少温室气体排放等应对气候变化的过程中,必然要投入巨额的研发、基础建设与运营成本,这样个人的成本收益与国家的成本收益之间会产生极大的差距,这也是负外部性的突出表现。所以在制度设计上,应该尝试对个人边际成本和社会边际成本之间的差额进行经济补偿,以提高一系列气候缓释措施的公平性,及时有效地控制这种负外部性,防止环境持续恶化,最终影响经济发展。

碳排放具有外部性,与碳排放权交易相关的金融行为也必然无法脱离外部性的基础理论框架体系。通过调整与外部性理论相关的制度与政策,可以将排放的外部环境成本内含于排放主体的经济成本,为碳金融交易提供制度基础,为实现温室气体减排与克服传统经济增长模式的负外部性给予支持。

(二)碳定价机制及作用

能源利用一直是全球碳排放的主要来源,通过对碳定价、量化碳排放成本,将碳价格附加到化石能源等含碳的产品和资产上,将会抬升其价格,且价格的上涨幅度与产品中的含碳量成正比。通过提升碳密集或高能耗型资源的使用成本，降低市场对此类资源的需求，可促进能源消费者对绿色清洁能源的消费，最终达成节能降碳的目标。经济合作与发展组织（Organization for Economic Co-operation and Development，OECD）2021 年研究得到的数据显示，碳价每上升 1 欧元，会使全球二氧化碳排放在长期内下降 0.73%。

OECD 认为碳定价是应对气候变化最重要的工具，具有以下几方面突出优势。一是成本效益高，可通过价格信号实现长效调节。碳定价机制将量化碳排放的价值，促使各地区各行业的边际减排成本趋于均等，统一全社会的减排成本。二是减排方式更多元，增强减排的透明度。碳定价机制允许排放主体自行选择最适合自身的减排手段，通过各种路径实现分散化、多元化减排。三是引导资金投向低碳节能技术和减排项目。OECD 研究显示，碳价与低碳技术创新正相关，碳价起到价格发现作用，鼓励并引领企业持续技术创新。四是减弱能源效率"反弹效应"，即提高能源使用效率可以降低能耗，减少碳排放。但能效提高后，消费者的能源利用需求可能不降反升，进而产生更多碳排放，抵消了部分减排效果，而对碳定价量化了碳单位排放的价格，可有效减弱这一效应。五是增加政府收入。许多 OECD 和 G20 国家来自碳定价机制的收入占 GDP 的比例已超过 1%，如果碳价上升至 30 欧元/吨二氧化碳，这一收入还将翻倍。

目前全球整体碳价仍较低，无法为碳减排提供充足动力。OECD 对 42 个国家的 6 个高排放行业的碳价进行了统计，统计范围覆盖了全球超 80% 的化石能源燃烧所产生的二氧化碳排放量。结果显示，约 46% 的二氧化碳排放没有被定价。即便是已被定价的排放，只有 12% 的碳价高于实现《巴黎协定》目标所需的最低 30 欧元/吨二氧化碳。当前碳价与实现《巴黎协定》目标所需碳价之间的差距被称为碳定价缺口，OECD 的数据显示，各国间碳价缺口差异很大，最高为俄罗斯（100%），最低为瑞士（27%）。中国的碳定价缺口为 90%，仅次于俄罗斯、印度和巴西。

当前的碳定价机制仍不成熟，且各国之间碳价差异巨大。这意味着国际社会需进一步关注碳定价机制的顶层设计与国际协调，从而在全球范围内更好地发挥碳定价的优势，早日实现减排目标。

（三）碳定价机制的设计

碳定价主要有碳税和碳排放权交易制度（Emissions Trading System，ETS）两种方式。碳税通过对温室气体排放征税来确定碳价；ETS 则是由政府部门确定每年的碳排放总额上限，给控排企业下发碳排放配额，这些碳排放配额可在企业间自由交易，其在市场上流通的价格就是碳价。简而言之，碳税通过固定碳价控制排放，ETS 是固定排放总量，由市场来决定碳价。两者的区别如图 1-3 所示。

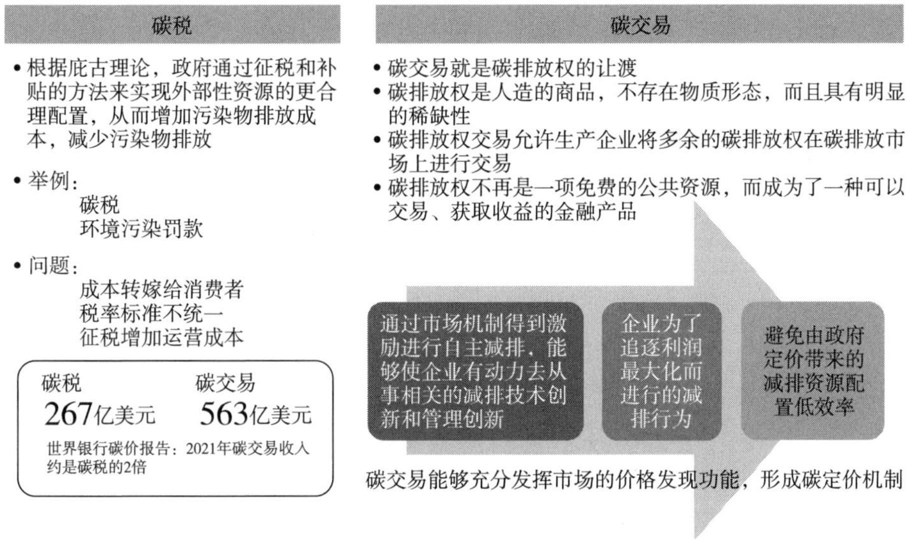

碳税	碳交易
• 根据庇古理论，政府通过征税和补贴的方法来实现外部性资源的更合理配置，从而增加污染物排放成本，减少污染物排放 • 举例： 　碳税 　环境污染罚款 • 问题： 　成本转嫁给消费者 　税率标准不统一 　征税增加运营成本	• 碳交易就是碳排放权的让渡 • 碳排放权是人造的商品，不存在物质形态，而且具有明显的稀缺性 • 碳排放权交易允许生产企业将多余的碳排放权在碳排放市场上进行交易 • 碳排放权不再是一项免费的公共资源，而成为了一种可以交易、获取收益的金融产品

碳税　267亿美元　　碳交易　563亿美元
世界银行碳价报告：2021年碳交易收入约是碳税的2倍

通过市场机制得到激励进行自主减排，能够使企业有动力去从事相关的减排技术创新和管理创新

企业为了追逐利润最大化而进行的减排行为

避免由政府定价带来的减排资源配置低效率

碳交易能够充分发挥市场的价格发现功能，形成碳定价机制

图 1-3　碳税与碳交易比较

资料来源：上海清新碳和科技有限公司官网。

从实践中看，碳税机制固定了碳价，投资者对未来的碳价水平更易形成稳定的预期。OECD 研究发现，中长期内各国燃料税的有效税率变化很小。经济活动、天气状况、化石能源价格、应对气候变化的政策以及减排成本的变动等因素对各国碳税税率的影响微乎其微，但会对 ETS 下的碳价产生明显影响。

相较于碳税，ETS 在以下三个方面具有更加突出的优势：一是规定排放总量，将排放量限定在一定的范围内，将显著提升减排效果的确定性。碳税机制通过设定碳税税率确定排放价格，并由市场主体依据市场情况决定碳排放总量。虽然税率上升会直接增加企业排放成本，在一定程度上会导致排放量下降，但排放总量由市场情形决定，具有不确定性，节能降碳的效果可能会大打折扣。两者相比之下，ETS 的减排效果更加确定，且调整模式更加灵活。

二是有利于实现国际碳定价协调。各国实施的气候政策不尽相同，会产生碳转移与碳泄漏（Carbon Leakage）问题，即某一地区或部门的减排努力可能会使不同地区的碳价存在一定差异，高排放成本地区或部门的排放可能转移至其他地区或部门，从而导致整体的碳排放总量不减反增。因此，通过加强碳定价的国际协调，如实施统一的碳定价政策，或将有效降低碳泄漏率。从政策层面来看，相比要求发展水平各异的国家实行统一的碳税税率，将各国 ETS 联通起来在操作上更为可行。例如，2005 年建立的欧盟碳排放权交易体系（European Union Emission Trading Scheme，EU ETS）便是欧盟各国一同建立的区域性碳市场，但是至今欧盟各国还没有实施统一的碳税税率。

三是促进各国间的资金再分配。虽然统一全球碳税税率与联通各国 ETS 在一定程度上都能起到很好的减排作用，但这两种降碳工具的分配效应不同。从理论上讲，碳税税率的统一有助于提升经济效率。在碳税税率统一的机制下，发展中国家面临高昂的减排成本，不过其具备巨大的减排空间。但碳税由各国政府征收，发达国家因减排空间有限不具有向发展中国家转让财政收入的动力，发展中国家可能会因缺乏节能技改的资金，难以在短时间内实现大幅度的节能减排。而 ETS 是更加市场化的机制，虽然在该机制下大部分的减排可能同样由发展中国家完成，但资金可以通过碳排放配额交易的方式在发达国家与发展中国家之间流动，实现资金的再分配。

然而，ETS 存在价格波动较大的缺陷。如前文所述，ETS 虽然控制了碳排放配额总量，但碳的定价实际上是由市场化交易来主导的，需求与供给以及买卖双方的策略多样性，均会增强碳价的波动性与不确定性。而碳价的波动性与不确定性会影响投资者的投资决策，市场中的大部分投资者都是风险厌恶者，在投资收益相近的情况下，倾向于选择收益波动性较小的投资项目。因此，碳价波动幅度越小，投资者投资低碳技术和清洁项目的可能性就越大。

鉴于此，OECD 认为有价格稳定机制支持的 ETS 是更优选择。截至 2022 年底，全球 ETS 覆盖全球 17% 的碳排放份额，覆盖 GDP 总量的 55%，覆盖人口近 1/3。ETS 下碳价稳定性的提升主要有直接和间接两种方法：直接方法包括碳价格支持法（Carbon Price Support）和拍卖底价法（Auction Reserve Price），间接方法包括排放控制储备法（Emission Containment Reserve）和市场稳定储备（Market Stability Reserve）（见表 1-4）。

表 1-4 ETS 价格稳定机制支持

类别	稳定碳价的方法	内容
直接	碳价格支持法	在 ETS 确定的碳价之上，再对碳排放征收一项固定的排放税，以确定排放主体需支付的最低价格
	拍卖底价法	通过在拍卖碳排放配额时设定最低价格的方式稳定碳价

续表

类别	稳定碳价的方法	内容
间接	排放控制储备法	当碳排放配额价格低于设定的门槛值时，撤回部分碳排放配额，并将其直接注销
	市场稳定储备法	当流通中的碳排放配额数量大于设定的门槛值（上限）时，将部分碳排放配额收回；当流通中的碳排放配额数量低于另一门槛值（下限）时，将此前收回的碳排放配额再释放出来

资料来源：上海清新碳和科技有限公司官网。

碳价格支持法是在 ETS 确定的碳价之上，再对碳排放征收一项固定的排放税，以确定排放主体需支付的最低价格。对排放主体而言，如果其碳排放总量低于政府设定的排放目标，则 ETS 确定的碳价可能趋零，此时排放主体需要缴纳的碳价就是排放税；如果其碳排放总量超出了政府设定的目标总量，排放主体需要缴纳的碳价就是 ETS 的市场碳价再加上排放税。这一机制的效果取决于其适用范围。

拍卖底价法通过在拍卖碳排放配额时设定最低价格的方式稳定碳价。竞拍者的出价必须高于最低价格才能交易碳排放配额。政府可以通过回购方式实现同样的效果，即当碳排放配额价格低于设定的最低价格时，政府可以直接从市场中回购碳排放配额。若拍卖底价法被应用在 ETS 交易机制中，其效果与碳价格支持法较为相似。

排放控制储备法指当碳排放配额价格低于设定的价格门槛时，撤回部分碳排放拍卖量，并将其直接注销。当碳排放配额价格下跌时，其供应就会收紧，即通过供需平衡的调整，来提高碳排放配额价格的稳定性。这种方法类似于拍卖底价法，但拍卖底价法是在当碳排放配额价格低于最低价格时无法进行交易，而排放控制储备法则是撤销部分碳排放配额的供应。因此从控制力度方面来看，排放控制储备法对于减排和提振碳价均逊色于拍卖底价法。

市场稳定储备法是当市场中流通的碳排放配额数量大于设定的门槛值（上限）时，则收回部分碳排放配额；当流通中的碳排放配额数量低于另一门槛值（下限）时，则释放此前收回的碳排放配额。前三种方法都是按照预先设定好的价格来调节碳排放配额价格，稳定市场对碳价的预期，而市场稳定储备法则是通过控制流通中碳排放配额的数量来改变供需，最终实现碳价的稳定。

对于一个从零开始建立 ETS 的国家，拍卖底价法在减排效果和效率上表现最佳。如果拍卖底价法被用于 ETS 全部排放类别，这意味着为全部碳排放配额设置了同样的价格，有助于投资者挖掘所有潜在减排路径。而且一旦价格低于拍卖底价，市场就马上需要创造新的减排额度，减排效果立刻显现。

二、碳税

（一）碳税发展现状

碳税是对碳排放企业进行征税，将二氧化碳等温室气体带来的环境成本转化为企业生产经营成本，从而使外部的碳排放问题内部化，以价格限制碳排放。碳税的雏形为"庇古税"，出发点是解决环境的负外部性问题，起源于英国经济学家庇古的《福利经济学》，里面提到"在市场经济条件下，私人部门不会自发地减少产量或进行污染治理，因此政府可以通过税收的形式进行限制，迫使私人部门实现外部成本内部化"，这是碳税的雏形。图 1-4 阐述了碳税作用路径。

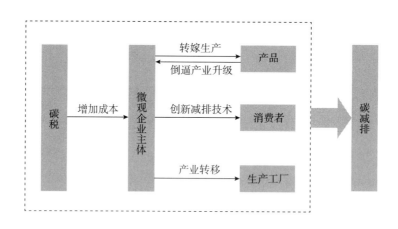

图 1-4 碳税作用路径

资料来源：上海清新碳和科技有限公司官网。

据世界银行统计，截至 2021 年，全球碳税共计 38 项，涉及 30 个国家，分布在欧洲、美洲、亚洲、非洲和大洋洲。欧洲共有 19 个国家引入碳税。从引入时间上看，芬兰、荷兰自 1990 年开始征收碳税，卢森堡 2021 年开始征收碳税。从征税范围来看，各国碳税的征收行业包括工业、矿业、农业、航运等。从征税对象来看，逐步从一次能源产品如煤、天然气扩大到二次能源产品如电力等。从碳税涵盖辖区温室气体排放份额来看，乌克兰份额最高，占比为 71%；挪威、卢森堡紧随其后，分别为 66% 和 65%；西班牙的碳税仅适用于氟化气体，占比为

3%；拉脱维亚占比为3%。从税率来看，瑞典征收的碳税税率最高，每吨碳排放为137美元；其次是瑞士和列支敦士登，每吨碳排放为101美元；波兰碳税税率最低，每吨碳排放为0.08美元。亚洲有三个国家实施碳税或准碳税，分别为日本、印度和新加坡。从引入时间上看，日本于2007年开始征收碳税，主要是针对二氧化碳排放征收的独立税种，2012年10月改名为全球气候变暖对策税；印度自2010年开始对煤炭征收碳税；新加坡自2017年开始提议征收碳税，其《碳定价法案》于2019年实施。从征税的范围来看，日本对石油、煤炭和液化气等能源征收碳税；印度不直接对碳排放征收碳税，只对国内生产和进口的煤炭征收碳税；新加坡则只针对大型排放者征收碳税。从税率来看，2011年日本对碳税征收方式和税率进行改革，税率为2.61美元/吨二氧化碳；印度最初设定碳税为每吨煤50卢比（约合70美分），到2020年，碳税变为每吨煤400卢比（约合5.6美元）；新加坡每吨温室气体排放征收3.67美元的碳税。[①]

绝大部分国家在开征碳税的同时，也扩大了税收优惠等其他方向扶持力度。例如，德国、挪威等将碳税收入用于对其他优质绿色企业的补贴，支持其开展低碳技术研发、设备更新改造等；德国和英国将部分碳税收入投入到养老基金中，以削减社会保障缴款。从各个国家的发展情况来看，碳税在温室气体减排和国家低碳转型等方面发挥了积极作用。以英国为例，英国历史上煤炭资源丰富，是全球首个使用煤电的国家。目前，英国政府力争在2025年前逐步淘汰煤电，其中，碳税是帮助英国实现电力系统低碳转型目标的重要工具。但是也有部分国家实施碳税后减排效果并不明显，这可能是由于一些高排放、高收益的企业在碳税较低的情形下，依然保持原有生产经营模式，减排意愿较低。

(二) 碳税的历史演进

1. 演进阶段

(1) 引入期。"碳税"的历史仅有30多年，北欧国家是碳税制度的最早实践者。芬兰在1990年已开征"碳税"，随后挪威和瑞典迅速引入，丹麦则紧跟步伐，于1992年成功实施"碳税"，再往后瑞士等欧洲国家相继开征。从1990年至21世纪初是"碳税"的引入期，该时期的主要特征是制度单一、征收范围小、税收优惠力度大。例如：芬兰仅针对高排放行业的汽油、柴油、煤炭和天然气等征收碳税；英国主要针对非家庭用的电力行业及化石燃料等征收碳税；法国主要针对汽油、柴油等征收碳税。尽管征收范围小，但碳税的征收会给企业和居民造

---

① 颜阳春.碳市场专题报告：碳市场建设稳步推进，林业碳汇成新热点[EB/OL]. https://www.toutiao.com/article/7120397627002241574/，2022-07-15.

成负担，因此，引入期的优惠力度相当大，由此来降低负担者的"税收痛感"。例如：英国规定在完成碳减排目标后，返还80%的碳税给参与气候变化协议（Climate Change Agreements，CCAs）的6000家公司；加拿大通过所得税减免或一次性返还等方式，将碳税收入退还给社会公众。在引入期，由于技术的局限性，无法实现按照二氧化碳的实际排放量征税，因此多数国家采用化石燃料的含碳量或发热量来替代（如芬兰、瑞典）。

（2）争议期。2005年EU ETS建立，形成了碳税与碳交易并行的"复合"模式，自此，对于碳减排机制的缺陷及完善争议不断。即使仅就"碳税"而言，从国际实践来看，其制度引入和实施也并非易事，不少国家在引入碳税时都颇费周折。以澳大利亚为例，作为人均碳排放量居高不下的国家，澳大利亚政府在2012年7月正式实施了碳税法，规定对该国前500家污染企业强制征税，这一举措遭到企业的强烈反对，"废除碳税"甚至成为选举宣传的"利器"，该税种仅维持了两年就被宣布废止。再如法国，在2007年提出增设"碳税"的设想，但中间经历种种曲折，在2009年"碳税"将要正式实施之际却被宣布无效，直至2014年，尽管仍饱受争议，但终于得以正式开征。除了碳税是否开征、碳税与碳交易等其他碳定价机制是否并行和两者孰为主导机制孰为补充机制外，还存在如何处理碳税和现行其他税种（如消费税、环境税）之间的关系，碳税应作为独立税种还是作为其他税种的一部分的争议。

（3）发展期。随着国际协议的推进和国际共识的达成，不仅发达国家，一些发展中国家也纷纷加入开征碳税的行列。2019年6月，经过多年多方协调，南非《碳税法案》成功生效，这使南非成为非洲第一个引入碳税的国家；新加坡也从2019年起征收碳税，成为东南亚首个引入碳税的国家。截至2021年5月，全球已实施的碳税制度有35项，征收方案涉及27个国家、8个地区，遍布欧洲、北美洲、非洲、亚洲等地。由于受到技术限制，根据碳实际排放量计征碳税的方式难以普及，而通过碳排放系数计算碳排放量的变通方式不仅可以突破技术障碍，而且相对简化、统一透明、方便征管，因此被普遍采用。在此阶段，既有部分国家初次成功开征碳税，也有已推行碳税的国家对现有制度进行动态改进，如芬兰在后续发展中三次改革碳税，形成了相对成熟的"能源—碳"混合税体系；还有国家在初步实施碳税政策时，就开始谋划未来的改革举措，如新加坡计划从2024年起分三个阶段调高碳税。

此外，即便从全球范围而言，"碳税"的发展历史也不长，但推进其快速发展的因素很复杂，需要深入分析其发展脉络和演进逻辑。

2. 演进逻辑

（1）政策工具从"单独"向"混合"演进。欧盟多国成功将碳税和碳交易并行使用，其经验成为国际上重要的政策参考。最初许多国家认为碳交易和碳税是相互替代的关系，若二者混合使用，则会因功能重叠给企业和居民造成双重负担，故普遍认为只能根据现实情况选择其中之一。随着时间的推移，碳交易和碳税已不再像从前那样被简单定义为相互排斥的两种手段，人们对它们的认知已从初期的替代性逐步转变为互补性。作为降低温室气体排放的有效政策工具，碳交易是市场机制，而碳税是政府机制（强制机制），碳税可将碳交易未能覆盖的企业纳入征税范围，两种机制优势互补，可以更快、更好地助力减排目标实现。刘磊和张永强（2019）在我国碳交易市场建立的基础上，对两种方案的优缺点进行分析，结果表明两者同时使用能以相对较低的代价实现碳减排目标。简言之，碳交易和碳税政策从单独使用演变为协同互补，既注重了公平，也有利于提高效率。

（2）征税税率由低税率逐步向高税率演进。"碳税"的历史尽管只有短短30余年，但从世界各国征收情况来看，已呈现出明显的演进规律。无论碳税从长远来看会带来多少"红利"，但短期内其都会使企业和居民的生产和生活成本增加，给负税人带来经济负担。尽管有些国家并没有将其作为独立税种征收，而是让其附着在其他税种如"环境税"上，但作为一个从无到有的税负之源，需要给企业和居民一定的适应期或缓冲期，避免"碳税"目标的实现遇到较大的社会阻力。因此，"碳税"开征初期其税率不宜过高，应在动态演进中逐步由低税率向高税率调整，从而更好地实现政策力度、征管强度和社会可接受程度"趋向优化"。

（3）征税范围由小范围向大范围"扩围"。从理论上分析，碳税的征税范围与其价值理念、习惯倡导正相关，扩大征税范围有利于倒逼企业和居民的生产生活方式转变，故而应广泛征收。但是若在政策制定与实施初期就设定较大的征税范围，会使消费需求急速下降，抑制经济发展，影响经济繁荣与社会稳定。周海赟（2018）提到，若开征碳税，会降低企业的生产效率，即碳税通过影响产品价格对企业的生产销售造成负面影响。因此，需要通盘考虑征税范围对宏观经济调节及微观生产和消费的影响，统筹研判其短期和长期对经济社会的抑制或激励效应。从各国碳税的征收实践也能看出，多数国家在初期仅对高排放企业使用化石燃料征税，随着制度和征管手段的不断完善，逐步把其他行业和居民个人、家庭等纳入征税范围。

（4）税收政策和手段分阶段、分步骤推进。碳税的征收受到经济、技术和社会接受度的影响，因此必须分阶段、分步骤、渐进式推进，谨防诱发能源安全风险。例如，南非很多年前就已提议开征"碳税"，但是由于对化石燃料的路径依赖，经济发展受到能源条件的制约，因此碳税屡受企业反对而被长期搁置。在税收优惠上，碳税与碳交易容易形成双重管控或压力叠加，因此部分国家（如芬兰）在征收初期考虑到能源密集型行业的竞争和发展，对该类行业企业实施减免税或一定幅度的税收返还；在把居民个人、家庭等纳入征税范围初期，部分国家（如丹麦）实施了减免税或消费补贴。对碳排放量计征碳税能直接影响碳排放的数量规模，但这对计量技术要求高，容易导致征纳两端成本同时升高，因此碳税征收初期多按燃料消耗量（或含碳量）计征，后逐步改为按燃料的碳排放量征收（如日本）。

（5）由国家（区域）调节转向全球跨境调节。气候变化促使各国或区域性国际组织响应并出台碳减排政策措施，比如，东盟国家签署了《巴黎协定》并陆续宣布了碳减排目标；继新加坡实施碳税后，越南修订了该国的《环境保护法》并颁布了减少温室气体排放和保护臭氧层的第6号法令，规定了本国碳市场发展路线图；泰国2022年启动碳市场平台；菲律宾于2020年在"低碳经济法案"中提出了建设碳市场的议案；印度尼西亚于2021年10月通过"税收法规协调"法案并提出自2022年4月先对本国燃煤发电行业征收碳税（后推迟）。欧盟国家也不断收紧碳排放规制，并于2019年12月通过《欧洲绿色协议》，就更高的减排目标达成一致。更值得关注的是，调节机制已超出国内或区域性范围，扩展为全球调节。比如，2023年4月，欧盟理事会获准通过碳边境调节机制（Carbon Border Adjustment Mechanism，CBAM），尽管该机制一度饱受争议并招致强烈反对，但作为欧盟法律于未来实施已成定局，预期将对全球贸易形势和"碳排放"议题产生重要影响。

三、碳交易

碳交易市场自1997年《京都议定书》开启序幕以来，截至2022年12月，全球运行中的碳市场情况如表1-5所示，建设中的碳市场情况如表1-6所示。这些碳市场覆盖地区的GDP占全球总数的55%，覆盖了全球约17%的温室气体排放。

表 1-5 全球运行中的碳市场情况

2022 年开设 ETS 的国家、地区	ETS 状态	起始年份	具体情况
欧盟	运行中	2005	2022 年 12 月，欧洲议会和欧盟理事会就 EU ETS 的重大改革达成协议，加强了欧盟到 2030 年实现减排 55% 目标的雄心。改革包括对现有的电力、工业和航空排放交易体系设置更严格的上限，并从 2024 年起逐步引入海事部门。从 2026 年开始，逐步取消对某些工业部门的免费配额，同时逐步引入 CBAM。此外，欧盟决定在 2028 年为建筑、道路运输引入新的 EU ETS
瑞士		2008	瑞士碳排放权交易体系引入了市场稳定机制。由于碳排放配额大量流通，拍卖量减少了 50%。涵盖 2025～2030 年的"二氧化碳法案"的修订正在进行中
新西兰		2008	经过前几年的重大改革之后，新西兰政府继续对碳市场进行渐进式改进。2023 年平均核算方法和新的"永久性森林"类别在林业部门生效。政府还决定收紧工业碳排放配额分配。后续将继续就市场监管的改进以及农业生物碳排放的碳定价机制进行磋商
美国		2009	美国区域温室气体减排行为（Regional Greenhouse Gas Initiative，RGGI）进行了两次政策评估，更新了模型规则，并对碳市场交易系统进行调整。目前，RGGI 的第三次政策评估正在进行中
日本		2010	2022 年 2 月，政府宣布要成立绿色转型联盟，这是一个面向企业的碳交易市场，于 2022 年 6 月正式启动。这个新市场在现有的联合碳信用机制（Joint Crediting Mechanism，JCM）和 J-Credit 碳交易体系的基础上建立。虽然参加绿色转型联盟是自愿的，但一旦正式参加，就必须履约。2023 年 2 月，日本内阁通过了绿色转型联盟基本计划，这是一个涉及今后 10 年的路线图，其中包括从 2026 年开始实施强制性全国碳排放权交易制度的初步安排
中国		2013	所有中国地区试点继续进行交易并遵守规定。除定期活动外，北京、重庆、广东、上海、深圳和天津均发布或更新了各自的"碳普惠"补偿框架，以激励个人或小型规模的温室气体减排项目
		2021	根据第一个履约期的经验，生态环境部在 2022 年 3 月更新了监测、报告与核查（Monitoring Reporting and Verification，MRV）指南，旨在提高数据质量。2022 年 11 月，生态环境部公布了 2021 年和 2022 年度全国碳排放权交易配额总量设定与分配实施草案，征求公众意见
加利福尼亚州		2013	2022 年 12 月，加利福尼亚州空气资源委员会（California Air Resources Board，CARB）董事会通过了该州的 2022 年气候变化行动规划，确立了实现加利福尼亚州减排目标的战略。为了实现 2030 年额外减排的目标，CARB 宣布修订该州的碳市场政策

续表

2022 年开设 ETS 的国家、地区	ETS 状态	起始年份	具体情况
魁北克		2013	2022 年 9 月，魁北克采取了新的免费分配办法，将从 2024 年开始实施。如果不进行改革，预计随着工业产出的增长，自由分配的碳配额在总限额中所占的份额将越来越大。预计新办法将在 2024 年至 2030 年期间减少 290 万份免费碳配额
韩国		2015	2021 年 11 月，政府宣布了对韩国碳市场的几项改革措施。这些措施包括：通过向效率最高的覆盖实体发放更多免费配额，实施减少排放和促进低碳投资的措施；通过向更多金融公司开放碳排放权交易体系和提高碳配额持有限额，鼓励碳交易和减少价格波动；促进将国际抵销信贷转换为韩国信贷单位；加强 MRV；增加对小企业和新进入者的支持
加拿大		2019	加拿大所有省份和地区都必须提交 2023~2030 年的碳定价方案。方案必须满足 2023 年每吨二氧化碳当量 65 加元（50 美元）的强化联邦基准，而且每年增加 15 加元，到 2030 年达到 170 加元/吨二氧化碳当量
德国		2021	2022 年是德国碳排放权交易体系运行的第二年。截至 2022 年 10 月，已有 1700 家燃料供应商和 500 家中介机构注册了账户
英国	运行中	2021	英国启动了关于碳市场改革的重大磋商，包括如何使长期的碳排放总量目标与该国的净零目标保持一致，以及扩大改革的行业覆盖范围。2022 年 8 月发布了从 2023 年开始改革的初步计划，全面的改革计划在 2023 年发布
奥地利		2022	奥地利国家碳市场于 2022 年 10 月启动。该碳市场原定于 2022 年 7 月启动，但作为奥地利政府能源价格减免计划的一部分，其暂停了三个月。到 10 月启动时，覆盖的控排单位必须在专用平台上注册账户。延迟注册在 2023 年 2 月 1 日之前不受处罚
哥伦比亚		2021	2021 年 12 月生效的《气候行动法》设定了到 2030 年全面实施碳排放权交易体系的目标。这项法律还任命了一个独立的专家小组，为促进和发展哥伦比亚的碳市场提出建议
马萨诸塞州		2021	由于对"310 CMR 7.74"法规的审查于 2021 年底结束，马萨诸塞州环境保护部（Masschusetts Department of Environmental Protection, Mass-DEP）开始拍卖未来年份的碳排放配额。在每次拍卖中，MassDEP 提供了近 40 万个 2023 年度的碳排放配额，相当于 2023 年碳排放配额总量的 5%
纽约州		2023	2023 年 1 月，纽约州气候行动委员会提出了一系列政策，以实现该州在 2050 年的碳中和目标，为所有碳排放部门设定了碳排放限额。这一限额是强制执行且不断下降的。州长已指示纽约州环境保护部和纽约州能源研究与发展局在 2024 年 1 月之前制定碳市场法规

续表

2022 年开设 ETS 的国家、地区	ETS 状态	起始年份	具体情况
新斯科舍省（加拿大）		2022	2023 年，该省的碳总量控制与交易体系被基于产出的定价体系所取代，该体系于 2022 年 11 月获得联邦政府的批准。碳总量控制与交易体系在 2023 年 12 月之后逐步淘汰，2022 年举行了两次拍卖，允许实体为其已核实的 2022 年碳排放量购买许可配额
俄勒冈州		2022	2022 年 3 月，俄勒冈州环境质量部（Department of Environmental Quality，DEQ）向受气候保护计划（Climate Protection Program）排放上限约束的 18 家燃料供应商发放了碳排放配额。2022 年 9 月，DEQ 推出了一个自愿交易平台
墨西哥	运行中	2022	墨西哥碳市场是拉丁美洲第一个 ETS，于 2020 年开始试点，2022 年过渡到强制性全国碳市场
泰国		2022	泰国自愿排放交易体系试点项目已扩展到泰国重要的工业区东部经济走廊地区。2022 年初，泰国政府还发布了碳信用交易的规则和指导方针，随后在 9 月推出了碳信用交易平台 FTIX
越南		2022	2022 年 7 月，越南发布了一项决定，承诺到 2050 年实现温室气体净零排放，到 2030 年实现比常规情景水平低 43.5% 的中期目标。该决定遵循"第 06/2022/ND-CP 号法令"，该法令概述了实施碳排放交易体系的路线，其上限与越南的 NDC 相对应。试点 ETS 预计将于 2026 年启动，并于 2028 年全面投入运行

资料来源：上海清新碳和科技有限公司官网。

表 1-6　全球建设中的碳市场情况

2022 年开设 ETS 的国家和地区	ETS 状态	具体情况
哈萨克斯坦		2022 年 7 月，《2022~2025 年碳排放配额国家计划》获得批准，规定 2023 年建立二氧化碳排放上限为 1.637 亿吨的碳市场
黑山共和国	建设中	黑山碳排放权交易体系的运作受到 2022 年政府几次变动的负面影响，导致年度分配计划的通过一再拖延。政府成立了一个工作组来审查该国的气候立法，包括碳排放权交易体系
库页岛（俄罗斯）		2022 年，一项关于在俄罗斯联邦选定联邦州进行限制温室气体排放试验的联邦法获得批准，对库页岛地区的受监管实体提出了强制性的排放报告和核查要求，并要求它们遵守分配的碳排放配额。该法还为"津贴流通"奠定了法律基础。作为一项强制性的温室气体排放监管计划，库页岛碳排放权交易体系试点计划原定于 2022 年 9 月启动，但受碳排放配额设定和配额分配过程的影响而推迟

续表

2022 年开设 ETS 的国家和地区	ETS 状态	具体情况
土耳其	建设中	土耳其组织召开了气候委员会会议，由公共和私营机构以及非政府组织参加。委员会的建议包括在 2024 年启动碳排放权交易体系试点，以使国家碳排放权交易体系的发展与该国 2053 年的净零排放目标保持一致。这些建议反映在土耳其 2023～2025 年中期计划中，经总统批准后，在官方公报上公布
乌克兰		乌克兰碳排放权交易体系的设计过程受到俄乌冲突的影响
北卡罗来纳州		2022 年 7 月，北卡罗来纳州环境质量部说明了成为 RGGI 参与州的要求，以及该州现有法规与 RGGI 法规的不同之处。北卡罗来纳州的碳排放法规覆盖工业单位，以及生物质/生物燃料的排放，这与 RGGI 现有法规不符
宾夕法尼亚州		2022 年 4 月，宾夕法尼亚州公布建立 ETS 并参与 RGGI 的法规。这一规定受到几起诉讼的挑战。在法律程序结束之前，宾夕法尼亚州环境保护部将不会采取措施实施或执行 RGGI 法规
华盛顿		经过一年的密集准备，华盛顿州新的碳限额和投资计划于 2023 年 1 月开始运行。华盛顿启动了一项公开程序，探索与其他限额与交易体系挂钩的可能性
智利		2022 年 8 月，智利政府公布了《2022-2026 年能源议程》。它指出，将进行一个碳排放权交易试点项目，以评估其以具有成本效益的方式实现减排方面的作用
尼日利亚		2022 年 8 月，尼日利亚环境部长宣布，该国已开展建立全国碳排放权交易体系的工作
印度		印度政府采取措施建立全国碳市场。其包括由抵销计划支持的自愿市场以及控排单位强制参与的履约市场。自愿市场于 2023 年 7 月启动，之后启动履约市场
印度尼西亚		2022 年 10 月，环境和林业部发布了即将实施的全国碳排放权交易实施细则，详细说明了碳补偿、行业路线图、MRV 程序和制度安排
马来西亚		自然资源、环境和气候变化部开展了一项研究，该研究着眼于 ETS 的市场设计框架、注册与国际标准的一致性

资料来源：上海清新碳和科技有限公司官网。

目前，国际碳交易市场主要根据《联合国气候变化框架公约》下的各国责任划分及《京都议定书》下的三种减排机制〔分别是清洁发展机制（Clean Development Mechanism，CDM）、联合履约机制（Joint Implementation，JI）和排放贸易机制（Emissions Trading，ET）〕，以配额型和项目型两种形态进行交易。各大碳排放权交易体系在多年的探索和实践中不断改革，随着社会经济的发展和与《巴黎协定》所设定的温度目标的接近有了一些新进展。中国于 2021 年初启动的国家碳排放权交易体系超越了 EU ETS 而成为全世界最大的碳交易市场。

世界银行 2023 年 5 月 23 日发布的《碳定价机制发展现状与未来趋势报告2023》显示，2022 年全球碳税和碳排放权交易体系收入约为 950 亿美元，创历史新高。碳税具有相对灵活性，可以很好地覆盖那些排放量较小的小微企业，而碳市场则比较适合高排放高能耗的大型企业。碳税通过设置税率限定了碳价，但难以对减排效果进行精准的预测，且无法控制碳排放总量。与碳税不同，碳市场的减排机制能够有效控制碳排放总量。故而，碳交易与碳税两种制度各具优势，且二者之间具有明显的互补关系。例如，加拿大阿尔伯塔省实施的碳定价政策针对大型的排放企业采取碳市场机制，针对排放分散或者排放较少的小型企业则采取征收碳税的方式，同时在两种方式下采用固定统一的碳价对企业进行管控。针对我国碳减排政策的模型研究也显示，与依靠单一的碳税或者碳市场机制相比，碳市场和碳税机制相结合将是实现减排目标较优的政策选择。其中，碳市场适用于排放量大、排放源集中的企业，碳税则可以用于排放源分散的行业。

第三节　碳市场主要类型

在各国应对气候变化的措施中，碳市场这一市场机制已被全球主要经济体认可为主要减排措施，并已在实践中发挥重要作用。2021 年 7 月 16 日中国碳排放权交易市场开市，其中有 2162 家发电行业重点排放单位被纳入第一个履约周期，年覆盖约 45 亿吨的二氧化碳排放量，一跃成为全球覆盖温室气体排放规模最大的碳市场。除了备受关注的强制碳市场，自愿减排市场也是助力我国碳中和的重要市场机制，是推动碳市场深化改革、实现低成本减排的重要工具，对于优化能源结构、促进生态保护补偿、鼓励全社会参与具有历史性的积极意义。

在现有的交易机制下，碳汇交易依附于碳排放权交易，碳汇只能在自愿减排交易市场中进行交易，或用于碳排放权强制履约市场的部分抵销。碳排放权市场有很多种分类方法，其中最重要的一种，是根据交易动机以及建立的法律基础（国际公约或国内有关法律法规），分为强制履约市场和自愿减排交易市场（以下分别简称"强制市场"和"自愿市场"）。其中，强制市场是指有强制减排任务的主体为了完成法定义务，以强制减排配额（碳排放许可）或经过核证的减排量为主要交易标的的市场。如果强制减排主体没有完成减排任务，差额部分则必须购买碳排放配额或减排量予以抵销，否则将面临高额罚款。而自愿市场是指没有强制减排任务的主体完成了自愿设定的碳中和目标，以各种形式的减排量为主要交易标的的市场。由于没有强制减排任务，不减排也不会面临高额的处罚，因此减排企业完全是自愿购买减排量。现阶段所有已交易的碳汇都可视为"减排量"的一种，由强制履约主体或自愿减排主体购买。可以说，目前尚不存在独立于碳排放权市场的"碳汇市场"，所有的碳汇交易都需要在碳排放权市场的制度框架下进行。

自愿市场是强制市场的积极补充，用户自觉的减排行为形成的碳资产，一方面可用于抵销强制市场控排企业的碳排放量，对强制市场进行补充；另一方面可以用于政府、企业、个人履行社会责任实现碳中和。

根据《中华人民共和国气候变化第三次国家信息通报》，2014年我国林地、草地、农田、湿地等生态系统碳汇为11.51亿吨二氧化碳当量，但其中99.90%都是存量碳汇，不符合额外性的要求，无法被纳入强制市场进行交易。国家发展和改革委员会2011年在北京、天津、上海、重庆、广东、湖北、深圳（2016年增加了福建）启动了碳排放权交易试点。按照我国各试点碳市场官网公布的数据计算，截至2020年底，各试点省市碳排放配额现货交易量达到4.45亿吨，中国核证自愿减排量（China Certified Emission Reduction，CCER）累计交易2.68亿吨。其中，实际签发可上市交易的生态碳汇（以林业碳汇为主）仅3个项目82.81万吨，只占CCER的0.31%，配额市场的0.19%，不到我国年碳汇量的0.10%。①

一、强制履约市场

（一）交易的产品

强制市场主要交易碳排放配额，由碳市场的政府主管部门有偿或无偿向高碳排放的管控企业发放产生。碳排放配额交易的实质，就是在一个原本是自由排放的领域，通过设定排放量上限，从而把不受约束的排放权人为地改造成一种稀缺的碳排放配额的过程。

1. 碳排放配额分配模式

碳排放配额的分配有三种方式，包括拍卖、免费分配和混合模式（见图1-5）。目前，采取拍卖方式的有美国、韩国等，以免费分配方式为核心的有中国、日本、印度尼西亚等，采取混合模式的包括欧盟等。

（1）拍卖。政府通过拍卖的形式让企业有偿地获得碳排放配额，政府不需要事前决定每一家企业应该获得的配额量，拍卖的结果由市场自发形成。

---

① 邱少俊，李兆宜，陈雅如. 生态产品价值实现中的碳汇市场建设研究［J］. 中国土地，2022（11）：14-17.

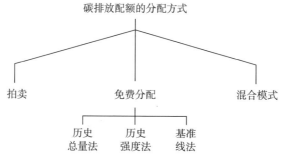

图 1-5　碳排放配额的分配方式

资料来源：上海清新碳和科技有限公司官网。

（2）免费分配。政府根据行业基准线、企业历史排放强度将碳排放总量免费分配给企业。

（3）混合模式。就国际碳市场的发展进程来看，大部分碳交易体系都没有采取单一的拍卖或免费分配模式，而是采用两者相结合的"混合模式"。混合模式既可以随时间逐步提高碳排放配额拍卖的比例，即"渐进混合模式"，也可以针对不同行业采用不同的碳排放配额分配方法。

2. 碳排放配额免费分配方法

（1）历史总量法。历史总量法以企业过去的碳排放数据为依据进行分配。通常依据企业过去 3~5 年的二氧化碳排放量得出该企业的年均历史排放量，而这一数字就是企业下一年度可得的碳排放配额。历史总量法对数据要求较低，方法简单，但忽视了企业在碳交易体系建立之前已采取的减排行为，同时企业还有可能在市场机制的影响下进一步采取减排行为。

（2）历史强度法。以企业历史碳排放为基础，并将其乘以多项调整因子将多种因素考虑在内的一种计算方法，如前期减排奖励、减排潜力、对清洁技术的鼓励、行业增长趋势等。历史强度法要求企业年度碳排放强度比自身的历史碳排放强度有所降低。

（3）基准线法。将同行业的控排企业（设施）生产某种产品的单位碳排放量按顺序从小到大排列，选择其中某一分位数对应的排放值作为基准线，每个企业（设施）获得的碳排放配额量等于其产量乘以基准线值。对于数据基础好、产品单一、可比性较强的行业可采用基准线法分配碳排放配额，如发电行业、电解铝行业等。

（二）交易额和交易价格

我国将石化、化工、建材、钢铁、有色金属、造纸、电力和民航八大行业纳入强制市场，通过发放碳排放配额强制履约的方式对二氧化碳排放量较大的行业进行总量控制。目前，全国共有 8 个地区在开展碳排放权交易试点，包括北京、天津、上海、重庆、湖北、广东、深圳、福建。全国碳排放权注册登记系统落地武汉。表 1-7 列出了 2021 年 7 月至 2023 年全国碳市场的成交数据。

表 1-7　2021 年 7 月至 2023 年全国碳市场成交数据

			2021 年全国碳市场成交数据					
交易品种	最高价（元/吨）	最低价（元/吨）	收盘价（元/吨）			成交量（万吨）	成交额（亿元）	交易方式
			2021-07-16	2021-12-31	涨跌幅			
CEA	62.29	38.50	51.23	54.22	5.84%	3077.4	14.51	挂牌协议交易
						14801.5	62.10	大宗协议交易
						17878.9	76.61	小计
截至 2021 年 12 月 31 日累计						3077.4	14.51	挂牌协议交易
						14801.5	62.10	大宗协议交易
						17878.9	76.61	合计
			2022 年全国碳市场成交数据					
交易品种	最高价（元/吨）	最低价（元/吨）	收盘价（元/吨）			成交量（万吨）	成交额（亿元）	交易方式
			2021-12-31	2022-12-31	涨跌幅			
CEA	61.60	50.54	54.22	55.00	1.44%	621.9	3.58	挂牌协议交易
						4467.0	24.56	大宗协议交易
						5088.9	28.14	小计
截至 2022 年 12 月 31 日累计						3699.4	18.09	挂牌协议交易
						19268.5	86.66	大宗协议交易
						22967.9	104.75	合计
			2023 年全国碳市场成交数据					
交易品种	最高价（元/吨）	最低价（元/吨）	收盘价（元/吨）			成交量（万吨）	成交额（亿元）	交易方式
			2022-12-31	2023-12-31	涨跌幅			
CEA	65.00	62.00	55.00	79.42	44.4%	3499.7	25.69	挂牌协议交易
						17694.7	118.75	大宗协议交易
						21194.4	144.44	小计
截至 2023 年 12 月 31 日累计						7199.1	43.78	挂牌协议交易
						36963.2	205.41	大宗协议交易
						44162.3	249.19	合计

注：因四舍五入问题，部分数据上下加总存在出入。

资料来源：上海清新碳和科技有限公司官网。

二、自愿减排交易市场

1997 年《联合国气候变化框架公约》第三次缔约方会议奠定了全球最初的碳信用体系。会议通过的《京都议定书》建立了三种国际间减排交易机制，其中 CDM 是全球自愿减排交易的缘起，一方面帮助强制碳市场的管控企业灵活履约，形成市场"柔性机制"；另一方面在 CDM 机制下发达国家通过向发展中国家投资或推广绿色产品设备获得减排项目产生的碳信用，发展中国家也因发达国家的投资或者带来的技术而获益。

与此相对，近年来由非政府组织建立的独立第三方碳信用机制的影响力逐渐增强，独立第三方机制下碳信用的签发与交易量增长迅猛，其中排名靠前的包括核证碳标准（Verified Carbon Standard，VCS）、黄金标准（Gold Standard，GS）、美国碳登记（American Carbon Registry，ACR）、气候行动储备（Climate Action Reserve，CAR）等。根据世界银行的统计，2021 年第三方独立签发碳信用占自愿减排信用签发总量的 74%，相比 2015 年的 17% 增长了 3 倍多。[①]

随着全球进入碳中和时代，各类机构对自愿减排信用的需求大增已是必然。根据全球自愿碳市场扩大工作组的研究，为了实现温升不超过 1.5℃ 的目标，全球碳排放到 2030 年应当减少 230 亿吨，其中大约 20 亿吨来源于碳汇和碳移除。2030 年全球自愿碳市场的规模保守估值在 50 亿~300 亿美元范围内，甚至可能达到 500 亿美元。

温室气体自愿减排市场是中国碳交易体系的重要组成部分，也是以更低成本、更高效率实现"双碳"目标的重要工具。生态环境部应对气候变化司相关人员在"2023 亚太金融论坛"上透露，将稳步推进全国碳排放权交易市场建设，尽快启动全国温室气体自愿减排交易市场。CCER 交易可调动全社会参与节能降碳的积极性，体现交易主体的社会责任和低碳发展需求，促进能源消费和产业结构低碳化。

2012 年，我国建立温室气体自愿减排交易机制。2021 年 10 月发布的《中国应对气候变化的政策与行动》白皮书指出，截至 2021 年 9 月 30 日，自愿减排交易累计成交量超过 3.34 亿吨二氧化碳当量，成交额逾 29.51 亿元人民币，CCER 已被用于全国碳市场以及各个试点市场的碳排放配额清缴抵销或自愿减排量注销，有效促进了能源结构优化和生态保护补偿。

---

① 数据来源于《碳定价机制发展现状与未来趋势报告 2022》。

（一）交易的产品

由于二氧化碳是最主要的温室气体，国际惯例是将其他温室气体折算成二氧化碳当量来计算最终的减排量，因此碳排放权交易市场也被称作"碳市场"或"碳交易市场"。市场上进行的各类排放权交易产品的交易，我们统称为"碳信用"交易。

1. 碳信用

自愿市场的主要交易产品是碳信用，碳信用由温室气体减排项目产生。碳信用机制是碳定价机制的重要补充。碳信用不仅可以作为强制碳市场的抵销品用于管控企业履约，还可以作为自愿减排市场的交易品种，帮助企业和个人抵销碳排放，实现碳中和。

2020 年 12 月发布的《碳排放权交易管理办法（试行）》中指出，CCER 是指对我国境内可再生能源、林业碳汇、甲烷利用等项目的温室气体减排效果进行量化核证，并在国家温室气体自愿减排交易注册登记系统中登记的温室气体减排量。CCER 交易可以看作碳排放配额交易的补充，可在强制市场之外引入自愿市场。根据《碳排放权交易管理办法（试行）》的相关规定，全国碳交易市场履约抵销政策明确重点排放单位每年可以使用 CCER 抵销碳排放配额的比例不得超过应清缴碳排放配额的 5%。CCER 与碳排放配额可以进行抵销，即 1 个 CCER 等同于 1 个碳排放配额，可以抵销 1 吨二氧化碳当量的排放。

除了国内常用的碳减排量标准之外（见表 1-8），认可度高的国际减排量标准就是国际绿证，即国际可再生能源证书（International Renewable Energy Certificate，I-REC），是一种国际通用的环境权益凭证，支持全球范围内的碳资产交易。

表 1-8   国内常用碳减排量标准

	内容介绍	适用范围
CCER	按照国家统一的温室气体自愿减排方法学并经过一系列严格的程序，包括项目备案、项目开发前期评估、项目减排量核查与核证等，将项目产生的减排量在生态环境部备案后产生	强制市场 抵销碳中和
碳普惠	是指个人和企事业单位的自愿温室气体减排行为依据特定的方法学可以获得碳信用的机制。一般针对小的减排项目，如分布式光伏等	强制市场 抵销碳中和

资料来源：上海清新碳和科技有限公司官网。

2. 碳汇

碳汇主要指依靠森林、草原、湖泊等从空气中吸收并储存二氧化碳的过程、活动或机制。碳汇项目所产生的温室气体减排量为自愿减排量，可按一定比例用于抵销部分碳排放配额，抵销比例由国家碳交易的主管部门确定。

自愿市场对可纳入交易的碳汇要求相对宽松，但由于缺乏交易的强制性，仅靠企业或个人自愿购买，需求不足，实际交易量也很小。自愿市场起源于一些企业或个人为自愿抵销其碳排放、实现碳中和而购买减排量的行为。由于完全是自发自愿行为，交易主体可以购买各类机制下的核证减排量。

值得注意的是，根据 2023 年生态环境部发布的《温室气体自愿减排交易管理办法（试行）》，申请登记的减排量应当产生于 2020 年 9 月 22 日后，且在项目申请登记之日前 5 年内。

（二）交易额和交易价格

载于《中国财政》2022 年第 15 期的《国际自愿减排市场评述与展望》指出，截至 2021 年底，中国自愿减排交易体系已经公示了 1315 个自愿减排项目，签发了 391 个项目（不包括重复记录项目）的 CCER，签发减排量约为 7700 万吨。我国现有的 9 个交易机构累计交易 4.43 亿吨 CCER，成交额突破 40 亿元。截至 2022 年 8 月，约 6000 万吨的 CCER 已被用于试点碳市场和全国碳市场配额清缴履约抵销，特别是全国碳市场第一个履约周期，约 3400 万吨的 CCER 被用于配额清缴履约抵销。

按照目前全国碳市场 45 亿吨的排放配额规模测算，每年 CCER 需求量最大为 2.25 亿吨。与此需求量相比，当前市场上剩余 CCER 数量已经严重不足。因此，加速推进 CCER 管理办法修订和新项目备案重启已经成为我国碳市场主管部门下一步的工作重点。

在我国自愿市场中，碳交易往往与乡村振兴等政策的落地实施相结合，如福建顺昌"一元碳汇"、福建三明"碳票"、浙江安吉竹林碳汇收储等。但交易规模普遍较小，如福建顺昌的"一元碳汇"，截至 2022 年 6 月底已有 9336 人次认购了碳汇量，可认购额只有 62.07 万元，人均不到百元；浙江安吉首批收储的碳汇交易额也只有 108 万元。不过，这些项目的示范作用远大于实际的减排、固碳效果。

第四节　碳金融产品

一、碳金融基础产品

（一）碳排放配额

1. 碳排放配额概述

碳排放配额是指经政府主管部门核定，企业所获得的一定时期内向大气中排放温室气体（以二氧化碳当量计）的总量，通俗来讲就是纳入碳交易的企业被允许的碳排放额度。企业为了履约，每年必须核销与自身排放量等量的配额，它是碳市场的主要交易产品。碳排放配额分配是碳排放权交易制度设计中与企业关系最密切的环节。碳排放权交易体系建立以后，碳排放配额的稀缺性使其形成市场价格，因此碳排放配额分配实质上是财产权利的分配，碳排放配额分配方式决定了企业参与碳排放权交易体系的成本。

全国碳排放权交易市场覆盖石化、化工、建材、钢铁、有色金属、造纸、电力（含自备电厂）和航空八个行业中年度综合能源消费量为 1 万吨标准煤（约 2.6 万吨二氧化碳当量）及以上的企业或经济主体。目前，只有电力行业被纳入全国碳排放权交易市场。

各省级、计划单列市生态环境主管部门可根据本地实际适当扩大纳入全国碳排放权交易市场的行业覆盖范围，增加纳入的重点排放单位，报国务院生态环境主管部门备案。纳入碳排放权交易市场管理的温室气体包括企业化石燃料燃烧排放的二氧化碳、水泥和化工等部分行业工业过程中产生的二氧化碳、电力热力消费间接产生的二氧化碳。

碳排放配额总量是纳入全国碳排放权交易市场企业的排放上限，根据全国碳排放权交易市场覆盖范围、国家重大产业发展布局、经济增长预期和控制温室气体排放目标等方面确定，具体按照"自下而上"方法设定，即由各省级、计划单列市生态环境主管部门分别核算本行政区域内各重点排放单位配额数量，加总形成本行政区域碳排放配额总量；国务院生态环境主管部门以各地碳排放配额总量为基本依据，综合考虑有偿分配、市场调节、重大建设项目等需要，最终研究确定全国碳排放配额总量。

2. 碳排放配额分配方法

碳排放配额分配方式主要包括免费分配、有偿分配以及这两种方式的混合使用；初始配额计算方法主要包括基准线法、历史排放法、历史强度法。

（1）基准线法。若能确保基准设计的连贯性、一致性与审慎性，使用固定的行业基准法可持续激励相关主体以高成本效益的方式实现减排目标，包括通过需求侧的减排。

此外，固定的行业基准法同样可以奖励先期减排行动者。然而，若基准值未经精心设计，可能无法实现上述优势。同时，固定的行业基准法也是一种耗时较长和对数据要求较高的分配方法。

固定的行业基准法在防范碳泄漏方面的效果可能好坏参半，且仍有使相关主体赚取暴利的可能性。向重点排放单位发放免费配额既可以依据历史数据，也可以依据实时数据，若依据实时数据则须进行定期更新。

（2）历史排放法。历史排放法能够补偿因搁浅资产引致的损失。在管理产业链下游碳排放的碳排放权交易体系中，历史排放法是确保碳排放权交易体系平稳过渡的一种简单易行的方法。

只要分配水平没有根据企业实际排放情况进行事后更新，历史排放法便可为采取高成本效益方式实现减排目标的做法提供强大动力。通过提供针对搁浅资产风险的补偿，历史排放法亦有助于碳排放权交易体系的平稳过渡。

然而，该方法也增加了相关主体赚取暴利的可能性并且在碳泄漏防范方面的效果较弱，若与事后调节相结合，则可能产生扭曲的价格信号，且无法奖励先期减排行动者。

（3）历史强度法。与固定的行业基准法相同的是，政府部门可选择使用历史或实时数据计算企业应得的免费碳排放配额。使用实时数据时需定期更新，这种分配方法可有效防止碳泄漏，并奖励先期减排行动者。

然而，若使用行业碳排放强度基准，则可能造成行政管理上的复杂性。不断激励相关主体采取高成本效益方式实现减排目标，这需要以审慎的连贯一致的基准设计为前提，需要保护需求侧减排的动力，且当免费配额分配水平整体较高时，政府部门需将配额控制在总量控制目标范围内。

（二）碳信用

1. 碳信用概述

碳信用（Carbon Credit），指通过国际组织、独立第三方机构或者政府确认的，一个地区或企业以提高能源使用效率、产出清洁能源等方式减少的、经过审定与核证可以进入碳市场交易的碳资产。一般情况下，碳信用以减排项目的形式进行注册和减排量的签发。除了在碳税或碳排放权交易机制下抵销履约实体的排放，碳信用还用于个人或组织在自愿市场的碳排放抵销。碳汇是碳信用中的一种。2021年9月22日，中共中央、国务院发布的《关于完整准确全面贯彻新发展理念做好碳达峰碳中和工作的意见》中提出：将碳汇交易纳入全国碳排放权交易市场，建立健全能够体现碳汇价值的生态保护补偿机制。

碳信用主要有三个方面的作用：一是从宏观层面来说，碳信用使碳排放"上限和交易"（Cap-and-Trade）成为一种完整的机制安排，这有助于形成市场为导向的机制，将气候问题的外部性通过市场化的交易实现内部化，最终减少全球温室气体排放总量。二是对碳资产需求方来说，碳信用提供了新的履约路径。碳信用买方可以从减排成本较低的地区或部门购买减排量来抵减自身的碳排放量，这样做有助于降低买方的减排成本。只要碳信用活动产生的碳减排量是真实的，碳信用机制就可推进全球的减排行动。三是对碳资产出售方来说，碳信用提供一个可以量化的计价方式，这产生了正向激励作用，可促进绿色产业、低碳创新技术的发展。

按照世界银行的统计，截至2020年末全球碳信用注册项目有18000多个，且数量还在不断上升，2002年至2022年，全球发放的碳信用总量约为49亿吨二氧化碳。2022年，独立机制仍是碳信用签发中最具有规模优势的机制，签发总量为2.75亿吨二氧化碳，约占全年总签发量的58%，而CDM的签发总量占全球签发总量的32%。[①]

目前，碳信用签发主要涉及林业、农业、碳捕集与封存（Carbon Capture and Storage，CCS）、能源效率、燃料转型、逸散排放、工业气体、制造业、可再生能源、交通运输等领域。林业领域比其他任何产业签发的碳信用都多，2015年到2020年林业累计签发的碳信用占全球总量的42%。

2. 碳信用的管理机制

目前，国际上形成了碳信用认证的统一标准，以国际碳减排与抵销联盟（International Carbon Reduction and Offset Alliance，ICROA）的"最佳实践"为代表，碳信用要符合碳排放量的减少是真实的、减排量是可测量的、排放的减少或清除是永久性的、排放的减少是额外的、合格第三方独立机构进行科学认证、一吨二氧化碳当量的碳减排只对应一个碳信用这六条要求。

根据确认或者认证的机构，碳信用机制分为国际碳信用机制，独立碳信用机

---

① 数据来源于《碳定价机制发展现状与未来趋势报告2023》。

制，区域、国家和地方碳信用机制。

（1）国际碳信用机制。国际碳信用机制指在国际气候公约下形成的碳信用机制，通常由国际机构管理。目前主要是《京都议定书》下的 JI 和 CDM 两种。

JI 是指发达国家（工业化国家）之间通过项目的合作，其所实现的减排单位（Emission Reduction Unit，ERU）可以转让给另一发达国家缔约方，同时在转让方允许排放限额上扣减相应额度。

CDM 是指发达国家通过提供资金和技术的方式，与发展中国家开展项目合作，通过项目实现的"经核证的减排量"（Certification Emission Reduction，CER）用于发达国家缔约方完成在《京都议定书》下的减排承诺。CDM 是签发碳信用和注册减排项目最多的碳信用机制，发放的碳信用 75% 以上集中在工业气体和可再生能源两个领域。联合国环境规划署的数据显示，截至 2021 年 4 月 1 日全球注册备案 CDM 项目数共计 8415 个，其中 2004~2012 年注册备案项目占比近 95%。[①]

（2）独立碳信用机制。独立碳信用机制是由独立第三方认证的碳信用机制，主要存在于自愿减排市场中。目前，独立碳信用机制主要有以下几种：

VCS：2005 年由气候组织、国际排放交易协会、世界经济论坛等机构共同创建，目的是为全球自愿减排项目提供认证和信用签发服务，是目前全球最大的独立碳信用机制。根据 VCS 官方发布的数据统计，截至 2019 年末，VCS 注册项目数为 1628 个，已签发的碳信用为 4.1 亿吨二氧化碳当量，其中到期或注销的碳信用为 2.51 亿吨。[②]

GS：由世界自然基金会等国际非政府组织于 2003 年共同发起组建的碳信用机制，为 CDM 和 JI 项目独立认证的质量标识。GS 特别重视环境与社会效益的协同效应，制定了严格的对该效应的示范性保障措施。GS 的 CER 主要用于自愿抵销。根据相关数据统计，截至 2019 年末，GS 注册项目数为 1249 个，已签发的碳信用为 9700 万吨二氧化碳当量，已到期或注销的碳信用为 5900 万吨。[③] 按签发项目数和签发总额计算，GS 是全球第二大独立碳信用机制，其中大部分核证的减排量来自可再生能源和燃料转型项目。

此外，独立机制还有 ACR 和 CAR。其中，ACR 是世界上第一个独立自愿碳抵销机制，主要针对来自美国的项目，为自愿市场和强制市场提供碳信用。气候行动储备由美国加利福尼亚州于 2001 年创建，主要目的是促进当地企业管理和

---

①②③ 徐苏江. 碳信用的发展趋势 [J]. 中国货币市场，2021（11）：78-82.

减少温室气体排放，促进和保护当地商业发展。这两个机制签发的碳信用量略少于前面两个机制。

（3）区域、国家和地方碳信用机制。除了国际机制与独立机制，还存在区域性的碳信用机制，通常来说其只适用于一个国家、省份或者几个国家和地区，只对本国、本省或双边国家进行约束。截至 2022 年，全球共有 17 个区域、国家和地区实施碳信用机制并已签发碳信用。

这类机制的代表有加拿大阿尔伯塔省排放抵销体系。2007 年阿尔伯塔省《气候变化排放管理修正法案》生效，主要为阿尔伯塔省特定气体排放管理条例（一种基线减排和信用交易型碳排放权交易体系）下有减排义务的实体提供碳信用。该机制只对该省范围内的节能减排实体签发碳信用。首批项目覆盖农业、可再生能源和废弃物处理领域，后覆盖范围扩大到其他行业。

3. 中国的碳信用管理机制

我国参加了 CDM 和 VCS 系统，在 CDM 注册备案项目中，我国项目数占比达 45.9%，是项目数最多的国家。除了国际机制与独立机制，我国也有全国温室气体自愿减排计划，福建、北京和广东省级的碳信用管理机制。

2012 年，国家发展和改革委员会发布了《温室气体自愿减排交易管理暂行办法》和《温室气体自愿减排项目审定与核证指南》，明确中国自愿减排项目的申报、审定、备案、核证等工作流程。CCER 可以用于国内试点地区企业履约需要，也可以用于企业和个人的自愿减排。发展和改革委员会通过备案登记形式管理温室气体自愿减排交易，参与自愿减排交易的项目、项目产生的减排量均需在国家主管部门备案和登记，并在经国家主管部门备案的交易机构内交易。中国温室气体自愿减排计划于 2015 年 1 月启动交易。2017 年 3 月暂停 CCER 项目和减排量备案申请，已签发的仍可交易和使用，但其供给实际上被冻结。截至 2019 年底，国家发展和改革委员会公示的 CCER 审定项目累计达到 2856 个，备案项目 1047 个，获得减排量备案项目 287 个。获得减排量备案的项目中挂网公示 254 个，合计备案减排量 5283 万吨二氧化碳当量。[①] 从项目类型看，风电、光伏、农村户用沼气、水电等项目较多。

2020 年 3 月，国际航空碳抵销与减排计划（Carbon Offsetting and Reduction Scheme for International Aviation，CORSIA）批准可以使用 CCER 进行抵销，这表示我国的碳信用标准可以为国际所接受。

① 王科，刘永艳. 2020 年中国碳市场回顾与展望［J］. 北京理工大学学报（社会科学版），2020，22（2）：10-19.

二、碳金融衍生产品

全球气候金融市场分布广泛，碳金融产品和工具种类多样化，主要包括碳信贷、碳债券、碳基金、碳回购、碳互换、碳期货、碳期权、碳远期、碳保险、碳理财、碳币、碳结构性存款等。我国区域碳市场对碳金融工具的使用情况如表1-9所示。

表1-9　我国部分区域碳市场对碳金融工具的使用情况

工具类别	具体工具		地区							
			试点							非试点
		北京	上海	天津	深圳	广东	重庆	湖北	福建	四川
交易工具	碳期货	—								
	碳期权	√								
	碳远期		√			√		√		
	碳掉期	√								
	碳指数交易产品					√		√	√	
融资工具	碳质押	√	√		√	√	√	√		
	碳回购/逆回购	√	√		√	√		√		
	碳结构性存款				√			√		
	碳信托		√							
	碳资产证券化　碳债券				√			√		
	碳资产证券化　碳基金				√			√		
支持工具	碳指数	√				√				
	碳保险							√		

资料来源：Wind、平安证券研究所。

（一）碳市场交易工具

1. 碳期货

碳期货是以碳买卖市场的交易经验为基础，应对市场风险而衍生的碳期货商品，标的物为二氧化碳排放量。碳金融衍生产品，对碳金融和低碳经济的发展具有重要作用。目前碳期货的品种主要有欧盟排放交易体系定期合约、联合国

CDM 体系定期合约、美国定期合约以及新西兰定期合约。除此之外，碳排放的衍生品还有多种合成远期合约。

据世界银行统计，2009 年 EU ETS 交易额高达 1185 亿美元，占全球碳市场交易总额的 82%，而期货交易又以 73% 的份额占绝对主导地位。随着时间的推移，碳现货交易占比下降的趋势越来越突出，2014 年 9 月至 2015 年 9 月，EU ETS 每日成交的碳排放配额期货为现货交易量的 20~60 倍，而以其间一年的总成交量做对比，期货交易量是现货交易量的 30 余倍。EU ETS 的发展显示，尽管现货交易始终是碳市场发展的基石，但金融化交易工具尤其是碳期货的引入，对于碳市场的成长有决定性影响。[①]

根据中国证券监督管理委员会（以下简称"中国证监会"）2022 年发布的《碳金融产品》，碳期货指期货交易场所统一制定的、规定在将来某一特定的时间和地点交割一定数量的碳排放配额或碳信用的标准化合约。对于控排企业而言，碳期货可以为参与者提供套期保值等风险规避手段；对于市场而言，碳期货可以提高市场信息透明度，增强市场流动性，并指导碳排放配额或碳信用的现货价格。

全球主要碳市场中，碳期货是交易量最大、流动性最强的碳交易品种。EU ETS 主要以期货交易为主，占比超过 90%。EU ETS 中交易场所集中，分工明确，运行之初，有多个交易所开展欧盟碳排放配额（European Union Allowance，EUA）的交易。随着碳市场不断发展，交易场所逐渐集中，当前主要通过美国洲际交易所开展 EUA 的现货交易，并通过欧洲能源交易所开展 EUA 的期货交易。

我国目前正在大力推进碳期货研发。由于我国碳市场不具备期货交易所资质，碳期货迟迟难以落地。2021 年 4 月 19 日，随着广州期货交易所揭牌，我国碳期货品种研发进程启动。

2. 碳期权

碳期权交易是一种买卖碳期权合约权利的交易。碳期权的买方在支付权利金后便取得履行或不履行买卖期权合约的选择权，而不必承担义务；碳期权的卖方在收取买方的期权金之后，在期权合约规定的特定时间内，只要期权买方要求执行期权，期权卖方必须按照事先确定的执行价格向买方买进或卖出一定数量的碳期货合约。卖出期权合约的一方称为期权卖方，卖出期权未平仓者称为期权空头；买入期权合约的一方称为期权买方，买入期权未平仓者称为期权多头。

---

① 双碳科普｜一文看懂碳金融"金融工具篇"[EB/OL]. 新浪网，https：//finance. sina. cn/2022-12-07/detail-imqqsmrp8842864. d. html？from＝wap，2022-12-04.

根据中国证监会 2022 年发布的《碳金融产品》，碳期权指期货交易场所统一制定的、规定买方有权在将来某一时间以特定价格买入或者卖出碳排放配额或碳信用（包括碳期货合约）的标准化合约。一方面，碳期权为交易双方提供多样化的风险规避手段，有利于碳市场活跃度的提升和稳定健康发展；另一方面，场外期权交易的开展也可为未来开展碳期货等创新交易积累经验。

碳期权作为在碳期货基础上产生的一种碳金融衍生品，在欧盟碳排放权交易体系、区域温室气体减排行动中较为活跃，英国碳市场也已于 2022 年 10 月 10 日推出碳期权。

国际主要碳市场中的碳期权与碳期货交易已相对成熟，而我国当前碳期权仍处于起步阶段，仅有的尝试均为场外期权，并委托交易所监管权利金与合约执行。2016 年 6 月 16 日，深圳招银国金投资有限公司、北京京能源创碳资产管理有限公司、北京环境交易所正式签署了国内首笔碳排放配额场外期权合约，交易量为 2 万吨。

3. 碳掉期

根据中国证监会 2022 年发布的《碳金融产品》，碳掉期指交易双方以碳资产为标的，在未来的一定时期内交换现金流或现金流与碳资产的合约。一方面，碳掉期交易是交易双方主要根据合同法精神开展的场外非标准化交易活动，交易所只负责交易双方保证金监管与合约清算工作；另一方面，此类交易将提高碳市场的流动性，并为未来开展碳金融产品创新交易积累经验。

碳掉期主要有两种形式：第一种形式是通常意义上的碳掉期交易制度，以欧盟碳排放权交易市场为例，其于 2004 年对 EU ETS 指令进行修正，以增强与《京都议定书》的协调性。该指令允许 EU ETS 下的控排企业利用从 CDM 和 JI 项目中获得的碳信用履约，达成减排任务，此举增强了成员国减排方式的可选择性。单就欧盟碳排放权交易市场而言，减排项目产生的减排量可以进入强制市场进行交易，即碳排放配额和碳信用可以进行掉期。具体而言，当减排目标不能通过本国节能技术改造或碳排放配额交易达成的时候，控排企业可以通过投资其他国家的清洁能源项目，获取由此而产生的减排量，再通过碳排放配额和碳信用对应比例的掉期协议达成交易。而第二种形式的碳掉期，则发生在具有特定债权债务关系的国家之间。

实践中，碳排放配额场外掉期也有两种形式——以现金结算碳资产即期与远期差价，碳市场交易场所主要负责保证金监管、交易鉴证及交易清算和结算，以及不同资产间的互换交易，较常见的是碳排放配额和 CER 的互换交易。2015 年

6月15日，中信证券股份有限公司、北京京能源创碳资产管理有限公司、北京环境交易所在"第六届地坛论坛"正式签署了国内首笔碳配额场外掉期合约，交易量为1万吨。掉期合约交易双方以非标准化书面合同形式开展掉期交易，北京绿色交易所在交易中负责保证金监管与交易清算工作。

4. 碳远期

根据中国证监会2022年发布的《碳金融产品》，碳远期指交易双方约定未来某一时刻以确定的价格买入或者卖出相应的以碳排放配额或碳信用为标的的远期合约。碳远期可以帮助市场参与者更有效地管理碳资产，为其提供多样化的交易方式、提高市场流动性、对冲未来价格波动风险、实现套期保值。

碳远期兴起于碳市场成熟和金融体系发达的国家和地区。EU ETS建立伊始，欧盟碳市场上就出现了EUA远期合约产品。EUA碳远期产品通常是由交易双方协商确定远期合约内容，并通过场外方式进行交易，欧洲气候交易所、美国洲际交易所等专业交易所不直接介入交易。碳远期在国际市场上的碳排放配额和核证减排量交易中运用十分广泛，相关交易操作已十分成熟。

中国的碳远期交易自2017年起从地方碳市场开始起步，先后在上海环境能源交易所、湖北碳排放权交易中心和广州碳排放权交易中心开展试点。其中，广州碳排放权交易中心提供了定制化程度高且合约不可转让的碳远期交易产品，湖北、上海碳市场则提供了具有合约标准化、可转让特点的碳远期交易产品。中国全国碳市场虽然于2021年启动，但截至2022年10月，全国碳市场上尚未出现碳远期产品交易。

（二）碳市场融资工具

1. 碳债券

碳债券目前一般指企业为筹措低碳项目建设或维护资金向投资者发行的与碳资产及其收益相关联的绿色债券。我国首单碳债券为2014年浦发银行主承销的10亿元中广核风电有限公司附加碳收益中期票据，又称为"碳债券"，该碳债券利率由固定利率与浮动利率两部分组成，其中浮动利率部分与发行人下属5家风电项目公司在债券存续期内实现的碳减排量交易收益正向关联。

根据中国证监会2022年发布的《碳金融产品》，碳债券指发行人为筹集低碳项目资金向投资者发行并承诺按时还本付息，同时将低碳项目产生的碳信用收入与债券利率水平挂钩的有价证券。碳债券可以为碳资产创造估值和变现的途径，拓宽企业融资渠道。

碳债券的发行主体比较多元，政府、包括绿色环保组织在内的一些国际组织以及一些大公司等都可以作为碳债券的发行主体，如美国政府发行了清洁可再生能源债券，国际金融公司发行了人民币债券，世界银行、欧洲投资银行等国际组织发行了绿色债券等。与此同时，国际债券评级机构也对各种低碳债券开展评级，加强与专业的碳排放咨询公司的合作。

碳债券的票面利率与发行主体减排项目的收益相关，碳债券作为控排企业的重要融资手段，同样具有较好的发展前景，然而由于当前碳价波动相对较大，其产品设计相对复杂，优先级位于碳质押之后。

2. 碳质押

根据亿欧智库《2022 中国碳金融市场研究报告——长风破浪会有时，直挂云帆济沧海》，碳质押指以碳排放权配额或核证减排量等碳资产为质押物进行融资。碳质押同样可以为碳资产创造估值和变现的途径，拓宽企业融资渠道。

碳质押中将 CER 收益权作为质押向银行贷款是国际碳市场的一种运作方式，具有良好 CDM 项目开发潜质和信用记录的企业可以 CER 收益权为质押向银行申请贷款。

全国碳市场启动后，碳质押在我国已有多个落地项目，市场经验充分，是重要发力方向。碳质押是较为常见的碳融资工具，上海、广东碳市场已出台针对碳质押的业务规则。2014 年 9 月 9 日，湖北碳排放权交易中心、湖北宜化集团和兴业银行签订"碳排放权质押贷款协议"，这是我国首单碳资产质押贷款项目，湖北宜化集团利用自有的碳排放配额获得了 4000 万元的质押贷款。2022 年 10 月 9 日，北京银行上海分行成功发放 CCER 质押贷款，该笔贷款是上海碳市场 2022 年首笔 CCER 质押贷款，也是继中国人民银行上海分行、中国银行保险监督管理委员会上海监管局（上海银保监局）、上海市生态环境局联合发布《上海市碳排放权质押贷款操作指引》后商业银行落地的首笔 CCER 质押业务，为分行后续类似业务的开展做了有益尝试。

3. 碳基金/信托

碳基金指的是定位于碳市场，从事碳资产开发、管理及交易的投资基金，可简单理解为在碳市场尝试获取利润的基金。我国首只政府部门备案的碳基金在湖北碳排放权交易中心诞生，由诺安基金子公司诺安资产管理有限公司对外发行，华能碳资产经营有限公司为基金投资顾问，规模 3000 万元。

碳信托可以等同理解为碳基金，只是其在投放标的及风险把控方面比基金面临的风险程度更低。上海宝碳新能源环保科技有限公司与爱建信托成立了国内最早的碳信托产品，是一项用于投资 CCER 的 3000 万元的信托计划。

根据中国证监会 2022 年发布的《碳金融产品》，碳基金是指依法可投资碳资产的各类资产管理产品。碳基金及相关服务是碳市场发展的风向标。

碳基金现在已发展成长为世界碳减排活动中最不可或缺的投资实体，目前世界上有超过 50 个此种类型的基金，这些基金的投资者通常是大型遵约国家，或者是将碳价波动视为利润来源的投机者。

碳基金是控排企业重要的融资手段，具有较好的发展前景，然而由于当前碳价波动仍相对较大，其在产品设计方面相对复杂，优先级位于碳质押之后。

（1）国内碳基金设立情况。我国碳基金的发展目前仍处于探索阶段。从市场实践来看，我国目前有一个碳减排证卖方基金，即中国碳基金，其也是全球第一家卖方减排证交易中心。中国碳基金总部设在荷兰，其核心业务是为中国 CDM 项目的减排量进入国际碳市场交易提供专业服务，特别是为欧洲各国政府、金融机构、工业用户同中国的 CDM 开发方之间的合作和碳融资提供全程服务。欧洲用户通过中国碳基金采购碳减排量。

此外，2007 年 7 月 20 日，我国成立中国绿色碳基金，发起者包括国家林业局、中国石油天然气集团公司、中国绿化基金会、嘉汉林业（中国）投资有限公司、美国大自然保护协会。该基金属于全国性公募基金，是用于支持中国应对气候变化、可持续发展的一个专业造林减排基金。它的设立，为企业、团体和个人自愿参加植树造林以及森林经营保护等活动搭建了一个平台。

未来，国际间的碳资产交易将是重中之重。我国成立自有的碳基金，主动参与世界上碳汇的买卖，不仅能有效提高我国在碳交易产业链上的地位，获取交易的主动权，而且能加强我国的碳汇储备，为实现"双碳"目标奠定基础。

国内的碳基金以政府或公共机构为主导，市场化碳基金较少、年份早（见表1-10），主要因 2017 年 CCER 暂停所致。

表 1-10　国内过往发行碳基金情况

	中国绿色碳基金	创赢 1 号碳排放专项资产管理计划	深圳嘉碳开元投资合伙企业（有限合伙）	深圳嘉碳开元平衡合伙企业（有限合伙）	海通宝碳 1 号集合资产管理计划
类型	全国性公募基金	资产管理计划	私募基金	私募基金	资产管理计划
成立时间	2007 年	2014 年 11 月	2014 年 12 月	2014 年 12 月	2014 年 12 月
规模	—	3000 万元人民币	4000 万元人民币	1000 万元人民币	2 亿元人民币

续表

	中国绿色碳基金	创赢 1 号碳排放专项资产管理计划	深圳嘉碳开元投资合伙企业（有限合伙）	深圳嘉碳开元平衡合伙企业（有限合伙）	海通宝碳 1 号集合资产管理计划
管理人发行人	国家林业局、中国石油天然气集团公司、中国绿化基金会、嘉汉林业（中国）投资有限公司、美国大自然保护协会	诺安资产管理有限公司	深圳嘉碳资本管理有限公司（已注销）	深圳嘉碳资本管理有限公司（已注销）	海通证券资产管理有限公司
投资顾问	—	华能碳资产经营有限公司	—	—	上海宝碳新能源环保科技有限公司
资产标的	森林储能为目的的植树造林、保护森林等林业碳汇项目	受托管理华能集团 13 家试点地区排放企业碳排放配额账户	投资于国内一、二级碳市场、新能源及环保领域中的 CCER 项目	投资于国内一、二级碳市场、新能源及环保领域中的 CCER 项目	投资 CCER 项目
业绩	—	年化收益率为 16.1%	基金预期保守收益率为 28%	基金预期保守收益率为 25.6%	成立时预计收益率为 28%，最终业绩暂不明确
期限	—	2014~2016 年	3 年	10 个月	暂未披露
交易所	—	湖北碳排放权交易中心	深圳排放权交易所	深圳排放权交易所	上海环境能源交易所

资料来源：上海清新碳和科技有限公司官网。

（2）国际碳基金设立情况。目前国际上购买碳信用或碳排放配额的碳基金投资机构约有 50 家，按设立与管理方式分，主要有以下几种：

1）由政府设立及管理。芬兰政府于 2000 年设立 JI/CDM 试验计划，在萨尔瓦多、尼加拉瓜、泰国和越南确定了潜在项目。2003 年 1 月开始向上述各国发出邀请，购买小型 CDM 项目产生的 CER。奥地利政府创立了专门的地区信贷公共咨询公司为奥地利农林、地区和水利部实施奥地利 JI/CDM 减排项目，目前已在印度、匈牙利和保加利亚完成了数项 JI/CDM 减排项目。

2）由国际组织和政府合作创立，由国际组织管理。部分 CDM 减排项目主要由世界银行与各国政府之间的合作促成。世界银行不仅是碳市场中的先锋而且是世界最大的碳信用买主，其碳基金业务始于 1999 年建立的 1.80 亿美元的原型碳基金，是世界上创立最早的碳基金，政府方面有加拿大、芬兰、挪威、瑞典、荷兰和日本等国的国际合作银行参与。原型碳基金的日常工作主要由世界银行管理。截至 2014 年，世界银行管理着总价值超过 20 亿美元的 10 个碳基金和融资机制。这些基金和机制包括原型碳基金、向小型贫困国家和社区提供碳融资的社区发展碳基金、为森林和土地使用项目提供碳融资的生物碳基金、荷兰清洁发展机制基金、意大利碳基金、西班牙碳基金、丹麦碳基金、荷兰欧洲碳基金、伞形碳基金以及欧洲碳基金（见表 1-11）。

表 1-11　世界银行碳基金概览

碳基金种类	成立时间	规模	组织形式	目的
世界银行原型碳基金	1999 年	18000 万美元	公私合作组织，由六个国家和十七家私营公司组成，由世界银行管理	投资覆盖 24 个位于全球发展中国家和转轨国家中不同部门的项目（能源、工业、垃圾管理、土地治理以及可再生能源）
世界银行社区发展碳基金	2004 年 3 月	12860 万美元	公私合作组织，由世界银行运作管理	主要针对世界上较落后的国家和地区（小规模）
世界银行生物碳基金	2007 年 5 月	9190 万美元	公私合作组织，作为一种信托基金由世界银行管理	在为收集和保持林业和农业生态系统中的碳的土地使用项目（林业和农业）提供支持的同时，推动生物多样化保护和减轻贫困的工作
世界银行荷兰清洁发展机制基金	2004 年	4400 万欧元	由世界银行和国际基金组织发起，由世界银行管理	支持发展中国家在 CDM 下产生信用的项目
世界银行荷兰欧洲碳基金	2004 年	18000 万美元	由世界银行和国际基金组织发起，由世界银行管理	主要在乌克兰、俄罗斯和波兰共同实施 JI 的基金
世界银行意大利碳基金	2004 年	8000 万美元	由世界银行和意大利政府发起，由世界银行管理	支持有成本效益的减排项目和清洁技术转让，例如水电和垃圾管理
世界银行丹麦碳基金	2005 年	7000 万美元	由丹麦政府和私人部门发起，由世界银行管理	支持风能以及热力和电力（联合发电）、水电、生物质能源以及垃圾掩埋等项目
世界银行西班牙碳基金	2005 年	17000 万欧元	由西班牙政府发起，由世界银行管理	它主要投资于东亚和太平洋地区以及拉丁美洲和加勒比地区的项目，并覆盖一系列广泛的技术，其中包括 HFC-23 摧毁方法、垃圾管理、风电、水电、运输
世界银行伞形碳基金	2006 年	25000 万美元	由政府和私人部门发起，私人资金占 75%，由世界银行管理	它将世界银行管理的碳基金和其他参与机构的资金统筹在一起，从大型项目中购买减排量

续表

碳基金种类	成立时间	规模	组织形式	目的
世界银行欧洲碳基金（CFE）	2007年3月	5000万欧元	由爱尔兰、卢森堡、葡萄牙三国政府，比利时佛拉芒区政府和挪威一家私营公司共同出资设立。由世界银行和欧洲投资银行管理	基金将致力于帮助欧洲国家履行《京都议定书》和欧盟排放交易计划的承诺

资料来源：雷立钧，梁智超．国际碳基金的发展及中国的选择［J］．内蒙古财经学院学报，2010（3）：50-54；MBA智库。

3）由政府设立，采用企业模式运作。这种类型的代表是英国碳基金。英国碳基金成立于2001年，由政府投资并按照企业模式运作，政府不直接干预碳基金的经营管理，其目标是通过寻找低碳节能技术领域的商业机会，促进英国低碳经济的发展。碳基金的主要资金来源是英国的气候变化税。气候变化税是向工业、商业及公共部门（住宅及交通部门、居民除外）征收的一种能源使用税，每年约有6600万英镑的气候变化税拨付给碳基金管理使用。该基金的资金用于投资方面，主要有三个目标：一是促进低碳技术的研究与开发；二是加速节能降碳技术商业化；三是推进创新技术的孵化。

4）由政府与企业合作建立，采用商业化管理模式。这种类型的代表为德国和日本的碳基金，它们都是由本国投资银行、政府和企业共同出资建立。德国复兴信贷银行碳基金由德国政府、德国复兴信贷银行共同设立，基金总规模约为7000万欧元，由德国复兴信贷银行负责日常管理，为当地控排企业创造了新型的碳排放配额买卖以及碳资产投融资渠道。日本碳基金主要由31家私人企业和两家政策性贷款机构——日本国际协力银行和日本政策投资银行出资建立，日本国际协力银行和日本政策投资银行代表日本政府进行资金的日常投资与管理。该类基金的资金主要用于购买《京都议定书》规则下的减排量，以完成本国的减排目标。

三、碳金融支持产品

（一）碳指数

碳指数可以反映碳市场的供求状况和价格信息，为投资者了解市场动态提供投资参考，可以简单理解为和股票中的上证指数、创业板指数等一样的碳市场的一个指数。我国首个碳指数为上海置信碳资产管理有限公司开发维护的反映碳市场走势的统计指数，在上海环境能源交易所发布，每个交易日结束后，根据当日各碳市成交均价计算得出置信碳指数。有了指数，指数就可以成为交易的标的，就又回到了刚才提到的交易工具范畴。

（二）碳保险

碳保险指通过与保险公司合作，对重点排放企业新投入的减排设备提供减排保险，或者对 CCER 项目买卖双方的 CCER 产生量提供保险。全国首个碳保险产品设计方案由湖北碳排放权交易中心与平安财产保险湖北分公司出台，华新水泥股份有限公司与平安财产保险湖北分公司达成保险事宜，保险公司将为华新水泥投入新设备后的减排量进行保底，一旦超过碳排放配额，将给予赔偿。

根据中国证监会 2022 年发布的《碳金融产品》，碳保险指为降低碳资产开发或交易过程中的违约风险而开发的保险产品。碳保险可以规避减排项目开发过程中的风险，降低碳交易项目双方的投资风险或违约风险，确保项目的 CER 按期足额交付。

碳保险的具体产品包括碳减排交易担保、碳排放信贷担保保险、清洁发展机制支付风险保险、碳损失保险、碳信用保险、碳信用交付担保保险、碳交易信用保险、森林碳汇保险等。

早在 2000 年国外金融机构就已开始对碳保险产品进行探索。2004 年联合国环境规划署、全球可持续发展项目和瑞士再保险公司联合推出了碳交易信用保险。2009 年 9 月澳大利亚承保机构斯蒂伍斯·艾格纽（STEEVES AGNEW）在全球首次推出了碳损失保险，为由森林大火、雷击、冰雹、飞机坠毁或暴风雨等导致的森林无法实现 CER 所产生的风险提供保障。

国内碳保险发展起步较晚，但一些金融机构已经开始尝试开发碳保险产品。2016 年 11 月 18 日，湖北碳排放权交易中心与平安财产保险湖北分公司签署了"碳保险"开发战略合作协议。在当前全国及区域碳市场履约率仍然相对较高的前提下，碳保险产品需求相对较弱，未来随碳排放配额收紧，其重要性将逐渐体现。

第二章　中国碳市场

中国拥有巨大的碳排放资源，碳交易及其衍生的市场的发展前景广阔。我国是世界上最大的发展中国家，有保护环境和人民家园的义务。作为世界上最大的煤炭消费国（约占世界消费总量的1/3），我国的温室气体排放总量居世界第一位。本章分别从中国碳市场发展情况、中国碳市场的政策与法律体系、中国碳市场未来发展机遇与挑战三个方面出发，对中国碳市场的发展与现状进行分析和讨论。

第一节　中国碳市场发展现状

一、中国碳市场发展沿革

从国内发展历程来看，中国的碳市场历经顶层政策设计、地方碳市场试点及全国碳市场建设三大阶段（见表2-1）。

表2-1　中国碳市场发展沿革

发展阶段	时间	事件
第一阶段：顶层政策设计阶段	2008年	上海、北京、天津设立环境能源权益交易机构
	2009年	我国在哥本哈根世界气候大会上郑重承诺，到2020年全国碳强度将相比2005年下降40%~45%
	2010年	我国首提碳市场建设
	2011年	国家发展和改革委员会同意在北京、天津、上海、重庆、湖北、广东、深圳"两省五市"开展碳排放权交易地方试点工作。同时，我国在"十二五"规划中首次提出单位国内生产总值二氧化碳排放的目标
	2012年	《温室气体自愿减排交易管理暂行办法》发布，标志着CCER机制正式实施

续表

发展阶段	时间	事件
第二阶段：地方碳市场试点阶段	2013 年和 2014 年	七个试点碳市场启动
	2015 年	CCER 注册登记系统正式上线运行，CCER 交易启动
	2016 年	《国家发展改革委办公厅关于切实做好全国碳排放权交易市场启动重点工作的通知》发布，明确全国碳排放权交易体系覆盖范围。2016 年福建成为全国第八个试点碳市场
	2017 年 12 月	国家发展和改革委员会明确由上海市承担全国碳排放权交易系统建设运维，湖北省承担全国碳排放权注册登记系统建设运维
第三阶段：全国碳市场建设阶段	2020 年 9 月	第七十五届联合国大会会期间，中国提出 2030 年前碳达峰，2060 年前碳中和
	2021 年 2 月	《碳排放权交易管理办法（试行）》施行
	2021 年 7 月	全国碳排放权交易正式上线，我国碳市场是第一个在发展中国家建立的国家级碳市场。全国碳市场以电力行业为基础正式启动

资料来源：笔者根据公开资料整理所得。

第一阶段：顶层政策设计阶段（2008~2012 年）。

2010 年，国务院首次提出碳市场建设，此后"十二五"规划、党的十八大报告均提出了逐步建立碳排放权交易市场、积极开展碳市场试点等内容。2011 年 10 月，国家发展和改革委员会同意七省市于 2013 年开展碳排放权交易试点。

第二阶段：地方碳市场试点阶段（2013~2020 年）。

2013 年和 2014 年北京、天津、上海、重庆、湖北、广东、深圳七个地方碳市场陆续启动；2016 年，四川、福建两个碳市场启动，福建碳市场为第八个试点碳市场，四川碳市场为全国首个非试点地区碳市场。在此期间，国家发展和改革委员会也陆续出台文件为全国碳市场做准备。

第三阶段：全国碳市场建设阶段（2021 年至今）。

2021 年 7 月 16 日，全国碳市场正式开始运行，首批纳入发电行业 2162 家重点控排企业，覆盖 45 亿吨二氧化碳排放量，成为全球覆盖排放量最大的碳市场，后续将按批次覆盖水泥、钢铁、电解铝等高排放行业企业。

二、中国地方试点市场的规模和特点

中国地方试点市场呈现百花齐放的特点，在规模、活跃度、碳价上各有不同，对所在省市的二氧化碳减排进程起到了不可忽视的推动作用，为全国碳市场的发展奠定了良好基础。除此之外，各试点市场在运行过程中显现出的不同的交易量、碳均价等基本特征能够帮助各行业参与者分析潜在问题和改善发展方向，也将为我国碳市场的进一步打开提供参考。

2021 年 3 月生态环境部发布的《碳排放权交易管理暂行条例（草案修改稿）》提出，"不再建设地方碳排放权交易市场"，"已经存在的地方碳排放权交易市场，应当逐步纳入全国碳排放权交易市场"。2021 年 7 月 16 日，全国统一的碳排放权交易市场正式开启上线交易。《全国碳排放权交易市场第一个履约周期报告》显示，截至 2021 年 12 月 31 日，全国碳市场在第一个履约周期共运行114 个交易日，总体配额履约率约为 99.5%。其间共有 847 家重点排放单位存在配额缺口，缺口总量约为 1.88 亿吨，累计成交碳排放配额 1.79 亿吨，累计使用国家核证自愿减排量约 3273 万吨用于配额清缴抵销。《中国碳市场建设成效与展望（2024）》显示，2022 年全国碳市场碳排放配额总成交量 5089 万吨，挂牌协议年成交量 622 万吨，最高成交价 61.60 元/吨，最低成交价 50.54 元/吨，该年度最后一个交易日收盘价为 55.00 元/吨，较上年度最后一个交易日上涨 1.44%。2022 年大宗协议年成交量 4467 万吨。[①] 截至 2022 年 12 月 31 日，全国碳市场碳排放配额累计成交量 2.30 亿吨，累计成交额 104.75 亿元。[②]

2011 年 10 月，北京、天津、上海、重庆、湖北、广东、深圳启动了碳排放权交易试点工作，并于 2013 年起陆续开始上线交易，福建于 2016 年成为第八个试点区域。地方试点碳市场在配额分配方法、交易制度、交易流程等方面都有一定差别，各地方都出台了相关文件（见表 2-2）。目前，地方试点碳市场与全国碳市场实行双轨并行制，纳入全国碳市场的重点排放单位不再参与地方试点碳市场交易。从时间维度来看，2022 年全国及各试点市场碳价相比 2021 年都有所上升。从地域维度来看，北京碳价处于全国最高位，其次为广东，福建碳价处于最低位。

表 2-2 国内碳排放交易区试点立法情况

区域性试点	文件名称	内容
深圳	《深圳经济特区碳排放管理若干规定》	结合深圳经济特区实际进行的碳排放安排
	《深圳市碳排放权交易管理暂行办法》	规范本市行政区域内碳排放权交易及其监督管理活动
	《对未按时足额提交配额履约的碳交易管控单位进行处罚有关事宜的公告》	明确未履约的管控单位的处罚警告及措施

---

① 王科，吕晨 . 中国碳市场建设成效与展望（2024）［J］. 北京理工大学学报（社会科学版），2024，26（2）：16-27.

② 刘慧雯 . 2022 年中国碳市场年报 ［EB/OL］. http：//www. tanjiaoyi. com/article - 45284 - 1. html，2023-02-23.

续表

区域性试点	文件名称	内容
上海	《上海市碳排放管理试行办法》	上海市碳排放管理的目的、适用范围、配额管理、碳排放核查与配额清缴、配额交易、监督与保障和法律责任等方面的内容
北京	《北京市人民代表大会常务委员会关于北京市在严格控制碳排放总量前提下开展碳排放权交易试点工作的决定》	北京将实行碳排放总量控制，实施碳排放配额管理和碳排放交易权制度，政府可以适时采取回购等方式调整碳排放总量
	《北京市碳排放权交易管理办法（试行）》	北京市碳排放各项标准
	《关于规范碳排放权交易行政处罚自由裁量权的规定》	北京市发展和改革委员会在法定行政处罚权限内，将自主决定对碳排放权交易违法行为是否给予行政处罚、给予何种行政处罚以及给予何种幅度行政处罚
广东	《广东省碳排放管理试行办法》	广东省碳排放的管理及要求
天津	《天津市碳排放权交易管理暂行办法》	天津市关于碳排放权交易实施的各项暂行准则
湖北	《湖北省碳排放权管理和交易暂行办法》	湖北省碳排放交易的管理及要求
重庆	《关于碳排放管理有关事项的决定（征求意见稿）》	重庆市碳排放权交易的纲领性政策文件
	《重庆市碳排放权交易管理暂行办法》	结合"十二五"规划，重庆市碳排放的规范准则
福建	《福建省碳排放权交易管理暂行办法》	规范本省行政区域内碳排放权交易及其监督管理活动

资料来源：笔者根据公开资料整理所得。

在全国八个试点碳市场中，广东、深圳、湖北、天津碳市场的碳排放量抵销比例最高，可达到10%。其中，广东70%以上用于抵销的CCER来自广东省内项目；深圳参与碳抵销机制的项目主要是风电、光伏、垃圾焚烧项目，农业减排项目，林业碳汇项目，以及海洋固碳减排项目；湖北用于抵销的CCER主要来自林业、农村沼气项目；天津用于抵销的CCER主要来自非水电项目。上海、北京的碳排放量抵销比例较低，上海用于抵销的CCER主要来自非水电项目且几乎全部来自长三角项目，北京50%以上用于抵销的CCER为北京区域内项目的CCER（见表2-3）。

表2-3 试点碳市场及全国碳市场碳排放配额情况

试点及全国碳市场	抵销比例	项目类型/来源/时间等限制条件
深圳	≤排放量10%	风电、光伏、垃圾焚烧发电项目;农村户用沼气和生物质发电项目;清洁交通减排项目;海洋固碳减排项目;林业碳汇项目;农业减排项目。风电、光伏、垃圾焚烧发电项目指定地区:广东(部分地区)、新疆、西藏、青海、宁夏、内蒙古、甘肃、陕西、安徽、江西、湖南、四川、贵州、广西、云南、福建、海南等;林业碳汇项目、农业减排项目:全国范围内;其余项目类型限制为来自深圳市和与深圳市签署碳交易区域战略合作协议的省份和地区;时间限制暂无
上海	≤排放量3%	非水电项目;非长三角项目CCER≤2%;2013年1月1日后实际产生的减排量
北京	≤配额量5%	非水电项目及非减排HFCs、PFCs、N_2O、SF_6等气体的项目;>50%来自北京区域内项目CCER;2013年1月1日后实际产生的减排量
广东	≤配额量10%	CO_2或CH_4气体的减排量占项目温室气体减排总量的50%以上;非水电项目,化石能源的发电、供热和余能利用项目;非由CDM项目于注册前产生的减排量;≥70%来自广东省内项目;时间限制暂无
天津	≤排放量10%	仅来自减排CO_2气体的项目;非水电项目;优先使用京津冀地区项目CCER;2013年1月1日后实际产生的减排量
湖北	≤配额量10%	农村沼气、林业项目;100%来自湖北省内项目CCER;项目计入期:2015-01-01~2015-12-31
重庆	≤排放量8%	项目类型限制暂无;区域限制暂无;2010年12月31日后实际产生的减排量(碳汇除外)
福建	≤排放量10%	在福建省内产生,且非来自重点排放单位的减排量、非水电项目产生的减排量;仅来自二氧化碳(CO_2)、甲烷(CH_4)气体的项目减排量
全国	≤配额量5%	无限制

资料来源:上海清新碳和科技有限公司官网。

(一)深圳碳市场

深圳碳市场是国内首个启动运营的试点,开始于2013年6月,市场规模与其他试点碳市场相比较小,覆盖能源、工业、建筑和运输等行业。开展了一系列金融创新,包括碳资产质押融资、境内外碳资产回购式融资、碳债券、碳排放配额托管、绿色结构性存款和碳基金。

深圳碳市场虽规模不大，但活跃度较高。其碳价总体居中，但曾出现过仅为4.08元/吨的最低碳价，这一数据未在其他碳市场上见过。

由 Wind 数据库和深圳排放权交易所公开的数据可知，2022 年深圳碳市场碳排放配额年度成交量为 508.07 万吨，年度成交额为 2.25 亿元。截至 2022 年 12 月 31 日，深圳碳市场碳排放配额累计成交量为 5545.11 万吨，累计成交额为 14.22 亿元，成交均价最高超过 60 元/吨，最低约为 4 元/吨。

深圳碳市场根据基准碳排放筛查年份期间任一年度碳排放量达到 3000 吨二氧化碳当量以上这一标准来确定碳排放管控单位，碳排放配额发放采取免费为主（97%无偿分配）、有偿为辅（3%有偿拍卖）的方式。2022 年 6 月，《深圳市 2021 年度碳排放配额分配方案》明确该市碳排放权交易体系年度配额总量为 2500 万吨，碳排放管控单位为 750 家。碳排放配额总量及控排企业的增加将进一步提高深圳碳市场的交易活跃度。2022 年，深圳碳价持续走高，下半年成交均价为 49.52 元/吨，是上半年成交均价的 2.8 倍，成交量大多集中在 8 月履约月份（见图 2-1），该月交易量占全年的 58.5%。

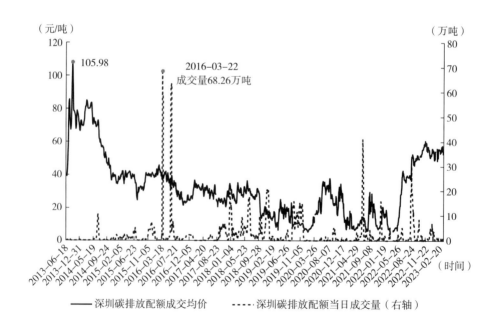

图 2-1　深圳碳市场历史成交量及成交均价情况

资料来源：Wind，深圳排放权交易所。

（二）上海碳市场

上海碳市场于 2013 年 11 月 26 日开市，是我国第二个启动碳排放权交易的试点碳市场，其市场规模相对较小，但略大于北京碳市场，覆盖行业包括钢铁、化工、建筑、航空以及航运等。运作至今上海碳市场开展了各类交易产品创新，包括卖出回购、借碳交易、CCER 质押、碳排放配额质押等。

在各试点碳市场中，上海碳市场的交易并不活跃，政策监管动态对成交情况影响较大，碳价总体稳中有升，2022 年成交量主要集中在 12 月履约月份，政策驱动特征明显。

由 Wind 数据库和上海环境能源交易所公开的数据可知，2022 年上海碳市场碳排放配额年度成交量为 152.31 万吨，年度成交额为 8593.00 万元。截至 2022 年 12 月 31 日，上海碳市场碳排放配额累计成交量为 1944.83 万吨，累计成交额为 6.38 亿元，成交均价最高为 63.00 元/吨，最低为 41.76 元/吨。

上海碳市场采取直接免费发放碳排放配额和不定期竞价有偿发放碳排放配额的形式，2022 年进行了两次碳排放配额有偿竞价发放，成交总量为 245.97 万吨。2022 年，上海碳价不断上涨，之后又有所回落，基本维持在 51 元/吨以上（见图 2-2），成交量较 2021 年大幅提升。2022 年 12 月，《上海市碳普惠体系建设工作方案》印发，上海碳普惠体系建设取得突破性进展。

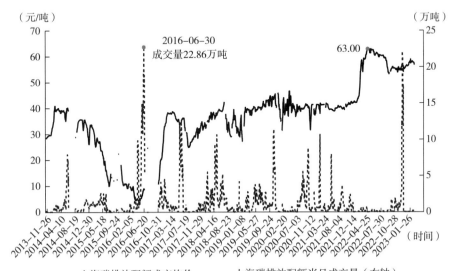

图 2-2　上海碳市场历史成交量及成交均价情况

资料来源：Wind，上海环境能源交易所。

（三）北京碳市场

北京碳市场于 2013 年 11 月 28 日开市，规模在国内各碳市场中相对较小，累计成交量仅高于重庆，覆盖的行业包括电力、热力、水泥、石化、工业、服务业、交通运输等八个行业。

北京碳市场虽规模不大，但碳价处于全国领先水平，采用价格下限（20 元）和上限（150 元）作为价格稳定机制，2022 年成交均价一度达到 149 元/吨的高位（见图 2-3）。北京碳市场已初步呈现从政策驱动转向市场驱动的态势，在2021 年度履约期（2022 年 10 月 31 日）截止后仍持续有规模较大的交易。

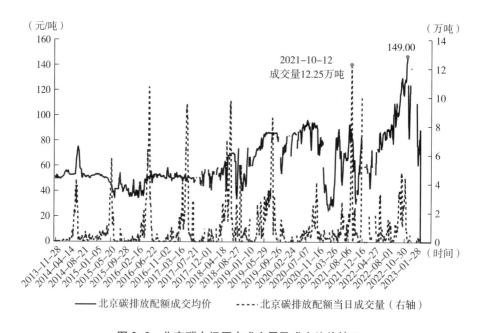

图 2-3　北京碳市场历史成交量及成交均价情况

资料来源：Wind，北京绿色交易所。

由 Wind 数据库和北京绿色交易所公开的数据可知，2022 年北京碳市场碳排放配额年度成交量为 175.28 万吨，年度成交额为 1.92 亿元。截至 2022 年 12 月31 日，北京碳市场碳排放配额累计成交量为 1817.02 万吨，累计成交额为 12.28亿元，成交均价最高为 149.00 元/吨，最低为 41.51 元/吨。

北京碳市场每年主要进行两次年度碳排放配额的免费发放，包括碳排放配额预发、排放量核定及碳排放配额调整核发。2022 年 9 月 30 日，北京市公布 2022年度该市纳入全国碳市场管理的排放单位名录。2022 年 11 月 23 日，北京市进行了 2021 年度碳排放配额有偿竞价发放，成交总量为 96.11 万吨，成交总额为 1.13 亿元，统一成交价为 117.54 元/吨。

（四）广东碳市场

广东碳市场于 2013 年 12 月 19 日启动碳排放权交易，在全国试点碳市场中规模最大，2022 年度交易量和交易金额均居全国试点碳市场首位，覆盖行业包括水泥、钢铁、石化、造纸和民航。

广东碳价在各试点碳市场中位居第二，仅次于北京碳市场，2022 年上半年碳价起伏较大（见图 2-4），下半年总体运行平稳，履约期结束后成交量明显回落。

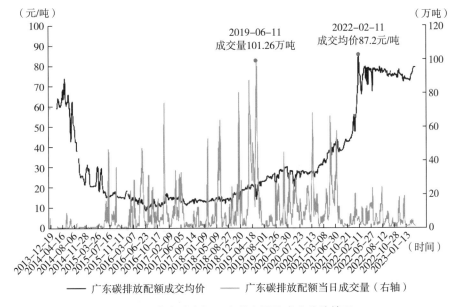

图 2-4 广东碳市场历史成交量及成交均价情况

资料来源：Wind，广州碳排放权交易中心。

由 Wind 数据库及广州碳排放权交易中心公开的数据可知，2022 年广东碳市场碳排放配额年度成交量为 1460.91 万吨，年度成交额为 10.30 亿元。截至 2022 年 12 月 31 日，广东碳市场碳排放配额累计成交量为 2.14 亿吨，累计成交额为 56.39 亿元。

广东是首批进行部分碳排放配额有偿发放的试点地区之一，2013 年免费碳排放配额和有偿碳排放配额的发放比例分别为 97% 和 3%，2014 年起以拍卖形式对部分碳排放配额进行有偿发放，推动碳价逐步走高。广东省控排标准越发严格，覆盖范围更为广泛。《广东省 2021 年度碳排放配额分配实施方案》明确提出自 2022 年度起，控排企业纳入标准从年排放 2 万吨二氧化碳当量（或年综合能源消费量 1 万吨标准煤）及以上调整为年排放 1 万吨（或年综合能源消费量 5000 吨标准煤）及以上，并将陶瓷、纺织、数据中心等纳入覆盖范围。

（五）天津碳市场

天津碳市场于 2013 年 12 月 26 日启动碳排放权交易，市场规模在全国各碳市场中处于中游，行业覆盖了工业和航空业等，2021 年度新增有色金属、矿山、食品饮料、医药制造、农副食品加工、机械设备制造、电子设备制造行业。

天津碳价在各试点中处于低位，且从成交情况来看，天津碳市场活跃度一般，其活力有待进一步激发。

由 Wind 数据库及天津排放权交易所公开的数据可知，2022 年天津碳市场碳排放配额年度成交量为 545.24 万吨，年度成交额为 1.87 亿元。截至 2022 年 12 月 31 日，天津碳市场碳排放配额累计成交量为 2411.68 万吨，累计成交额为 5.97 亿元，成交均价最高为 40.16 元/吨，最低为 25.50 元/吨。

天津碳市场碳排放配额分配主要采用历史强度法和历史排放法，配额分两次发放，第一批次按照纳入企业上一年度履约排放量的 50%确定，第二批次根据实际情况多退少补进行核发。2021 年度碳排放配额总量为 0.75 亿吨，其中政府预留碳排放配额比例为 6%。天津碳市场逐渐引入拍卖机制，2019 年起进行碳排放配额有偿竞价，2020 年和 2021 年均开展了两次拍卖，2022 年未开展拍卖活动。2022 年，天津碳价总体小幅上升，价格在年中明显上涨，由于履约时间由 6 月 30 日推迟至 8 月 10 日，交易量大多集中在 6~8 月。

（六）湖北碳市场

湖北碳市场于 2014 年 4 月启动碳排放权交易，市场规模在全国各碳市场中居中，控排范围涵盖钢铁、水泥、化工等 16 个行业，金融产品包含碳基金、碳资产质押融资、碳债券、碳资产托管、碳金融结构性存款以及碳排放配额回购融资等。

湖北碳市场在全国所有试点碳市场中较为活跃，碳价较为平稳，在国内碳市场中处于中游水平。

由 Wind 数据库及湖北碳排放权交易中心公开的数据可知，2022 年湖北碳市场碳排放配额年度成交量为 573.35 万吨，年度成交额为 2.69 亿元。截至 2022 年 12 月 31 日，湖北碳市场碳排放配额累计成交量为 8543.66 万吨，累计成交额为 21.35 亿元，成交均价最高为 54.95 元/吨，最低为 37.15 元/吨。

湖北碳市场的碳排放配额实行免费分配，结合行业及企业碳排放数据采用标杆法、历史强度法、历史法中的一种进行碳排放配额分配。2016 年，湖北试点将石化、化工、建材、钢铁、有色金属、造纸和电力七大行业的门槛从综合能耗6万吨标准煤及以上降至1万吨标准煤及以上。2017年，湖北试点进一步将其余覆盖行业标准降至1万吨标准煤及以上。2022年11月，《湖北省2021年度碳排放权配额分配方案》明确将用于市场调节的政府预留配额调整为6%。湖北碳市场2022年共举行了两次碳排放配额拍卖，成交总量为200万吨，成交总额为8668.99万元。2022年，湖北碳价先大幅上升后小幅下降，维持在43~52元/吨（见图2-5），成交量大多集中于12月，约占全年的53%。

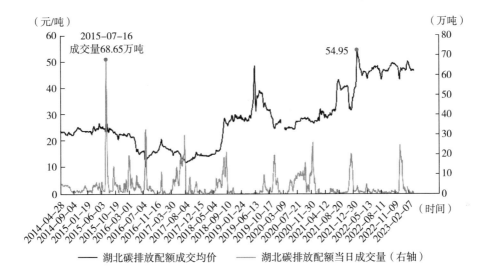

图2-5 湖北碳市场历史成交量及成交均价情况

资料来源：Wind，湖北碳排放权交易中心。

（七）重庆碳市场

重庆碳市场于2014年6月开市，市场规模在全国各碳市场中处于尾端，交易体系覆盖前三年任一年度温室气体排放达到1.3万吨二氧化碳当量（约5000吨标准煤）及以上的工业企业，故会将多个不同细分行业的公司纳入其中。

重庆碳价与全国其他碳市场相比处于末游位置，且市场活跃度不容乐观，从成交情况来看，许多月份未发生交易，此现象与重庆市纳入管理的重点排放单位数量较少存在一定关系。

由Wind数据库及重庆碳排放权交易中心公开的数据可知，2022年重庆碳市场碳排放配额年度成交量为75.91万吨，年度成交额为2977.29万元。截至2022年12月31日，重庆碳市场碳排放配额累计成交量为1056.72万吨，累计成交额为 9906.70 万元，成交均价最高为 46 元/吨，最低为 28.80 元/吨。

重庆碳市场碳排放配额的分配机制包括免费分配（95%）和有偿分配（5%）。免费分配是对不同行业的重点排放单位采用不同分配方法中的一种或几种方法进行碳排放配额分配，用于市场灵活调节；有偿分配主要通过拍卖等方式向市场投放碳排放配额。与其他试点地方不同的是，重庆还覆盖非二氧化碳的温室气体，包括甲烷（CH_4）、氧化亚氮（N_2O）、氢氟碳化物（HFCs）、全氟碳化物（PFCs）和六氟化硫（SF_6），并根据核算规则折算为二氧化碳当量进行交易。2022 年重庆碳价出现一定幅度的下降，9 月后维持在 30 元/吨左右（见图 2-6）。

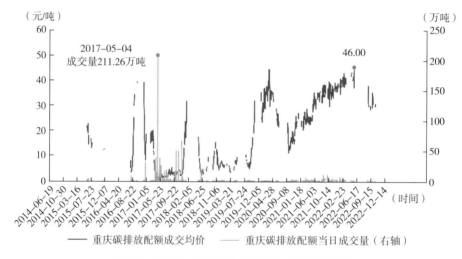

图 2-6　重庆碳市场历史成交量及成交均价情况

注：由于缺失值较多，未使用 7 日移动平均。

资料来源：Wind，重庆碳排放权交易中心。

（八）福建碳市场

福建碳市场于 2016 年 12 月正式开市，是国内试点碳市场中起步最晚的，但其规模并不容小觑，处于各碳市场中游且累计成交量高于上海和北京。其覆盖电力、钢铁、化工、石化、有色金属、民航、建材、造纸、陶瓷行业，包括 296 家重点排放单位。

碳价方面，福建碳市场碳排放配额成交均价处于国内最低位，但其交易较为活跃。与其他试点一样，福建试点也存在较强的履约驱动特征。

由 Wind 数据库及海峡股权交易中心公开的数据可知，2022 年福建碳市场碳排放配额年度成交量为 766.14 万吨，年度成交额为 1.90 亿元。截至 2022 年 12

月 31 日，福建碳市场碳排放配额累计成交量为 2124.01 万吨，累计成交额为 4.54 亿元。

福建碳市场碳排放配额总量由既有项目配额、新增项目配额和市场调节配额三部分构成，碳排放配额分配采用基准线法和历史强度法。《福建省碳排放权交易管理暂行办法》中明确提出将适时引入有偿分配机制，逐步提高有偿分配的比例。目前，福建省暂未开展碳排放配额拍卖，后续为刺激碳价上涨，极有可能开展有偿竞价活动。2022 年福建碳价呈现持续上涨的走势（见图 2-7），年末碳价一度追上重庆市场，下半年成交量明显高于上半年。

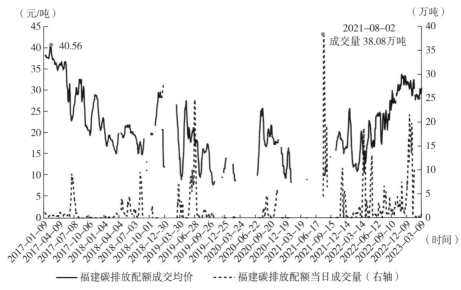

图 2-7　福建碳市场历史成交量及成交均价情况

资料来源：Wind，海峡股权交易中心。

第二节　中国碳市场的政策与法律体系

一、法律体系与政策体系

（一）法律位阶

法律位阶共分六级，从高到低依次是根本法、基本法、普通法、行政法规、地方性法规和行政规章（见图2-8）。

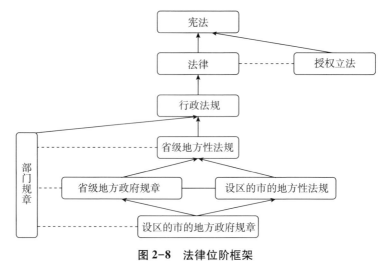

图2-8　法律位阶框架

注： ——→ 表示上下位阶关系；------ 表示相同位阶关系。

资料来源：上海清新碳和科技有限公司官网。

地方试点碳市场的立法形式有别。深圳和北京采用地方人大立法形式，深圳市第五届人民代表大会常务委员会第十八次会议于2012年10月通过《深圳经济特区碳排放管理若干规定》，北京市第十四届人民代表大会常务委员会第八次会议于2013年12月通过《北京市人民代表大会常务委员会关于北京市在严格控制碳排放总量前提下开展碳排放权交易试点工作的决定》，而上海、广东、天津、湖北和重庆均通过政府规章形式发布管理办法，法律约束力较弱。当前的重点是需要加快出台有关上位法，从法律法规上明确企业减排和履约的强制性，确定碳排放权和减排量的法律属性，为减排、财税、金融、司法等领域的相关政策制定和实践提供指引，加快形成统一碳市场的"1+N"政策体系。

（二）"1+N"政策体系

2021年10月24日发布《中共中央　国务院关于完整准确全面贯彻新发展理念做好碳达峰碳中和工作的意见》，作为"1"，在碳达峰碳中和"1+N"政策体系中发挥统领作用。该意见与同年10月26日国务院发布的《2030年前碳达峰行动方案》共同构成贯穿碳达峰和碳中和两个阶段的顶层设计。"N"则包括能源、工业、交通运输、城乡建设等细分领域细分行业的碳达峰实施方案，以及科技支撑、能源保障、碳汇能力、财政金融价格政策、标准计量体系、督察考核等保障方案。"1+N"一系列文件将构建起目标明确、分工合理、措施有力、衔接有序的碳达峰、碳中和政策体系。

"双碳"顶层设计文件设定了到 2025 年、2030 年、2060 年的主要目标，并首次提到 2060 年非化石能源消费比重要达到 80%以上。

实现碳达峰、碳中和是一项多维、立体、系统的工程，涉及经济社会发展的方方面面。《中共中央　国务院关于完整准确全面贯彻新发展理念做好碳达峰、碳中和工作的意见》坚持系统观念，提出 11 方面 35 项重点任务，明确了碳达峰、碳中和工作的路线图、施工图，而《2023 年前碳达峰行动方案》确定了碳达峰 10 大行动（见表 2-4）。

表 2-4　"双碳"顶层设计文件内容

政策名称		重点内容
《中共中央　国务院关于完整准确全面贯彻新发展理念做好碳达峰、碳中和工作的意见》	11 方面	推进经济社会发展全面绿色转型
		深度调整产业结构
		加快构建清洁低碳安全高效能源体系
		加快推进低碳交通运输体系建设
		提升城乡建设绿色低碳发展质量
		加强绿色低碳重大科技攻关和推广应用
		持续巩固提升碳汇能力
		提高对外开放绿色低碳发展水平
		健全法律法规标准和统计监测体系
		完善政策机制
		切实加强组织实施
《2030 年前碳达峰行动方案》	10 大行动	能源绿色低碳转型行动
		节能降碳增效行动
		工业领域碳达峰行动
		城乡建设碳达峰行动
		交通运输绿色低碳行动
		循环经济助力降碳行动
		绿色低碳科技创新行动
		碳汇能力巩固提升行动
		绿色低碳全民行动
		各地区梯次有序碳达峰行动

资料来源：笔者根据公开资料整理所得。

二、具体法律与政策框架

我国碳市场建设的法律布局可以追溯到 2004 年的《清洁发展机制项目运行管理暂行办法》，之后开始参与国际 CDM 项目。2011 年将碳排放纳入"十二五"规划，《"十二五"节能减排综合性工作方案》、《"十二五"控制温室气体排放工作方案》和《国家发展改革委办公厅关于开展碳排放权交易试点工作的通知》中提出开展碳排放权交易试点和建立自愿减排机制。2020 年 9 月，"双碳"目标[1]首次被提出。表 2-5 列出了全国相关法律和政策框架。

表 2-5　全国相关法律和政策框架

类别	文件名	部门	时间	内容
法律法规	《碳排放权交易管理暂行条例（草案修改稿）》	生态环境部	2021 年 3 月 30 日	确定配额总量，碳排放配额分配包括免费分配和有偿分配两种方式，初期以免费分配为主，根据国家要求适时引入有偿分配
部门规章规范性文件	《碳排放权交易管理办法（试行）》	生态环境部	2020 年 12 月 31 日	自 2021 年 2 月 1 日起施行，全国碳市场发电行业第一个履约周期正式启动
	《2019—2020 年全国碳排放权交易配额总量设定与分配实施方案（发电行业）》	生态环境部	2020 年 12 月 30 日	建立纳入配额管理的重点排放单位名单，确定 2019~2020 年的配额总量和配额分配方法，全部免费分配，并采用基准法核算
	《纳入 2019—2020 年全国碳排放权交易配额管理的重点排放单位名单》	生态环境部	2020 年 12 月 30 日	—
	《企业温室气体排放核算与报告指南　发电设施》	生态环境部	2022 年 12 月 21 日	自 2023 年 1 月 1 日起实施，对非常规燃煤机组给出了专门的缺省值，下调燃煤单位热值含碳量缺省值。突出关键参数可计量、可验证
	《温室气体自愿减排交易管理暂行办法》	国家发展和改革委员会	2012 年 6 月 13 日	对国内温室气体自愿减排项目实施备案管理
	《全国碳排放权交易市场建设方案（发电行业）》	国务院发展和改革委员会	2017 年 12 月 18 日	以发电行业为突破口，分基础建设期、模拟运行期、深化完善期三个阶段建设全国碳市场

资料来源：笔者根据公开资料整理所得。

---

①　2030 年前实现二氧化碳的排放不再增长达到峰值，之后逐步回落；2060 年前，通过植树造林、节能减排等途径，抵销自身所产生的二氧化碳排放量，实现二氧化碳"净零排放"。

（一）《温室气体自愿减排交易管理暂行办法》

2012 年 6 月 13 日，国家发展和改革委员会印发《温室气体自愿减排交易管理暂行办法》。该办法分总则、自愿减排项目管理、项目减排量管理、减排量交易、审定与核证管理、附则 6 章 31 条，自印发之日起施行。为实现我国 2020 年单位国内生产总值二氧化碳排放下降目标，《中华人民共和国国民经济和社会发展第十二个五年规划纲要》提出逐步建立碳排放交易市场，发挥市场机制在推动经济发展方式转变和经济结构调整方面的重要作用。以下两点值得注意：

（1）鼓励基于项目的温室气体自愿减排交易。适用于二氧化碳（CO_2）、甲烷（CH_4）、氧化亚氮（N_2O）、氢氟碳化物（HFCs）、全氟碳化（PFCs）和六氟化硫（SF_6）六种温室气体的自愿减排量的交易活动。

（2）对项目减排量进行管理和说明。经备案的自愿减排项目产生减排量后，作为项目业主的企业在向国家主管部门申请减排量备案前，应由经国家主管部门备案的核证机构核证，并出具减排量核证报告。

（二）《2019—2020 年全国碳排放权交易配额总量设定与分配实施方案（发电行业）》

2020 年 12 月 30 日，生态环境部办公厅正式发布《2019—2020 年全国碳排放权交易配额总量设定与分配实施方案（发电行业）》，主要包括纳入配额管理的重点排放单位名单、纳入配额管理的机组类别、配额总量、配额分配方法、配额发放、配额清缴等内容。

（1）根据发电行业（含其他行业自备电厂）2013～2019 年任一年排放达到 2.6 万吨二氧化碳当量（综合能源消费量约 1 万吨标准煤）及以上的企业或者其他经济组织的碳排放核查结果，筛选确定纳入 2019～2020 年全国碳市场配额管理的重点排放单位名单，并实行名录管理。

（2）方案中的机组包括纯凝发电机组和热电联产机组，自备电厂参照执行，不具备发电能力的纯供热设施不在本方案范围之内。纳入 2019～2020 年配额管理的发电机组包括 300MW 等级以上常规燃煤机组，300MW 等级及以下常规燃煤机组，燃煤矸石、煤泥、水煤浆等非常规燃煤机组（含燃煤循环流化床机组），燃气机组四个类别。

（3）规定配额总量。省级生态环境主管部门根据本行政区域内重点排放单位 2019～2020 年的实际产出量以及本方案确定的配额分配方法及碳排放基准值，核定各重点排放单位的配额数量；将核定后的本行政区域内各重点排放单位配额数量进行加总，形成省级行政区域配额总量。将各省级行政区域配额总量加总，最终确定全国配额总量。

（4）规定配额分配方法。对 2019～2020 年配额实行全部免费分配，并采用基准法核算重点排放单位所拥有机组的配额量。重点排放单位的配额量为其所拥有各类机组配额量的总和。

（5）规定配额发放和配额清缴。省级生态环境主管部门根据配额计算方法及预分配流程，按机组 2018 年度供电（热）量的 70%，通过全国碳排放权注册登记结算系统（以下简称注登系统）向本行政区域内的重点排放单位预分配 2019～2020 年的配额。在完成 2019 年度和 2020 年度碳排放数据核查后，按机组 2019 年和 2020 年实际供电（热）量对配额进行最终核定。在配额清缴相关工作中设定配额履约缺口上限，其值为重点排放单位经核查排放量的 20%，即当重点排放单位配额缺口量占其经核查排放量比例超过 20% 时，其配额清缴义务最高为其获得的免费配额量加 20% 的经核查排放量。

（三）《纳入 2019—2020 年全国碳排放权交易配额管理的重点排放单位名单》

对各地区报送的拟纳入 2019～2020 年全国碳排放权交易市场配额管理的重点排放单位名单，按以下原则筛选确定：一是已关闭停产的重点排放单位不纳入；二是仅拥有暂不纳入配额管理的机组的重点排放单位不纳入。根据筛选结果，2019～2020 年全国碳市场纳入发电行业重点排放单位共计 2267 家。

（四）《碳排放权交易管理办法（试行）》

《碳排放权交易管理办法（试行）》自 2021 年 2 月 1 日起施行。包括总则、温室气体重点排放单位、分配与登记、排放交易、排放核查与配额清缴、监督管理、罚则等章节。主要内容如下：

（1）确定温室气体重点排放单位名录。名录标准为：属于全国碳排放权交易市场覆盖行业；年度温室气体排放量达到 2.6 万吨二氧化碳当量。

（2）对碳排放配额分配和交易进行更细致的规定。省级生态环境主管部门应当根据生态环境部制定的碳排放配额总量确定与分配方案，向本行政区域内的重点排放单位分配规定年度的碳排放配额。碳排放配额分配以免费分配为主，可以根据国家有关要求适时引入有偿分配。全国碳排放权交易市场的交易产品为碳排放配额，生态环境部可以根据国家有关规定适时增加其他交易产品。碳排放权交易应当通过全国碳排放权交易系统进行，可以采取协议转让、单向竞价或者其他符合规定的方式。

（3）规定排放核查与配额清缴。重点排放单位应当根据生态环境部制定的温室气体排放核算与报告技术规范，编制该单位上一年度的温室气体排放报告，载明排放量，并于每年 3 月 31 日前报生产经营场所所在地的省级生态环境主管部门。排放报告所涉数据的原始记录和管理台账应当至少保存 5 年。重点排放单位每年可以使用国家核证自愿减排量抵销碳排放配额的清缴，抵销比例不得超过应清缴碳排放配额的 5%。相关规定由生态环境部另行制定。

（五）《碳排放权交易管理暂行条例（草案修改稿）》

《碳排放权交易管理暂行条例（草案修改稿）》是为了规范碳排放权交易，加强对温室气体排放的控制和管理，推动实现二氧化碳排放达峰目标和碳中和愿景，促进经济社会发展向绿色低碳转型，推进生态文明建设制定的条例。2021年 3 月 30 日，生态环境部办公厅起草了《碳排放权交易管理暂行条例（草案修改稿）》，公开征集意见。主要内容如下：

（1）出台多项配套管理办法和实施细则。该草案修改稿明确提出或关联了多项配套管理办法，涉及总量设定、配额消缴、温室气体削减排放量、交易规则、风险防控细则（包括涨跌幅限制、最大持有量限制、大户报告、风险警示、异常交易监控、风险准备金和重大交易临时限制措施）。

（2）更有力度的违规清缴处罚。该草案修改稿中增加了对主管部门的追责，进一步细化和提升了对全国碳排放权交易市场各参与方的追责条款，调整了具体的处罚额度规定：对于违规交易机构可处 100 万元以上 1000 万元以下的罚款，而对于违规清缴的重点排放单位仅处 10 万元以上 50 万元以下的罚款。

（3）进一步落实重点排放单位履约时间及相关操作细则。该草案修改稿删除了在配额清缴条款中对重点排放单位"不足部分应当在当年 12 月 31 日前通过购买等方式取得"的要求。

（4）进一步明确自愿减排项目使用规范，避免双重计算。该草案修改稿提出鼓励企业事业单位在中国境内实施可再生能源、林业碳汇、甲烷利用等项目，实现温室气体排放的替代、吸附或者减少，并产生经核证属实的温室气体削减排放量。重点排放单位可以购买经过核证并登记的温室气体削减排放量，用于抵销其一定比例的碳排放配额清缴。

（5）进一步完善交易方式。该草案修改稿提出，碳排放权交易应当通过全国碳排放权交易系统进行，可以采取协议转让、单向竞价或者其他符合国家有关规定的交易方式。

第三节　中国碳市场未来发展机遇与挑战

一、内部因素分析

中国工程院刘吉臻院士的统计研究显示，2021年我国能源消耗约占全球的26.5%，碳排放接近全球的30%，我国的煤耗约占全世界的52.8%，超过全球的一半，碳排放比美国、欧盟与日本的总和还要多。作为世界上碳排放量最大的国家，我国碳市场承担着至关重要的促进碳减排、助力碳中和的任务，所面临的挑战前所未有。

我国作为发展中国家，经济结构以制造业为主，能源结构以煤为主。客观而言，虽然我国碳市场发展与欧美相比难度较大，但是已取得初步成就。全国碳市场的第一个履约周期顺利收官，市场运行健康有序，交易价格稳中有升，促进企业减排温室气体和加快绿色低碳转型的作用初步显现。我国碳市场仍处于发展初期，未来面临挑战的同时也有机遇。

（一）模式探索，挑战仍待克服

首先，和欧盟、美国等发达国家和地区相比，中国是发展中国家，高能耗产业比重高，协调经济增长和控制碳排放的难度大，在碳市场建设的过程中面临诸多困难。我国正处于全面深化改革的进程中，碳排放权交易市场相关领域的改革也在同步进行。由于碳排放权交易市场与经济发展之间存在较为显著的交叉影响，因此碳市场的建设需要在更高层面进行有效调控。其次，碳市场既是政策工具，也是商品市场，从市场化的角度看，碳金融产品的创新和监管必不可少，但目前较为缺乏。此外，各地政府、监管执法队伍、重点排放单位、技术服务机构等的能力亟待提升，以保障全国碳市场真正发挥作用。

面对这些困难，全球覆盖温室气体排放量规模最大的中国碳市场的顺利启动，不仅是中国落实"双碳"目标的重要抓手，而且是全球应对气候变化的里程碑。不过，中国碳市场毕竟处于启动初期，在法律支持、制度设计、数据质量、交易规则、履约监督等方面仍存在以下不足，需要逐步完善：

一是碳市场整体的法律框架仍然在完善之中。碳排放权交易市场是人为创建的，需要强有力的立法监督才能保证交易履约顺利进行。当前全国碳市场的法律依据为生态环境部发布的部门规章《碳排放权交易管理办法（试行）》，对企业不购买足够的碳排放配额履约的情况，受限于行政罚款规定仅能执行二万元以上三万元以下的罚款，和数十万、数百万的碳排放配额购买成本相比微乎其微。同时，数据造假、违规交易等行为也未能被处罚所约束。这导致重点排放企业对于全国碳市场的强制力缺乏信心，对于是否参与交易持保留态度。

二是在目前年度减排目标的基础上，我国尚未进行具体的长期碳市场规模发展指导，市场参与者对行业的远期判断存在不确定性。碳市场需要对产业发展进行引导乃至约束，需要确定长期减排要求和总量目标。但全国碳市场采取"自下而上"的方法，基于行业基准先计算每个企业的配额再加总形成国家总量，而且没有对未来3~5年的总量和强度下降提出要求。面对行业压力，全国碳市场采取最多亏损排放量20%、设定多个配额调整补偿系数等方式进行妥协，降低对企业和行业的影响。这导致碳排放配额分配宽松、供过于求，未能体现碳市场对减排的额外贡献，也不能指导企业制订长期减排计划。生态环境部应联合行业主管部门制定行业长远减排目标、设定碳排放配额总量，指导行业进行长期减排，形成碳排放配额长期紧缺的预期，促进企业将减排纳入长期规划。由于长期减排目标暂未制定，因此长期定价机制仍不确定，企业低碳投资尚未开展。企业进行低碳转型，涉及大量的固定资产投资，需要对低碳投资的成本、收益进行分析测算。当前全国碳市场为现货交易，无法提供排碳成本或者减排激励的长期价格，企业无法测算未来一段时期低碳投资的成本和收益，无法体现碳市场对资源的引导作用。生态环境部在全国碳市场逐渐成熟后，需协同金融监管部门，探索并有序推进重点碳金融产品和衍生品上线。

三是全国碳市场的工作流程仍在完善中。为解决管理企业排放和使用实际产量分配的矛盾，试点市场已经形成成熟的预分配—核算—碳排放配额调整—碳排放配额清缴流程，能够在当年分配当年配额，指导企业安排本年度减排工作。但是全国市场在2021年7~12月交易2019年、2020年两年的碳排放配额，是对过去的追溯，不能影响企业已经结束的排放行为。未来亟须完善工作流程，充分发挥碳市场对企业实际碳排放管理工作的促进作用。

四是数据质量有待进一步提升。各地核查机构能力参差不齐，面对企业提交的数据，部分核查机构难以判断数据的准确性。更有部分合规意识不强的控排企业和唯利是图的服务机构铤而走险，篡改或编造煤样实测数据，试图通过造假降低自身排放量。虽然以上行为最终被发现并纠正，但数据监测、报告、核查的标准和流程，以及核查机构、咨询机构的能力，仍然需要进一步改善和提高。

五是CCER已于2024年1月开闸，但具体签发时间（在本书撰写时）存在不确定性。自愿减排机制是全国碳市场重要的补充机制，社会上越来越多的企业需要购买国家认可的减排量开展自愿碳中和活动，国际民用航空组织也承认 CCER 可作为国际民航碳抵销产品，这些都导致了市场对 CCER 的需求不断增长。我国已经建立自愿减排机制，在 2015~2017 年签发超过 5000 万吨减排量，时至今日仍在支撑试点碳市场和自愿碳中和市场。但 CCER 机制改革进展缓慢，未有明确的时间表和改革方向。面对碳市场和碳中和需求，此前签发的 CCER 价格已经从 10~15 元/吨涨至 60~80 元/吨，亟须主管部门重启 CCER 机制，指导市场有序发展。2023 年，有关政府部门多次向社会释放出 CCER 即将重启的信号，其中具有标志性的如 5 月 30 日，生态环境部应对气候变化司司长李高表示将争取 2023 年内重启 CCER；7 月 7 日，生态环境部对《温室气体自愿减排交易管理办法（试行）》公开征求意见，成为我国 CCER 重启进程中的又一里程碑事件。

六是引导市场运行的信息披露机制有待完善。当前的管理办法对重点排放单位、生态环境部和省级生态环境主管部门、注册登记机构和交易机构均提出了信息公开的要求。但在实践中，对公开渠道、公开内容等方面缺乏统一的规定。各企业、各地方信息公开的渠道均不统一，有集团层面统一公布的，有独立法人层面公布的，有省级统一公布的，有地市单独公布的。碳排放配额总量、碳排放总量、未履约企业数量和名单、处罚情况等关键信息有所缺失，难以支撑市场研究分析。

（二）转型路上，机遇呼之欲出

"碳中和"目标的实现离不开"两个替代"，即供给侧新能源替代与需求侧电能替代。供给侧替代需要发展新能源产业，建立约束机制，把煤油气等化石能源产业的综合社会成本、减排边际成本、排放的外部性成本，通过市场机制和金融手段实现。需求侧电能替代需要在需求端进行能量载体的切换，比如电动车替代燃油汽车。部分新能源产业，包括海上风电、分布式光伏及生物质发电等领域，目前的收益还有待提高，需要通过市场机制提高新能源的收益，以实现对于投资者而言更具吸引力的回报。碳市场是上述投资实现良好收益的激励机制，具备引导投资、稳定预期、发现价格、管理风险的功能。

中国拥有全球最庞大的新能源体系，而也正是因为如此，我国的碳达峰、碳中和工作也是世界各国中最为雄心勃勃的计划：根据高瓴的测算，中国碳中和需要 100 万亿元以上的投资。而在这巨大投入的另一面，则是我国发展新能源产业的优良禀赋：中国的市场体量之庞大、新能源资源之丰富、制造业之发达举世罕见。在国家大力投入，以及新能源发展环境良好的双重支撑下，一批世界级的中国新能源企业已然涌现，能源结构调整也以超出世界预期的节奏进行着。截至2021年，我国新能源装机总量超过6亿千瓦，约占全球的80%；储能产能约占全球的70%；新能源装备制造能力占全球的60%；新能源电动车产量占全球的50%以上。

尽管我国在能源结构调整方面取得了巨大的进展，但是我国的碳交易市场相比国外的相关市场，仍有发展空间。在覆盖范围上，中国碳市场的规模将从现在的电力行业，逐步扩大到钢铁、建材、有色金属、石化、化工、造纸、航空行业，待八大行业全部进入我国强制碳市场后，碳排放配额的总量将达到70亿~80亿吨，是欧盟碳市场的5倍以上。按照目前的碳价水平，如果我国强制碳市场循序渐进地实现金融化，交易量与交易金额可能会分别超过600亿吨与10万亿元。

综观目前国际碳交易市场价格，英国和欧盟都曾突破过100欧元，韩国曾超过29美元，加利福尼亚州曾超过28美元，魁北克省曾超过28美元。中国统一碳交易市场现在的价格约为50元人民币。长期来看，由于气候变化的全球外部性，碳排放权天然具有国际自由流动的属性。虽然中国保持国内碳中和产业政策的独立性，但中国的碳价仍会与国际碳价趋同。随着资本市场的开放，外资会进入中国碳市场，国内外巨大的碳价差异会产生套利空间，而市场的健康运行会逐步消除套利的机会，因此国内外巨大的碳价差异也将会消除。清华大学张希良教授及其团队认为，中国碳达峰的时候，中国碳市场的价格可能会达到15美元/吨，2035年可能会达到25美元/吨，2050年会达到115美元/吨，2060年会达到300美元/吨（见图2-9）。

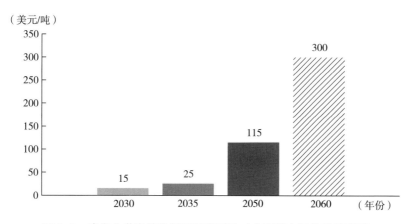

图2-9 清华大学张希良教授及其团队对中国碳市场价格的预测

资料来源：上海清新碳和科技有限公司官网。

另外，未来中国碳市场的市场主体会更加多元，具有不同风险偏好、不同预期、不同信息来源的市场主体会去发现公允的市场价格。同时，市场化与金融化的产品也将不断推出，推动市场中资金与资产的轮转，提升市场的流动性与活跃度，实现市场的跨期贴现、套期保值、合理套利以及风险管理。

（三）立足当下，展望市场未来

中国碳市场建设不可能一蹴而就，而应是分阶段的、不断发展完善的长期工程。"边做边学"将是碳市场建设发展的必然路径。展望全国碳市场未来的发展，碳市场基础制度将在近期逐步完善；碳期货等衍生品在不久的将来即可能落地并发挥更大作用；碳市场的参与度和专业性也将在可见的未来逐步提高；而在远期，全国碳市场有望以各种形式与其他碳市场实现实质上的连接。

1. 国务院条例已出台，奠定碳市场建设基调

国务院《碳排放权交易管理暂行条例（草案修改稿）》的出台已经成为我国碳市场进一步完善的重中之重。2021 年 3 月 30 日，生态环境部网站发布《关于公开征求〈碳排放权交易管理暂行条例（草案修改稿）〉意见的通知》。作为碳市场领域制度建设的纲领性文件，《碳排放权交易管理暂行条例（草案修改稿）》的出台对于碳市场未来的发展有着重要的指引作用。其中最值得关注的有以下几点：

（1）明确碳市场具有促进"双碳"目标实现、促进经济社会转型的历史使命。该草案修改稿在第一条立法目的中明确提出要推动实现碳达峰、碳中和愿景，促进经济社会发展向绿色低碳转型，进一步明确碳市场在低碳政策乃至产业政策中的地位和作用。在该指导思想下，其他行业主管部门在碳市场中的职责更加清晰，同时该草案修改稿也提到了碳排放配额总量与分配方法等切实影响企业的内容。未来碳市场发挥的作用将逐步扩大。

（2）明确碳市场跨部门的联合监管框架。该草案修改稿的重点是协调各部门共同监管全国碳市场，生态环境部自身主要负责相关的技术规范。国务院市场监督管理部门、中国人民银行和国务院证券监督管理机构、国务院银行业监督管理机构，要对全国碳排放权注册登记机构和全国碳排放权交易机构进行监督管理。国务院发展和改革委员会、工业和信息化部、国家能源局等主管部门也要参与对全国碳排放权交易及相关活动的监督管理和指导。对于前者，我们可以期待期货等金融衍生品的出现；对于后者，我们可以期待对行业有长期约束力的碳排放配额分配方案的发布。

（3）着眼长远的碳排放配额总量制定和分配。该草案修改稿明确了行业的

排放总量和减排目标，要求生态环境部会同其他有关部门，根据国家温室气体排放总量控制和阶段性目标要求，提出碳排放配额总量和分配方案，下一步国家碳达峰行动方案出台后，碳市场自上而下的碳排放配额总量设定就有了依据。同时该草案修改稿要求根据国家要求适时引入有偿分配，并逐步扩大有偿分配比例。另外，该草案修改稿规定要建立国家碳排放交易基金，说明有偿分配方案的实施也在碳市场运行规划当中。

（4）进行严格的违规处罚。该草案修改稿作为国家条例下发，能够突破生态环境部部门规章的限制，对碳市场违规行为进行严格的处罚。对交易主体和核查技术服务机构违规，除了对应的罚款外，强调了要纳入全国信用信息共享平台向社会公布，对交易违规，没收违法所得，处 100 万元以上 1000 万元以下的罚款。

但是对未履约的处罚，只有 10 万元以上 50 万元以下罚款，以及在下一年度扣除未足额清缴配额。虽然比生态环境部"二万元以上三万元以下"的罚款要高，但和此前"该年度市场均价计算的碳排放配额价值 2 倍以上 5 倍以下罚款"相比，惩罚力度明显变轻了。

我们认为，该草案修改稿规定的 10 万元以上 50 万元以下的处罚和生态环境部规定的 2 万~3 万元的处罚，在部分控排企业价值百万元乃至千万元的碳排放配额缺口前，惩罚力度明显不足，需要政府配置更多资源督促履约，否则，不利于市场健康发展。

2. 制度完善亟待先行，发展途中机遇颇多

（1）碳市场基础制度完善。根据我国相关制度建设的惯例，在国务院层面出台总纲性条例文件后，各级主管部门都会根据该文件的精神出台具体的实施方案或实施条例，进一步将条例从纲领转化为实操规范，从而从顶层设计出发，全面完善全国碳市场的基础制度，并统筹协调、落实责任，实质性地推动碳市场建设。在不久的将来，我国碳市场相关制度体系建设将有可能以以下方面为抓手，出台新的规范文件。

1）完善监管制度。从政府监管方面，碳排放 MRV 体系建设是对碳交易数据进行控制的关键环节。主管部门需要通过规范数据报送与核查管理要求，加强核查机构和核查人员的资质管理以及能力建设，加强对相关信息造假行为的处罚力度，不断提高企业碳排放数据的真实性。

2）对碳市场实施某种形式的金融监管。虽然"碳资产"本身是否属于金融产品这一议题尚未产生定论，但碳市场的稳定健康发展必定需要某种形式的市场

监管。因此，需要持续完善全国碳市场注册登记系统和交易系统，并联合金融监管部门实时监控二级市场交易过程中可能出现的风险，限制违约和破坏市场环境的行为，规范持仓限额和大户报告制度。

3）持续提升碳市场信息披露力度。这不仅有助于各交易主体制定交易策略，也有助于进一步发挥外部监督机制的作用。在这一点上，主管部门和交易所可以对碳排放总量、碳排放配额总量、交易量及价格、未履约重点排放单位的惩处情况、完成履约企业的奖励情况及碳市场建立后的减排情况等相关信息进行更充分的披露，充分发挥社会公众、行业协会、新闻媒体等对碳市场运行的监督作用。

4）增加纳入行业和主体。全国碳市场首个履约期仅覆盖发电行业年排放量达 2.6 万吨二氧化碳当量及以上的 2162 家企业。虽然排放体量巨大，但行业内部同质化程度较高的电厂或者火电机组碳减排的成本差异并不大。在碳市场的发展过程中，需要逐步纳入包括水泥、钢铁、化工等行业在内的更多的高排放行业，引入更多碳减排成本有差异的排放主体，以使碳交易机制真正发挥市场配置的作用。然而需要注意的是，要判断新行业在何时被纳入控排行业清单，需要结合实际宏观经济局势分析，在经济走出衰退周期之时，碳市场覆盖范围扩大的节奏就有可能加快。

5）完善总量设定和配额分配方法。在"1+N"政策体系下，生态环境部应根据有关政策，联合行业主管部门确定各行业长期减排目标和碳市场碳排放配额分配目标。在"双碳"目标下，强度控制为主的碳市场逐步转型为总量控制为主的碳市场，通过自上而下的碳排放配额分配方案，充分体现碳市场对减排的促进作用。

6）碳排放配额分配方式的改革与创新。在具体的分配方法上，生态环境部将优先采用基准法，通过碳排放配额分配方法标尺来调控行业减排压力。对行业基准值在被纳入控排行业初期难以确定的行业，应联合行业协会和主要企业完善数据收集方案，进而制定合适的行业基准值。后期随着碳市场运行的逐步成熟，可以扩大碳排放配额有偿分配的比例，逐步采用以拍卖为主的交易模式。

7）重启 CCER 机制。2024 年 1 月 22 日，全国温室气体自愿减排交易市场在北京重启，标志着我国碳交易体系基本建立。全国温室气体自愿减排交易市场面向全社会，鼓励社会各界参与到温室气体减排行动中，助力实现碳达峰、碳中和目标。全国温室气体自愿减排交易市场启动后，各类社会主体可以按照相关规定，自主自愿开发温室气体减排项目，项目减排成果经过科学方法量化核证并申请完成登记后，可在市场出售，以获取相应的减排贡献收益。自愿减排交易市场的启动，有利于支持林业碳汇、可再生能源、甲烷减排、节能增效等项目发展，有利于激励更广泛的行业、企业和社会各界参与温室气体减排行动，对推动经济社会绿色低碳转型，实现高质量发展具有积极意义。据北京绿色交易所统计，2024 年 1 月 22 日全国温室气体自愿减排交易市场总成交量 375315 吨，总成交额 23835280 元，平均每吨价格约 63.5 元。① 随着全国温室气体自愿减排市场正式启动，我国的碳交易体系构建完成。

8）其他。具体工作上，主管部门应当尽快完成对 CCER 项目交易管理办法的修订，根据技术发展修订减排方法学，重启备案申请，根据全国碳市场的需求制定能够维持市场均衡的抵销规则，并进一步简化项目审定和减排量核证程序。

（2）碳期货等衍生品有望走上台前。全国碳市场金融创新值得期待。碳期货等衍生品是提高碳市场活跃度、降低价格风险的有效手段。考虑到建设初期要注重防范排放权交易风险，目前全国碳市场暂未开展期货等碳金融衍生产品交易。但从发展的角度来看，碳市场随着交易主体的逐渐增多、交易体量的逐渐扩大、主体参与意识的逐渐增强，将逐步具备发展衍生品的基础条件。

周小川在多次会议中提及，从金融的角度来讲，碳市场本身也是金融市场，需要资金的转换和风险管理，发展有关的金融衍生产品，要在好的基础框架上搭建碳期货、碳远期等衍生工具交易，用于引导跨期投资和风险管理。

从我国过往大宗期货市场的情况来看，衍生品的发行对市场总体而言利大于弊。通过合理的制度设计避免过度投机，在加强风险管理的前提下，适时引入碳期权、碳期货等碳金融产品，有助于鼓励更多企业开展中长期减排项目与减排技术投资。碳市场衍生品通过为市场参与者提供多样化的交易工具，活跃碳市场交易，提高市场流动性。同时，碳市场衍生品有望发挥其内生的价格发现功能，逐步实现公平合理的碳定价，推动形成全社会范围内的碳价信号，引导减排成本存在差异的不同行业和企业充分借助碳市场的力量实现更有经济效率的减排，从而降低全社会碳排放控制和减排的成本。因此，在碳期货等衍生品市场方面，值得投入力量加强研究，推动碳期货等碳金融产品适时落地，更好地发挥碳市场的定价机制、交易机制和衍生功能。

（3）全国碳市场与其他相关政策机制的协同。在抓紧进行碳现货市场建设和运行的同时，碳市场的参与者应当研究碳期货产品和碳金融衍生品市场。自愿减排项目作为碳市场灵活抵销机制重启后，也需要与可再生能源电力消纳保障机制及绿色电力证书等相关政策做好衔接，与更新版本的自愿减排项目的重点支持

---

① 林水静，苏南．CCER 时隔七年正式重启［N］．中国能源报，2024-01-29（001）．

范围做好匹配。

目前全国碳市场温室气体排放类型的覆盖范围延续了试点时期的做法，同时纳入了直接排放和间接排放。例如发电行业，在试点初期考虑发电企业承担碳排放成本后，没有能力和机制支撑碳排放的成本向下游行业或企业传导，无法引导产业链上下游或全社会节能降碳，因此碳交易试点区域基本上都把电力消费的间接排放纳入了碳市场的覆盖范围。

后期全国碳市场制度的完善，需要高度关注电力市场相关政策的发展情况，做好制度的协同。全国碳市场还可能与全国用能权交易市场产生某种对冲或者协同式的关系，其中可能催生的"碳电联动"的交易策略探索，值得关注。

（4）碳普惠及政府引导。目前全国碳市场作为新生事物，各参与主体的积极性与专业性将是其真正发挥作用的有力保障。中国社会各方面、各阶层逐步在应对气候变化问题上达成共识，认同低碳减排的重要性和碳市场的作用。通过建立并完善碳普惠制度，持续开展碳普惠活动，激励个人、小微企业践行低碳行动，可以推动居民的低碳生活与碳市场相结合，形成全社会参与意识。

同时，随着全国碳市场的运行和发展、纳入行业企业的增多，碳金融进一步发展，行业、学科交叉、融合愈发普遍，碳市场对相关从业者专业能力的需求将不断提高。全国碳市场建成后，作为全球最大的碳市场，能够有一支数量和素质与碳市场规模匹配的碳市场运行管理队伍，将有效提升政策的执行力度和市场的运行效率。通过对碳市场各参与方开展形式多样的能力建设工作，定期培训和审核，适当借鉴国外相关技术，引进关键技术人才，可以提高政府部门、重点排放单位、金融机构及第三方核查机构等参与主体和从业人员的专业性，推动低碳技术发展与产品创新。积极引导行业协会、大型企业参与政策法规、碳排放配额分配方案等的制定，基于行业差异性制定符合企业实际情况的政策，促进碳市场政策与行业政策联动，可以提高方案的可执行性，适度减轻重点排放单位的经营压力。

二、外部影响因素：欧盟碳边境税的实施

（一）概念

CBAM 是一项为了避免碳泄漏（即防止出口企业通过将在碳排放监管宽松的非欧盟国家生产的碳密集型产品进口到碳排放监管严格的欧盟，以逃避在产品生产过程中的碳排放限制）而设计的环保措施。

CBAM 的运行需和 EU ETS 并行。若进口商要将 CBAM 覆盖的产品进口到欧

盟，则其需要向欧盟有关主管部门申报进口产品的数量、经认证的碳排放量等信息，并根据这些信息清缴相应数量的 CBAM 证书。CBAM 证书采用电子形式，每张 CBAM 证书的价值等同于产品每排放一吨的碳排放量，由进口商向欧盟有关主管部门购买后，按年度统一结算清缴（而非逐笔清缴）。CBAM 证书的价格与 EU ETS 下的配额价格挂钩。进口商具体需清缴多少 CBAM 证书是依据 CBAM 复杂的边境调节公式计算的，具体调整方案尚待欧盟讨论后出台。

（二）现状

2023 年 4 月 18 日，欧洲议会议员投票通过了包括 CBAM 在内的三项法案。

欧洲议会以 487 票赞成、81 票反对和 75 票弃权通过了新的 CBAM 规则，通过对欧盟以外地区生产的产品征收碳关税来提高非欧盟国家应对气候变化的决心，并确保欧盟对碳排放的严格管控不会造成碳排放的外溢和泄漏，即产品生产从碳排放成本高的欧盟地区转移至碳排放成本低的地区，从而导致全球范围内的二氧化碳排放量并未降低。CBAM 覆盖的产品包括钢铁、水泥、铝、化肥、电力、氢气行业的产品以及使用上述产品作为原料的复杂商品。这些产品的进口商必须支付生产国的碳价格与 EU ETS 中碳排放配额价格之间的差价。CBAM 将在 2026 年至 2034 年逐步实施。

EU ETS 改革以 413 票赞成、167 票反对和 57 票弃权获得通过，要求到 2030 年，交易体系覆盖的所有部门的温室气体排放量必须比 2005 年减少 62%。改革明确在 2026 年到 2034 年逐步取消免费配额，推行配额有偿化并为道路运输燃料和建筑创建了一个单独的新交易体系（ETS Ⅱ），将在 2027 年（如果能源价格异常高，则为 2028 年）为这些行业的温室气体排放定价。欧洲议会还首次投票决定将航运业的温室气体排放纳入碳排放权交易体系（500 票赞成、131 票反对、11 票弃权），并同意修订航空业的碳排放权交易体系（463 票赞成、117 票反对、64 票弃权）。这意味着欧盟将在 2026 年前逐步取消对航空部门的免费碳排放配额，并促进可持续航空燃料在航运领域的使用。

另一项法案是与成员国达成的在 2026 年设立欧盟社会气候基金的协议以 521 票赞成、75 票反对、43 票弃权获得通过，可确保气候转型公平且具有社会包容性。全面运作后，该基金一部分来源于通过拍卖 ETS Ⅱ 配额获得的高达 650 亿欧元的资金，额外的 25% 来源于成员国的贡献（估计总额为 867 亿欧元）。

据欧盟估算，实施 CBAM 每年将带来 50 亿~140 亿欧元的收入。

不过，此次欧盟理事会通过 CBAM 方案暂时搁置了三个问题：取消免费碳排放配额的时间表、碳边境调节机制的收入分配方案，以及欧盟出口产品隐含的碳排放成本的"退税"问题。

（三）影响

考虑到我国目前能源结构仍处在转型关键阶段的事实，CBAM 的实施无疑将提高我国部分产品出口至欧盟的费用。CBAM 的试点阶段于 2023 年开始，并于 2026 年开始征收边境费用。

但由于涵盖的行业较少，预计 CBAM 在现阶段对中国商品出口欧盟的影响不大。即使是 CBAM 涵盖的行业，中国企业面临的影响也可控。此外，假设采用拟议的实施时间表，欧盟对 CBAM 相对渐进的引入意味着其全部效果要到 21 世纪 30 年代中期才能完全显现。然而，无人知晓欧盟是否会扩大实施 CBAM，是否会加大实施力度，而这无疑是在我国出口贸易企业头上悬着的一把达摩克利斯之剑。

从这个角度而言，CBAM 将推动我国大量的制造业企业，尤其是那些尚未被纳入我国控排行业的企业进行自身碳排放量的核查核算，推动这些企业从产业链各个维度进行减碳降碳，以直接参与碳市场的相关交易。

与前述我国自上而下的碳市场建设不同，CBAM 的横空出世作为一种外部因素对我国制造业企业的影响是"自下而上"的，制造业企业因为担心自身产品在下游销售时被加征"碳关税"，转而去国际碳市场采购相应的碳资产用于排放量冲抵，或是改变自身的碳排放结构。从目前市场情况来看，尽管 CBAM 的"靴子"尚未完全落地，国内的不少制造业企业都已经开始未雨绸缪，北京、上海的部分碳咨询服务机构已经接到了相关的咨询服务需求。

从某个角度上来看，CBAM 的出台无疑将影响我国部分价廉物美的制造业产品在欧洲的竞争力，同时其立法和实施的节奏完全不受我国控制，颇有将环境问题作为政治和经济对抗工具的嫌疑。但是，CBAM 的出台也扎扎实实地推动了我国大量中型甚至小型制造业出口企业主动审视自己的碳足迹，并参与碳市场，弥补了我国碳市场在过去所未能触达的"盲区"。

因此，需要辩证地分析 CBAM 的影响。既需要警惕其作为"外部因素"的不可控本质，但也需要积极看待其对于我国碳市场建设和"双碳"目标实现的积极作用。

第三章　国际碳市场

近年来，全球各国政府与民众对气候变化议题的关切程度逐年上升，推动了全球碳市场的发展。全球碳市场经过十几年的发展，已然成为国际气候变化政策的重要组成部分。然而，由于全球碳市场覆盖的领域之多，牵涉的地域之广，涉及的因素之繁复，如果我们仅从某一行业或某一国家地区的碳市场运作情况来进行分析，所得出的结论无法对碳市场背后的运行逻辑和影响因素形成综合性的认知。因此，本章试图从历史和全球视角，通过对国际主要碳市场的表现和主要特点进行分析，为中国碳市场的发展提供借鉴。

第一节　国际碳市场发展现状

一、国际碳市场发展沿革

（一）碳排放权交易的历史演进

碳市场的发展可以追溯到经济学中的外部性问题，即一个经济主体的行为影响了其他经济主体，却不为此承担相应的成本或获得相应收益。而庇古、科斯等学者认为公共资源内部化是提高消费者剩余与生产者剩余，减少社会福利损失的解决方案。科斯指出，不清晰的产权是市场失灵的根源，一旦产权被清晰地确认，就可以通过经济个体间的交易活动使外部成本内部化。然而，从理论到实践的尝试是漫长而艰难的。在科斯提出产权理论十几年后，美国才建立了第一个排放权交易计划，1986 年底美国政府出台《排放交易政策报告》，正式宣告排放权交易制度的最终完善。此时距科斯提出产权理论已有 26 年之久。

国际社会对气候变化的关注开始于 20 世纪 70 年代末。1979 年由世界气象组织发起，在其他国际组织的协作下，第一次世界气候大会在日内瓦召开。大会以

"气候与人类"为主题进行了讨论，指出地球上人类活动的不断扩大将影响到区域甚至全球的气候变化，迫切需要全球协作并制订未来人类社会的发展计划。此次会议后，人们日益意识到气候变化问题的严重性，世界各国开始对气候变化问题予以越来越多的关注。国际社会中要求对气候变化进行研究和制定相应政策的呼声越来越高。

20世纪80年代后，气候变化问题被频繁地提上国际社会的议事日程。1985年，联合国环境规划署、世界气象组织和国际科学联盟理事会在奥地利的菲拉赫召开了一次国际科学家大会，一同讨论了全球温室气体排放及应对气候变化的措施等问题，并讨论通过了《菲拉赫声明》，首次提出通过制定国际公约来应对气候变化问题的大门。1988年6月，关于气候变化的国际非政府组织间会议在加拿大召开，呼吁全球紧急行动起来应对气候变化，减少全球二氧化碳排放量；制定国际公约，提出应对气候变化的行动措施；建立全球气候基金，基金的资金主要通过对发达国家征收石油燃料使用税的方式筹集。这次会议之后，国际社会进一步加强了国际合作，同年11月联合国环境规划署和世界气象组织共同促成建立了IPCC，并召开了第一次大会，确定了该委员会的主要任务是对有关气候变化的各种问题定期开展科学技术和社会经济的评估，提供科学技术指导意见等。IPCC为气候变化谈判提供了一定的科学基础。

自1992年《联合国气候变化框架公约》签署后，气候变化问题被正式提上日程（见图3-1）。1997年《京都议定书》签订后，碳排放权交易的基本概念就确定了下来，该交易机制本质上就是将二氧化碳等温室气体的排放权当作一种商品，市场参与者可以互相进行二氧化碳排放权的交易。其基本交易原则为排放权低于排放量的一方通过购买排放权高于排放量的另一方过剩的排放权配额，通过市场本身的调节机制，实现社会整体的温室气体减排额度达标，最终减缓温室效应。各行业各企业的温室气体排放量和能耗效率有所差异，其温室气体减排的成本也不尽相同，这种成本差异就意味着温室气体排放权存在市场化交易的基础。同样地，这种差异不仅存在于各个行业和企业之间，也存在于不同的国家和市场之间。而《京都议定书》提出的不同国家之间的碳排放权交易，赋予了各国在温室气体减排投资费用上的灵活性，从而实现了在全球气候变化问题上费用的有效分配。因此，碳排放权交易以市场机制控制温室气体排放，是应对气候变化的重要国际合作机制。

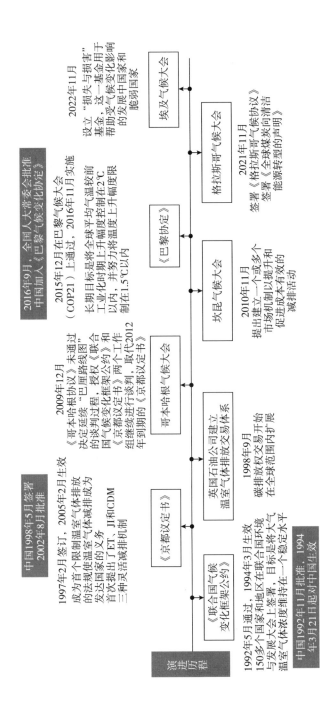

图 3-1　《联合国气候变化框架公约》签署以来的碳市场发展

资料来源：笔者根据公开资料整理所得。

1.《联合国气候变化框架公约》

1992 年 6 月，联合国环境与发展会议在巴西里约热内卢召开，会议期间 150 多个国家以及欧洲经济共同体共同签署了《联合国气候变化框架公约》。1994 年 3 月 21 日，该公约生效。公约由序言及 26 条正文组成，具有法律约束力，最终目标是将大气中的温室气体浓度稳定在防止气候系统受到危险的人为干扰的水平上。主要内容如下：

（1）确立应对气候变化的最终目标。该公约第 2 条规定，本公约以及缔约方会议可能通过的任何法律文书的最终目标是将大气中温室气体的浓度稳定在防止气候系统受到危险的人为干扰的水平上。这一水平应当在足以使生态系统能够可持续进行的时间范围内实现。

（2）确立国际合作应对气候变化的基本原则，主要包括共同但有区别的责任原则、公平原则、各自能力原则和可持续发展原则等。

（3）明确发达国家应承担率先减排和向发展中国家提供资金技术支持的义务。该公约附件一明确国家缔约方（发达国家和经济转型国家）应率先减排；附件二明确国家（发达国家）应向发展中国家提供资金和技术，帮助发展中国家应对气候变化。

（4）承认发展中国家有消除贫困、发展经济的优先需要。该公约承认发展中国家的人均排放仍相对较低，在全球排放中所占的份额将增加，经济和社会发展以及消除贫困是发展中国家首要和压倒一切的优先任务。

同时，该公约确立了五个基本原则：

（1）"共同但有区别"的原则，要求发达国家应率先采取措施，应对气候变化。

（2）要考虑发展中国家的具体需要和国情。

（3）各缔约国方应当采取预防措施，预测、防止或尽量减少引起气候变化的原因。

（4）尊重各缔约方的可持续发展权。

（5）加强国际合作，促进有利的和开放的国际经济体系，应对气候变化的措施不能成为国际贸易的壁垒。

2.《京都议定书》

1997 年在日本京都世界气候大会上，149 个国家和地区的代表通过了旨在限制发达国家温室气体排放量以抑制全球变暖的《京都议定书》。《京都议定书》是世界上第一个以国际性法规的形式限制温室气体排放的国际公约。主要内容如下：

（1）在 2008 年至 2012 年的第一个承诺期，主要工业发达国家的温室气体排放量在 1990 年的基础上减少 5.2%。减排的温室气体包括二氧化碳（CO_2）、甲烷（CH_4）、氧化亚氮（N_2O）、氢氟碳化物（HFCs）、全氟碳化（PFCs）、六氟化硫（SF_6）。其中，欧盟削减 8%、美国削减 7%、日本削减 6%、加拿大削减 6%、东欧各国削减 5%~8%。新西兰、俄罗斯和乌克兰可将排放量稳定在 1990 年水平上。《京都议定书》同时允许爱尔兰、澳大利亚和挪威的排放量比 1990 年分别增加 10%、8% 和 1%。《京都议定书》对包括中国在内的发展中国家并没有规定具体的减排义务。

（2）《京都议定书》引入市场手段来调节全球碳排放量，规定各个国家的减排情况可按照某种机制进行认证，从而形成可以统计减排总量的"凭证"，作为行使碳排放权利的度量。对于企业而言，受监管企业每年完成生产后必须缴纳相应温室气体排放当量的凭证，否则将会受到惩罚。减排效率高的企业可以在碳排放权市场卖出剩余凭证，超量排放的企业可以购买凭证，以此补偿自身超量排放的温室气体。

（3）《京都议定书》建立了三种国际减排合作机制，使减排行动在国际之间可协作往来，分别是 ET、JI 和 CDM。不同国家在构建碳排放配额产品时将考虑以其中某个机制为基础，使配额能够参与国际流通。其中，ET、JI 是发达国家之间的减排合作机制；CDM 是发达国家与发展中国家之间的减排合作机制，该机制推崇发达国家通过资金、技术等形式，与发展中国家开展减排合作，取得"核证减排量"，即它允许发达国家通过向发展中国家的减排项目提供资金和转让技术，购买来自发展中国家的温室气体减排额度，履行部分减排义务。

3.《哥本哈根协议》未通过

哥本哈根世界气候大会全称是《联合国气候变化框架公约》第十五次缔约方会议暨《京都议定书》第五次缔约方会议，这一会议也被称为哥本哈根联合国气候变化大会，于 2009 年 12 月 7~18 日在丹麦首都哥本哈根召开。根据 2007 年在印度尼西亚巴厘岛举行的第十三次缔约方会议通过的"巴厘路线图"的规定，2009 年末在哥本哈根召开的第十五次会议将努力通过一份新的议定书，以代替 2012 年即将到期的《京都议定书》。

《哥本哈根协议》未通过的原因主要有两点：第一，其更倾向于考虑发达国家的实际情况，遭到普遍批评。同时，这一协议实质性的进展有限，尤其是没有确定发达国家的减排目标，无疑令人失望。第二，把升温控制目标确定为 2℃，也很难让小岛国、不发达国家和非洲集团等相对弱势的群体满意。后者强烈呼吁，根据最新的科学认知，应把升温控制在 1.5℃内。

总之，哥本哈根世界气候大会的问题集中在"责任共担"。围绕着"责任共担"议题，形成了发达国家、发展中国家等多个对立阵营，且各阵营基于各自发展权的考虑和文化差异，又进一步产生分化，加剧分歧。在发达国家阵营中，以美国为代表的部分国家，在《联合国气候变化框架公约》、《京都议定书》和"巴厘路线图"的立场上后退，不愿承担《联合国气候变化框架公约》、《京都议定书》和"巴厘路线图"中规定应承担的义务，甚至要求抛弃《京都议定书》，对协议目标的谈判造成了严重困扰。在发展中国家阵营中，由于地理位置、经济水平和排放差异，一些最易受气候变化影响的国家，如太平洋岛国，出于对气候灾难问题的担忧，希望全球采取更强有力的行动，制定更具雄心的目标（21 世纪末升温控制在 1.5℃以内），以遏制全球气候变暖趋势，降低气候灾难威胁，但要达成这一目标，将对全球大多数国家，特别是发展中国家的经济造成严重影响。

最终解决方案：哥本哈根世界气候大会分别以《联合国气候变化框架公约》及《京都议定书》缔约方大会决定的形式通过了有关的成果文件，决定延续"巴厘路线图"的谈判进程，授权《联合国气候变化框架公约》和《京都议定书》两个工作组继续进行谈判，并在 2010 年底完成工作。

4.《巴黎协定》

《巴黎协定》于 2015 年 12 月 12 日在巴黎气候大会上通过，于 2016 年 4 月 22 日在美国纽约联合国大厦由全世界 175 个缔约方共同签署，2016 年 11 月 4 日起正式实施，截至 2021 年，已有 195 个国家参与。《巴黎协定》是已经到期的《京都议定书》的后续，对 2020 年后全球应对气候变化的行动作出统一安排。2020 年 11 月，美国退出《巴黎协定》。2021 年 2 月 19 日，美国重新加入《巴黎协定》。

《巴黎协定》共 29 条，涵盖目标、损失和损害、资金、技术、能力建设、透明度等方面的内容，主要包括：

（1）明确全球共同追求的"硬指标"。该协定指出，各方将加强对气候变化威胁的应对，把全球平均气温较前工业化时期的上升幅度控制在 2℃以内，并为把升温幅度控制在 1.5℃之内努力。

（2）将世界所有国家都纳入呵护地球生态确保人类发展的命运共同体当中。《巴黎协定》在联合国气候变化框架下，在《京都议定书》、"巴厘路线图"等一系列成果的基础上，按照共同但有区别的责任原则、公平原则和各自的原则，推进《联合国气候变化框架公约》的全面、有效和持续实施。

（3）推动各方以"自主贡献"的方式参与全球应对气候变化的行动，积极向绿色可持续的增长方式转型，避免过去几十年严重依赖石化产品的增长模式继续对自然生态系统构成威胁；促进发达国家继续带头减排并加强对发展中国家提供财力支持，在技术周期的不同阶段强化技术发展和技术转让的合作行为，帮助后者减缓和适应气候变化；通过市场和非市场双重手段，进行国际间合作。

根据《巴黎协定》的内在逻辑，在资本市场上，全球投资偏好未来将进一步向绿色能源、低碳经济、环境治理等领域倾斜。[1]

5. 格拉斯哥气候大会

2021年11月1~13日，受新冠疫情影响延后一年举行的第二十六次联合国气候变化大会（以下简称"COP26"）在英国格拉斯哥召开。COP26的主要议题共有四项：减排、适应气候变化、调动金融资源促进减排、强化减排合作。

整体来看，COP26共有三项突破：一是对《巴黎协定》第6条的具体落实方式达成共识；二是将逐渐减少"非减煤电"的使用写入《格拉斯哥气候公约》；三是将甲烷减排提上日程。此外，COP26就林业、农业、能源及交通运输等方面达成多项协议、声明、宣言、承诺、共识。经过两周的谈判，各缔约方最终完成了《巴黎协定》实施细则。促使许多国家加强了2030年的减排目标，并宣布了2050~2070年的净零排放承诺。

（1）《格拉斯哥气候公约》。第一，《格拉斯哥气候公约》保住了1.5℃的可能性。《巴黎协定》承诺，把全球平均气温较前工业化时期的上升幅度控制在2℃以内，并努力将气温升幅限制在工业化前水平以上1.5℃之内。从措辞上来看，尽管"保持在1.5℃以内"没有写入公约，但是其已成为各国努力的明确方向。

第二，明确了缔约国如何利用国际碳交易市场来减少各国碳排放量。各方就市场和非市场的碳交易方法，特别是跨境的碳交易、透明度要求等达成一致，为全球性的碳交易市场的建立铺平了道路。这也意味着《巴黎协定》的实施规则最终获得通过。

第三，首次对非减煤电提出约束，利于减碳技术发展。《格拉斯哥气候公约》提出，缔约方将加快技术的开发部署及政策的通过，以实现向低排放能源体系的过渡，包括加大清洁能源发电力度和提升能源效率，以及逐步减少非减煤电

---

[1] 参见《〈巴黎协定〉助力全球绿色经济》。

和逐步取消低效的矿物燃料补贴。

（2）《全球煤炭向清洁能源转型的声明》。包括印度尼西亚、韩国、乌克兰等煤炭消耗国在内的 46 个国家，签署了《全球煤炭向清洁能源转型的声明》，该声明主要限制发展中国家。其中，发达国家承诺在 2030 年之前逐步淘汰煤炭，发展中国家承诺在 2040 年前逐步淘汰煤炭；拥有 85% 森林面积的 100 多个国家承诺，在 2030 年之前阻止和逆转森林与土地退化的趋势，包括"地球绿肺"巴西；90 多个国家加入"全球甲烷承诺"，计划到 2030 年将甲烷排放减少至 2020 年的 70%。

6. 埃及气候大会

《联合国气候变化框架公约》第二十七次缔约方大会（以下简称"COP27"）于 2022 年 11 月 20 日在埃及海滨度假胜地沙姆沙伊赫收官。大会从 11 月 6 日开始，原定会期两周，有来自 190 多个国家、地区、国际组织的代表以及各界人士约 4 万人参加。主要成果包括：

（1）COP27 同意设立损失和损害基金机制，用于补偿发展中国家和脆弱国家由气候灾害所带来的损失和损害。尽管这一机制如何获得资金仍在讨论中，但这个成果仍然是首创性的，是本次大会最大的亮点。

（2）COP27 启动了一项气候减缓工作计划，该工作计划在 COP27 大会后立即开始，并持续到 2030 年，每年至少举行两次全球性的对话。会议还要求各国政府在 2023 年底前重新审视并加强其国家自主贡献方案中的 2030 年减排目标，加快减排速度，逐步降低煤电使用比例，淘汰低效的化石燃料。

（3）COP27 启动了一个新的五年工作计划，以在发展中国家推广气候减缓措施和气候技术解决方案。

（4）COP27 开展了全球盘点，这是提高全球气候治理新制度《巴黎协定》雄心的机制。联合国秘书长透露，将在 2023 年 COP28 会议盘点结束之前，召开一次"气候雄心峰会"。

COP27 虽达成了多项极具意义的成果，但本次气候大会在与全球变暖有关的关键问题上，如在逐步淘汰化石燃料方面，以及在将全球气温升幅控制在工业化前水平以上 1.5℃ 之内的措辞上，未能取得显著进展。

中国在这次大会上有突出表现。在 COP27 大会上，出席 COP27 的中国代表团副团长兼秘书长、生态环境部应对气候变化司司长李高，当选为缔约方大会主席团副主席。这充分说明，中国在全球应对气候变化中将发挥更多的作用。

总而言之，为了应对工业革命以来不断恶化的全球气候问题，碳排放权交易的重要性愈发凸显。碳排放权交易作为重要的政策工具发展迅速，并已通过实践证明了其有效性。各个国家及地区纷纷开始建立区域内的碳排放权交易体系以实现碳减排承诺的目标。自 2005 年至今，遍布四大洲的 29 个碳排放权交易体系已建成，其中较具代表性的主要有欧盟碳市场、韩国碳市场以及新西兰碳市场等。

　　因此，笔者在后文选取了欧盟、美国、韩国、新西兰以及日本碳市场进行深入讨论。通过对各地碳市场的运作、规则设计及其成功或失败的做法进行分析，尝试总结各地碳市场建设的规律，并从中获得对于我国碳市场建设的启示。

　　（二）碳排放权交易市场发展现状

　　目前，全球碳市场总体处于快速增长阶段，但各地区各市场的发展程度与发展质量有较大的差异。根据 Refinitiv 统计（见表 3-1），全球碳市场 2021 年交易额总计约为 7620 亿欧元，较 2020 年增长超过 1 倍。其中，EU ETS 的碳交易额约占全球碳排放权交易市场的 90%，交易量占比超 77%，均占据市场主导地位。北美地区的碳交易额以及交易量居于第二，分别占比 6.48% 和 16.95%。北美地区较为完善的碳市场有加利福尼亚州碳市场、墨西哥碳市场和 RGGI 等。就综合体量而言，墨西哥碳市场仍在试点阶段，RGGI 启动较早但仅覆盖了加利福尼亚州碳市场约 1/3 的份额，且碳价格也低于加利福尼亚州碳市场，因此将加利福尼亚州碳市场作为北美市场的典型案例进行研究。韩国碳市场成立于 2015 年，为亚洲首例，但其交易额与交易量和前述四家碳市场相比均处末位。因同处亚洲，韩国的经验教训对于中国碳市场而言具有一定借鉴意义。新西兰碳市场于 2008 年成立，稍晚于欧盟，交易额与交易量和欧盟相去甚远，原因值得深思。

表 3-1　2021 年全球碳市场交易额、交易量以及碳排放配额总量

地区	交易额（百万美元）	交易额占比（%）	交易量（百万吨）	交易量占比（%）	碳排放配额总量（百万吨）	排放总量（百万吨）	碳排放配额总量占排放总量比例（%）
欧盟	694912.28	89.80	12214	77.25	1597	4112.80	38.83
北美	50155.79	6.48	2680	16.95	307.5	4707.00	6.53
新西兰	2550.55	0.33	81	0.51	34.5	79.2	43.56
韩国	812.51	0.11	51	0.32	589	679.60	86.67
中国	1312.44	0.17	412	2.61	4500	11102.00	40.53
其他	24077.43	3.11	373	2.36	——	——	——
总计	773821.00	100	15811	100	——	——	——

　　总体上，碳排放配额总量为碳市场所覆盖的行业设定了整体的排放量目标，然而碳排放配额总量占据区域内全口径碳排放量的比例高低，并不与碳市场机制执行的成功程度正相关。换言之，并不是说一味地将某一区域内所有的人类活动造成的碳排放"一刀切"地纳入控排范围内，就可以有效控制该区域内的总体碳排放量。以韩国为例，其碳市场覆盖的排放量超过韩国国内全口径碳排放量的80%，远远超出世界范围内其他较为典型的碳市场。但是，韩国的"大而全"并没有为其市场本身带来良好的活跃性，也未能有效控制其控排范围内企业碳排放量的增长。反观欧盟及新西兰碳市场，虽然它们各自的碳排放配额总量仅约为各自区域排放总量的40%，但从交易规模、增长形势和取得的效果来看，均远远超出韩国碳市场的表现。因此，我们不难看出，碳市场覆盖范围的扩大，不是碳市场发展的手段，而是碳市场发展的自然结果。而要推进碳市场的发展，则必须先创建稳定、健康和有序的市场氛围，再通过扩大交易主体及控排范围来为碳交易市场注入更多的活力，最终增强其在整体碳减排事业上所发挥的作用。

　　为了更好地分析碳市场建设过程中须注意的事项以及客观影响因素，本书在此对六家碳市场的交易规模、碳价、减排目标、相关立法与惩罚机制等多个方面进行横向对比（见表3-2），总结出不同地区建设碳市场所采取的策略及其对应的减排成效。

表3-2　全球主流市场现状

	欧盟碳市场	加利福尼亚州碳市场	新西兰碳市场	韩国碳市场	日本碳市场	中国碳市场
交易起始年份	2005	2013	2008	2015	2010	2021
2021年平均碳价格（美元/吨）	64.77	22.43	34.95	17.23	5.42	6.21
2021年交易额（亿美元）	6949.12	501.56	25.51	8.13	——	12.31
2022年平均碳价格（美元/吨）	89.01	27.60	——	16.99	3.84	8.02
2022年交易额（亿美元）	8252.74	688.76	——	——	——	4.08

续表

	欧盟碳市场	加利福尼亚州碳市场	新西兰碳市场	韩国碳市场	日本碳市场	中国碳市场
特点	运行时间最长、交易额最大、碳价最高	区域型市场	覆盖面最广、交易额小、碳价较高	亚洲第一个、交易额小、碳价低	城市规模最大，并单方面连接在一起	碳排放配额总量最大、交易额较小、碳价最低
阶段目标	2020年比1990年减少20%	2020年与1990年相同	2020年比1990年下降10%~20%	2020年比2010年下降20%	2020年比2000年的水平下降17%	2030年碳达峰2060年碳中和
减排目标达成情况	2020年相比1990年减少31.4%达成目标	2020年比1990年减少3.0%达成目标	2020年比1990年上涨了32%未达成目标	2020年比2010年上涨13%未达成目标	2020年比2000年减少18.2%达成目标	—
拍卖比例	57%	62%	排放强度高10%；中等强度40%	10%	—	0%
交易品类	现货、期货、期权等衍生品	现货、期货、期权等衍生品	现货和期货	现货	—	现货
惩罚机制	违规企业每超额排放1吨二氧化碳，就将被处100欧元的罚金	如果企业没有在履约期内完成减排义务，将受到超出碳排放配额部分4倍的处罚；如果该企业并未在处罚生效的30天内完成履约义务，将被处以超出碳排放配额部分每个碳排放配额每45天25000美元的罚款	未能按要求履约的控排企业，将为超额部分支付当前市场价格3倍的现金罚款	企业如果未在规定时间内足额履约，将按照当前市场价格的3倍以上缴纳罚款，罚款上限为10万韩元/吨（约合620元人民币/吨）	合约期结束未完成减排任务的设施将接受严厉的处罚，包括500000日元罚款；公布违规设施的信息；对于超出规定的排放量，按1.3倍上交配额，最终完成减排责任	未履约的控排企业将被责令其履行碳排放配额清缴义务，处以2万元以上3万元以下的罚款。逾期仍不履行碳排放配额清缴义务的，在对其进行下一年度碳排放配额分配时等量核减未按规定报告的企业，责令限期改正，并处以1万元以上3万元以下的罚款
相关立法	欧盟指令	《全球变暖解决方案法案》	《气候变化应对（零碳）修正案》	《碳中和与绿色发展基本法》	《全球变暖对策推进法》	—

资料来源：上海清新碳和科技有限公司官网。

结合表 3-2 而言，交易规模、品类多样性、减排目标完成情况以及未履约惩罚机制，在一定程度上反映了市场的发展程度与发展质量。其中，交易量、碳价与拍卖比例等交易指标可以直观地反映市场规模与发展程度。欧盟碳市场成立于 2005 年，是目前交易机制最为成熟的市场，其碳价、交易额均处于全球领先地位。同时，欧盟碳市场有偿化发展较快，2021 年的碳排放配额拍卖比例已达到57%。韩国碳市场于 2015 年成立，是亚洲第一个碳交易市场，目前已运行至第三阶段，仅比加利福尼亚州碳市场晚两年开启交易，但碳价低于加利福尼亚州碳市场，而且规模较小，并未起到显著减排效果，拍卖比例仅为 10%，远低于加利福尼亚州碳市场的 62%。新西兰碳市场自 2008 年启动以来发展缓慢，一直处于碳排放配额免费分配和固定价格购买状态，直到 2021 年才引入拍卖机制，这可能是其交易额持续处于低位的重要原因。日本碳市场启动较晚，于 2010 年才正式启动，发展不完善，2022 年 10 月提出"碳定价"方案。

交易品类的多样性与碳交易活跃度也息息相关。欧盟碳市场碳交易品类众多，以衍生品交易为主导，超过 85% 的交易涉及衍生品，2021 年度的交易换手率高达 700% 以上，为全球第一。加利福尼亚州碳市场也存在较多交易品种，主要包括碳远期、碳期货、碳期权、碳掉期、碳价差、碳指数等产品，其 2021 年的交易换手率超过了 60%。新西兰碳市场的主要交易产品为碳现货与期货，可通过 OTC 大宗交易或交易平台买卖，在所选六家碳市场中，换手率仅次于欧盟与加利福尼亚州碳市场。韩国碳市场金融属性极低，目前相关产品仅有碳排放权、碳信用、碳抵销三种，金融衍生品的空缺导致交易规模呈现逐年递减的趋势，大部分碳排放配额由控排企业自持，因此换手率也较低。

减排目标的达成与否，可看作碳市场有效性的重要依据。欧盟 2020 年的目标已经如期达成，减排效果显著，现阶段的目标为 2030 年相比 1990 年减少 55%的排放。加利福尼亚州则希望 2020 年碳排放量重返 1990 年水准，目前也已达成，但因既定目标相对宽松，故其减排是否切实有效仍有待考证。韩国的目标为2020 年相比 2010 年下降 20%，然而其实际碳排放量不减反增，从结果层面反映了其碳市场有效程度远低于预期。日本的目标为 2020 年相比 2000 年的水平下降17%，从结果看超额完成目标。

碳市场相关的法律制度，赋予了市场机制权威性与稳定性。欧盟出台了四条主要指令，针对碳市场的顶层设计以及基础机制进行了底层法律建设，其惩罚机制为违规企业每超额排放一吨二氧化碳，就将被处 100 欧元的罚金。韩国与新西兰分别设置了《碳中和与绿色发展基本法》以及《气候变化应对（零碳）修正案》，此类法案不仅针对碳市场，还覆盖了其全国的减排路径，将对未履约部分处以当前市场价格 3 倍或 3 倍以上的罚款。加利福尼亚州碳市场主要依据《全球变暖解决法案》和《加州总量控制与交易计划》两条法案进行管理，但其惩罚制度相比其他碳市场更加严格，未履约部分将按照市场价 4 倍进行处罚，且严格限制缴纳时间，若延期则需支付额外罚款。日本通过了 2050 年碳中和法案《全球变暖对策推进法》，同时日本碳市场的惩罚制度也非常严格。

二、相关法律和政策

健全的法律制度将赋予碳市场机制权威性与稳定性，为相关部门的执行提供法律保障。本书所选碳市场都具有减排路径或碳市场建设相关的法律法规，具备一定的法治成熟度。

其中，欧盟针对碳市场颁布了四条主要法令，推进了碳市场的顶层建设。欧盟自碳市场建立以来颁布了促进其发展的相关法令，适用于所有欧盟成员国。主要有以下四条法令：①2003/87/EC 号指令是建立 EU ETS 的基础性法律，对减排目标、原则和基本内容作出了总体性的规定。②2004/101/EC 号指令规定各成员国的控排企业可使用京都减排信用（CER 和 ERU）履约，以降低纳入企业的部分履约成本。③2008/101/EC 号指令于 2008 年 11 月 19 日生效，将航空业排放纳入 EU ETS 范围内。④2009/29/EC 号指令根据 EU ETS 第三阶段的改革和调整，以法律为基础框架，依据实际情况进行修改，确保欧盟碳市场运行稳定且高效。上述法令作为欧盟碳交易市场的基本框架，大幅提升了碳市场的权威性、成长性与运行稳定性。

与欧盟不同，其他碳市场更偏向于设立与减排目标相关的法律，或者为减排路径的规划奠定基础。其中，韩国设立了《碳中和与绿色发展基本法》，明确提出了 2030 年较 2018 年减少 40% 的温室气体排放以及 2050 年实现碳中和的目标，同时也确立了碳中和执行体系，以国家、地区为单位制订基本计划并予以评估。在该法律实行后一年内，政府将制订为期 20 年的国家碳中和基本计划，地方自治团体必须在国家计划的基础上，制订为期 10 年的市、道基本计划和市、郡、区基本计划。

加利福尼亚州也存在着以温室气体减排为目标的法案，并将减排核心举措确立为建立碳交易体系。2006 年和 2017 年，加利福尼亚州先后通过了《全球变暖解决方案法案》和《总量控制与交易条例》法案，为加利福尼亚州规定了 2020 年、2030 年和 2050 年温室气体减排目标，目前加利福尼亚州 2020 年的减排目标已经达成。

新西兰有长期环保立法经验，重视以法律手段确保碳交易的合法合规。2019年新西兰完成碳中和国内立法，通过了《气候变化应对（零碳）修正案》，该法律已授权政府采取行动达成碳中和目标。2020年12月2日，新西兰议会通过议案，宣布国家进入气候紧急状态，承诺在2025年公共部门实现碳中和，2050年实现全国范围内的碳中和。

2021年5月26日，日本国会参议院正式通过修订后的《全球变暖对策推进法》，以立法的形式明确了日本政府提出的到2050年实现碳中和的目标，于2022年4月施行。

以上法律制度或是明确地设立了减排目标，或是规划了减排路径，为各国未来碳中和目标的最终达成奠定了基础。另外，本章所选的代表性碳市场在管理方面均表现出色，各个部门各司其职、分工合作，协同进行碳市场管理。合理的管理职能分配，是碳市场平稳运行与高质量发展的坚实基础。

欧盟碳市场管理制度健全且合理。由欧盟理事会制定法律，提供法律基础支持，各成员国政府参与排放核算并确定控排企业名单，欧盟各成员国能源、环保机构协同制定碳排放配额分配方案，最后由欧洲能源交易所提供交易服务。监管方面，欧洲证券和市场管理局发布《金融工具市场指令》和《金融工具市场法规》，由各成员国的金融监管部门实施。欧盟碳市场中的交易行为只要涉及金融交易或金融风险，都将被纳入金融监管的范畴。

韩国碳市场的职能分工也较合理。韩国政府设立基础法律，确定执行体系。韩国于2010年建立了温室气体清单编制和研究中心，负责核算碳排放配额分配数据并以此为基础制定碳排放配额分配计划，同时负责碳排放配额和碳信用注册系统的管理和运行。2016年，韩国碳市场的监管权限从韩国环境部转移给韩国战略与金融部。

加利福尼亚州碳市场的管理体系也层层分级，各司其职。加利福尼亚州碳市场参与了西部气候倡议，与其他成员采用统一的交易规则。加利福尼亚州政府颁布法案，设定减排目标和路径；加利福尼亚州空气资源委员会致力于执行和监管加利福尼亚州碳排放权交易，建立碳排放权交易机制，追踪碳排放权交易的合规情况等。目前，美国仅有区域性的碳交易市场，尚不存在由联邦政府建立的全国性碳市场，因此碳市场的法律效应与覆盖程度有限，但加利福尼亚州区域内的减排目标及监管制度较为明确。

新西兰的碳排放权交易体系由经济发展部、农林部、环境部共同管理。经济发展部主要负责注册登记系统的管理、入市者（除林业外）的资格审核以及碳交易执行情况的监管等。环境部主要负责《应对气候变化法》的修订、排放配额分配与发放以及财务管理等。农林部主要负责《应对气候变化法》中涉林条款的修订、涉林碳排放配额的分配、林业参与者入市资格及其申请碳排放配额数量的审核以及相关技术指南的制定等。新西兰于 2011 年设立了环境保护局，接管经济发展部、环境部等部门的工作，专职管理碳排放权交易系统。尽管新西兰碳市场存在着准入门槛较低、参与者众多等特点，但完善的市场监管制度极大地保证了市场的稳定运行。

三、国际碳市场的定价工具、产品和趋势

碳排放权交易以市场机制控制温室气体排放，作为目前全球范围内主要的控排手段，碳排放权交易已经在四大洲的 29 个国家和地区实施。本章从历史和全球视角，通过对国际主要碳市场的市场表现和主要特点进行深入的观察与比对，总结了以下四条值得我国借鉴的经验：一是设置碳排放配额总量控制、配额拍卖以及市场稳定储备等市场交易机制；二是构建覆盖行业和交易品种多样的市场；三是建立合理的未履约惩罚机制；四是建立健全碳市场法律及管理制度。

（一）碳排放配额总量控制、配额拍卖等市场交易机制

部分碳市场的发展情况如表 3-3 所示。

表 3-3　截至 2021 年部分碳市场机制发展

	欧盟碳市场	加利福尼亚州碳市场	新西兰碳市场	韩国碳市场	中国碳市场
起始年份	2005	2013	2008	2015	2021
碳排放配额总量	22 亿~16 亿吨/年	1.6 亿~2 亿吨/年	0.345 亿吨/年	5.62 亿~6.1 亿吨/年	45 亿吨/年
分配方法	5%~57%拍卖	0~62%拍卖	高排放强度企业 90%免费，中等排放强度企业 60%免费，剩余部分固定价格机制购买	0~10%拍卖	0%拍卖
价格区间	20.65~86.46 美元/吨	12.1~29.15 美元/吨	17.68~49.79 美元/吨	16.27~18.47 美元/吨	6.96~7.86 美元/吨
行业范围	电力，工业，航空业	工业，电力，能源，交通，建筑	电力、工业、航空、交通、建筑、废弃物处理、林业、农业	热电、工业、建筑、交通、废弃物处理	电力

注：欧盟碳市场碳排放配额总量从每年 22 亿吨变为每年 16 亿吨，逐阶段下降；拍卖比例从 5%到 57%，逐步有偿化。

资料来源：上海清新碳和科技有限公司官网。

加利福尼亚州碳市场碳排放配额总量从每年 1.6 亿吨升至每年 2 亿吨，由于纳入新的行业，碳排放配额总量在上涨，但在新行业纳入后呈持续下降趋势；拍卖比例由 0% 升至 62%，大幅上涨。

新西兰碳市场：高排放强度企业的标准为每收入 100 万新西兰元将排放超过 1600 吨二氧化碳；中等排放强度企业对应的标准为每 100 万新西兰元收入将排放超过 800 吨二氧化碳。

韩国碳市场：碳排放配额总量从每年 5.62 亿吨升至每年 6.1 亿吨，持续提升；拍卖比例从 0% 升至 10%，小幅度提升。

中国碳市场：碳排放配额总量 45 亿吨为全球最高，碳市场启动第一年配额均以免费形式发放，碳价存在波动，呈上涨态势。

合理与完善的交易机制是碳市场平稳运行和迅速发展的基础。控制排放总量、提升拍卖配额比例、推行市场储备等机制，都是提升市场活跃度，促进区域内碳减排的关键措施。表 3-3 对各个碳市场的碳排放配额总量、分配比例等交易机制直观地进行横向与纵向比较，从中可以看出：欧盟碳市场的交易机制最为完善，并根据实施情况进行调整；加利福尼亚州凭借各阶段的总量递减与最具效率的碳排放配额有偿化机制，确保了碳市场的活跃度；韩国与新西兰则在市场机制方面存在明显问题，可归结为市场交易惨淡、减排推行不利。

欧盟碳市场的交易机制最为全面且完善，并适时进行阶段性调整：一是欧盟进行了碳排放配额总量控制，在碳排放达到峰值后，开始了碳排放配额总量的持续缩减。碳排放配额总量自 2007 年达到峰值 21.65 亿吨之后就开始持续下降，截至 2020 年已下降至 18.16 亿吨，且缩减速率逐步增大，由每年下降 1.74% 提升为每年下降 2.2%。此措施直接且有效地促进了欧盟地区的温室气体减排行动。二是保持一定的有偿化效率，逐步提高碳排放权拍卖比例。欧盟碳市场在开始时对 5% 的配额进行拍卖，而之后，其将拍卖比例逐渐提升至 57%，并计划于 2027 年实现全部碳排放配额的有偿分配。免费碳排放配额的降低，直接提高了企业的排放成本。由于部分企业并未参与拍卖，转而寻求二级市场交易，此举也间接引起了平均交易量的持续上涨。三是通过执行了市场稳定储备机制（Market Stability Reserve，MSR），应对需求侧冲击和碳排放配额过剩，最终稳定碳价。MSR 的运行方式为根据经济运行状况，对碳排放配额供应进行调整。当市场流通中的碳排放配额高于 8.33 亿吨时，将从之后计划拍卖的碳排放配额中提取出 24%（2023 年后调整为 12%）储备起来；当市场流通中的碳排放配额低于 4 亿吨时，则从储备的碳排放配额中调出 1 亿吨放入市场。2021 年，欧盟就通过 MSR 机制储备了 3.2 亿吨碳排放权（约占碳排放配额的 40%）。MSR 控制了市面流通的碳排放权总量，在一定程度上推动了碳价从 2020 年末的约 35 美元/吨涨至 2021 年末的约 87 美元/吨。

加利福尼亚州碳市场在交易机制方面也存在可取之处，部分机制落实程度甚至超出欧盟。一是自 2013 年成立以来，加利福尼亚州碳市场持续贯彻阶段性碳排放配额缩紧政策，将第一阶段（2013～2014 年）每年的碳排放配额总量由 1.63 亿吨下调至 1.6 亿吨，第二阶段纳入新的行业后由每年 3.58 亿吨下调至 3.34 亿吨。预计 2030 年，每年的碳排放配额将降至约 2 亿吨。通过简易计算不难看出，碳排放配额下调速率逐步提高，碳排放配额的持续紧缩，将显著提升减排成效。二是加利福尼亚州碳市场采取灵活的分配机制。主要措施为：向原本已遭受贸易冲击的工业免费发放碳排放配额，以降低排放成本，缓解企业减排压力；同时也将免费碳排放配额发放给配电企业（非控排企业），平抑电价上涨，削弱碳减排在经济层面的负面影响；除了免费分配，加利福尼亚州碳市场碳排放配额的拍卖比例较高，2021 年碳排放配额总量中约有 62% 需通过拍卖获得，CARB 承担了 37% 的碳排放配额拍卖任务，加利福尼亚州公共事业委员会拍卖了剩余的 25% 的碳排放配额。三是市场储备机制保证了加利福尼亚州碳市场的稳定运行。CARB 将 24 个月后仍未拍卖售出的碳排放配额纳入储备。截至 2021 年，已有 3700 万份未成功拍卖的碳排放配额被用作稳定市场的储备配额。除此之外，加利福尼亚州在总量控制与交易体系的基础上叠加了绿色产业激励政策，覆盖了可再生能源（太阳能、风能）、低碳能源系统等，不仅明确提出了对发电清洁化、能耗效率和可再生能源额度等的定量要求，还落实了一系列经济激励政策。

韩国碳市场在交易机制上存在问题。一是韩国并未采取碳排放配额总量控制措施。自 2015 年成立起，碳排放权总量从 5.62 亿吨持续上涨，截至 2021 年已达到 6.1 亿吨。碳排放配额总量不受限制，使企业在每个阶段均有配额余量，造成履约时供给大于需求的局面，直接导致市场交易活跃度平平。同时，碳排放配额富余相当于默许企业一味地追求产能，放缓节能技改的脚步，也间接影响了减排行动的推行。二是韩国碳市场的有偿化推行速率仍显不足，过高的免费碳排放配额比例不足以刺激减排需求。第一阶段（2015～2017 年），韩国将碳排放权全额免费分配给控排企业；第二阶段（2018～2020 年），将免费碳排放配额的比例下调至 97%；第三阶段（2021～2025 年），预计将碳排放配额的免费比例按计划降至 90% 以下。给予企业过多的免费碳排放配额，虽降低了企业减碳成本，但在一定程度上抑制了控排企业外采的需求。较低的有偿化速率，不利于鼓励控排企业节能技改或对外求购，同样导致了市场活跃度不高。

新西兰碳市场的交易机制同样存在明显不足。一是碳排放配额总量上限于2021年改革后才设立，在此之前并未对碳排放配额的总量设置上限，导致配额数量宽松，无法直接控制相关行业的碳排放。2021年后，新西兰碳市场的碳排放配额总量上限首次被设置为3450万吨，包含了拍卖部分、储备部分和行业免费分配。松散的总量控制以及对林业和农业项目的特殊关照，不利于贯彻区域性的减排行动，这也成为其碳排放量持续上升的重要原因。二是新西兰碳交易市场对控排企业进行排放强度的划分，并据此进行了碳排放配额分配。高排放强度的企业标准为每收入100万新西兰元将排放超过1600吨二氧化碳；而中等排放强度的企业对应的标准则为每100万新西兰元收入将排放超过800吨二氧化碳。对于高排放强度的企业，为其提供90%的免费碳排放配额；而对于那些中等排放强度的企业，则为其提供60%的免费碳排放配额。剩余部分，企业可通过改进技术切实减少排放，或者增加对碳排放配额的购买，既可购买其他企业过剩的碳排放配额，也可购买森林碳汇进行履约。给予高排放强度的企业更多的免费碳排放配额，意味着极低的碳排放成本，不利于鼓励企业落实减排义务和节能技改。三是2021年新西兰碳市场引入了拍卖机制，政府设置了14.15美元的价格下限，根据新西兰气候变化委员会的建议，价格下限在2022年更新为21.22美元，2026年将升至27.59美元。2009年新西兰将碳价上限设定为17.68美元/吨，2020年将最高价格上限设定成24.76美元/吨。限制碳价意味着企业的排放成本与控排技改成本相比偏低，对企业减排积极性存在负面影响，这也能通过新西兰2019年排放量相比1990年增加了46%这一结果来验证。在2021年新西兰碳市场重大改革时，固定价格机制被成本控制储备机制（Cost Containment Reserve，CCR）替代。拍卖时如果达到了预定的触发价格，则额外释放来自CCR的配额以供出售。2021年，CCR储备总量约为700万吨配额。2021年拍卖的CCR触发价格为35.37美元，2022年拍卖的CCR触发价格为49.51美元，预计到2026年将升至77.8美元。

（二）覆盖行业和交易品种多样的市场

交易主体的增加，也是市场交易活跃度提升的重要原因。与目前我国碳市场仅纳入了电力企业不同，新西兰、欧盟、韩国、日本等碳市场均已步入第三或第四阶段，行业覆盖面较为广泛。

新西兰碳市场覆盖的行业范围较广，纳入了电力、工业、航空、交通、建筑、废弃物处理、林业等行业，覆盖的温室气体排放量约占全国温室气体总排放量的 51%。

欧盟碳市场的行业覆盖面较广，交易主体众多，市场活跃度极高，包含了电力行业、工业（包括炼油厂，钢铁厂，铁、铝、金属、水泥、石灰、玻璃、陶瓷、纸浆、纸张、纸板、酸和大量有机化学品的生产）以及航空业。覆盖行业的逐步增多，增加了碳市场的交易参与方，活跃了市场，大幅提升了交易总额、交易量以及流动性。

韩国碳市场的行业覆盖范围也较为广泛，主要包括热电、工业、建筑、交通等行业。第二阶段加入了公共部门，第三阶段扩大了交通业覆盖范围，纳入了货运、铁路、客运等。过去几年，行业覆盖范围虽未显著扩张，但行业下属部门逐步被纳入。

加利福尼亚州碳市场主要涵盖了工业、交通、建筑等行业，覆盖了区域内约75%的碳排放。从排放来源上看，加利福尼亚州的碳排放主要来源于交通运输，占比约为 44%，工业过程的碳排放占总排放的比例接近 1/4，仅次于交通。

日本碳市场包括东京碳市场和埼玉碳市场，以东京碳市场为主。东京碳市场主要是为了控制并减少老旧大型建筑的二氧化碳排放，对建筑物设置了约束性减排目标，涉及 1400 个办公楼、商业建筑和工厂，覆盖商业和工业两个行业。

除此之外，碳市场作为一种市场化控排手段，其金融属性不言而喻。表 3-4 直观地呈现了各个碳市场的金融衍生品种类。相关衍生品的发展，与碳交易活跃度息息相关，增加了碳排放权的附加价值。同时，金融机构的参与度，对于交易频次与交易总量的提升至关重要。

表 3-4　各碳市场金融衍生产品

碳金融产品	欧盟碳市场	RGGI	加利福尼亚州碳市场	新西兰碳市场	英国碳市场
碳远期	√	√		√	
碳期货	√	√	√		√
碳期权	√	√			√
碳掉期	√				

资料来源：上海清新碳和科技有限公司官网。

以欧盟碳市场为首，碳交易品类众多，衍生品交易占据主导地位。其成立初期便是期货现货一体化市场，目前大约 85% 的碳排放权交易涉及衍生品。欧盟碳衍生品主要包括基于 EUA、CER、航空业碳配额（European Union Aviation Allowance，EUAA）以及 ERU 的远期、期货、期权、掉期、价差等产品。此外，交易参与方中金融机构的比例颇高。主要分为两类，第一类为大型能源和炼油企业下属的碳交易机构，实际性质为碳资产金融投资机构，如法国电力贸易公司（EDF Trading）、德国莱茵集团旗下的 RWE Supply & Trading、德国意昂集团旗下的 E. ON Energy Trading 和壳牌集团子公司 Shell International Trading & Shipping 等；第二类为第三方金融投资机构，向碳市场参与者提供金融中介服务，或直接参与碳交易、将碳市场作为一种投资渠道，主要包括经纪商、交易商、交易所和清算所等，如巴克莱银行、德意志银行、汇丰银行等。企业通过出售碳排放配额获取经济收益或通过比较市场碳价和自身技术改造的成本，调整购买碳排放配额或进行技术改造的决策，这将有助于降低企业减排成本，最终形成市场激励机制。目前欧盟碳市场的碳价约为 85 欧元/吨，而其 2021 年的减碳边际成本约为 100 欧元/吨。最终，预计碳价将与边际成本趋同，达到减排和购买碳排放配额的均衡。

碳市场金融化表现排名第二的是加利福尼亚州碳市场，存在多种交易产品，衍生品市场快速发展且交易活跃，主要包括碳远期、碳期货、碳期权、碳掉期、碳价差、碳指数等产品。同时，资本市场深度参与碳交易投资，为碳交易市场发展提供了充足的资金。华尔街的摩根士丹利、高盛等十多家投资机构成立了气候风险投资者组织，推动分析师、评级机构和投资银行对投资碳市场的风险进行研究。

新西兰碳市场金融机构的准入门槛较低，几乎涵盖了国内所有行业，因此登记注册过的个人和机构均可持有并参与排放单位交易。一级市场由新西兰交易所以及欧洲能源交易所提供交易服务。二级市场包含了碳排放权现货和期货，企业间可进行大宗交易，也可通过交易平台买卖。由此可见，较低的准入门槛意味着有众多交易主体，但 2021 年碳市场改革前采取的限价机制，虽能达成稳定碳价的目的，却不利于市场规模、交易总量的发展，因此减排有效性将大打折扣，不利于减碳目标的推进。

金融属性极低的是韩国碳市场。韩国证券期货交易所中，碳相关产品仅有碳排放权、碳信用、碳抵销三种。金融衍生品的空缺导致其交易规模呈现逐年递减的趋势，大部分碳排放配额还是由控排企业自持。直到 2020 年 4 月，金融机构才被准入碳市场交易，专业机构缺位直接导致了交易量低迷。

（三）未履约惩罚机制

合理的惩罚机制将进一步提升碳市场交易量、活跃度以及有效性，同时具备一定的价格发现功能。惩罚应综合考虑控排企业的碳减排成本，通过一定的违约成本迫使控排企业进行碳排放配额管理，并积极参与碳市场交易以足额履约；同时引导控排企业主动开展规模化、持续化的节能技改；对单位碳排放量设置明确的未履约罚金，以发挥碳市场价格发现作用，引导碳价灵活调整并趋于合理。

欧盟碳市场的惩罚机制存在着较高的合理性。其随市场变化进行调整的策略，兼具了警示与价格发现作用。第一阶段，欧盟对未履约企业的处罚金额为40欧元/吨，约为当时碳价的1.5倍；第二阶段，将未履约的罚金提升至100欧元/吨。逾期仍不履行碳排放配额清缴义务的控排企业，还会受到下一年度碳排放配额等量核减的惩罚。随着惩罚金额从40欧元/吨提升至100欧元/吨，温室气体年均减排速率从-0.24%猛增至-2.2%。由此可见，适当的罚金力度将激励企业开展减排措施，显著促进碳减排成效；合理的惩罚机制间接反映了减排的替换成本，侧面引导了碳价的走势。

惩罚机制的合理性排在欧盟碳市场之后的是韩国与加利福尼亚州碳市场。其中，加利福尼亚州碳市场的惩罚制度相比韩国碳市场更为严格，在一定程度上不利于引导剩余碳排放配额流入市场。加利福尼亚州设立了严格的惩罚与责令整改的制度。根据碳排放权交易法以及加州健康与安全法，如果企业没有在履约期内完成减排义务，将受到超出配额部分4倍的处罚金；如果该企业并未在处罚生效的30天内完成履约义务，将被CARB处以超出碳排放配额部分每个碳排放配额每45天25000美元的罚款。此外，CARB将有权对未履约企业的碳排放账户采取暂停、撤销、限制等措施。高额的罚金增加了碳排放权替换成本，虽迫使企业严格履行减排任务，但增加了企业的自持意愿，降低了碳市场流动性。因此，作为金融属性最强的市场，其交易换手率仅超过60%，过于严格的惩罚制度可能是市场活跃度低迷的重要原因。

与加利福尼亚州相似，韩国严格的惩罚机制，增加了企业囤积富裕碳排放配额用来完成后续履约的可能性。控排企业如果未在规定时间内足额履约，将被罚市场碳价3倍以上的罚款，罚款上限为10万韩元/吨（约合620元人民币/吨）。按韩国当前碳价20美元/吨左右计算，罚款金额约为60美元/吨。高额的罚款将鼓励控排企业自持多余的碳排放配额，用以规避未来不能履约的风险，无法起到显著促进减排与价格发现的作用。

新西兰碳市场除了设立罚款制度，还对履约数据造假设置了针对性的惩罚措施。未能按要求履约的控排企业，将为超额部分支付市场价格3倍的现金罚款。若控排企业未能收集排放数据或提供所需信息时，将面临最高35365美元的罚金。情节严重者，如在新西兰碳市场规定的义务方面撒谎以获取经济利益或避免经济损失的实体，则可能被判处最长 5 年的监禁。此举大幅提升了碳排放的替换成本，但因并未限定碳排放配额总量，企业可申领更多的碳排放配额，导致 2020 年前新西兰减排目标未能达成。通过 2021 年的全面改革，新西兰碳市场对碳排放配额总量、碳价下限进行限制，配合严格的惩罚机制，在短时间内拉高了碳价。因此，通过新西兰碳市场改革的成效可以看出，严格的惩罚机制协同其他交易机制，将对碳市场的发展产生积极影响。

此外，日本碳市场的惩罚机制也值得一提。2010 年 4 月，日本推出亚洲第一个强制性的碳总量管制与交易体系。合约期结束未完成减排任务的设施将接受严厉的处罚，包括 50 万日元罚款；公布违规设施的信息；超出规定的排放量，按 1.3 倍上缴配额，最终完成减排任务。

第二节　欧盟碳市场

一、历史沿革

2005 年，欧盟为保证实现其在《京都议定书》中承诺的减排目标（到 2020 年温室气体排放要比 1990 年低至少 20%），建立了一个覆盖欧盟 29 个成员国、五大类工业部门、一万多个工业设施的 EU ETS，其交易额占全球碳市场交易额的 85%左右。

为了联结《京都议定书》中的 CDM 市场，欧盟 2004 年第 101 号指令（Directive2004/101/EC）对欧盟 2003/87/EC 指令作出了一些修正，其目的是使欧盟温室气体排放贸易机制与《京都议定书》相协调。根据相关指令，EU ETS 下的排放实体可以利用从 CDM 中获得的减排信用履行其 EU ETS 下的义务，CDM 下的减排信用可以作为碳排放配额，从而在增加欧盟排放贸易市场流动性的同时也降低了碳排放配额价格和履约成本。

在 2021 年中国全国碳市场上线交易之前，欧盟碳市场是全球规模最大的碳市场，是全球碳市场的领跑者。欧盟碳市场也是世界上第一个成立的主要碳市场，成立于 2005 年，由欧盟成员国、冰岛、列支敦士登和挪威共同运营。相比美国碳交易系统，虽然美国提前进行排污权交易，但是由于政治因素，碳排放权交易系统处于分散状态，目前尚未形成统一的全国性碳排放市场。至今，欧盟碳交易市场共经历了四个阶段，分别是 2005~2007 年的第一阶段、2008~2012 年的第二阶段、2013~2020 年的第三阶段和 2021~2030 年的第四阶段（见表 3-5）。在这四个阶段中，欧盟碳交易市场不断调整碳配额分配机制，逐渐成熟化。

表 3-5 欧盟 ETS 四阶段

地区	阶段	总量确定			碳排放配额分配	碳排放配额交易
		衡量标准	预估方式	地区关系		
欧盟	第一阶段 2005~2007 年	基于总量	历史排放法	自下而上国家分配方案	绝大部分免费分配，5%通过有偿拍卖	EUA，CER
	第二阶段 2008~2017 年	基于总量	历史排放法	自下而上国家分配方案	绝大部分免费分配，10%通过有偿拍卖	EUA，CER，ERU，EUAA
	第三阶段 2013~2020 年	基于总量	基准线法	自上而下国家履行措施	有偿拍卖机制主导，逐步降低免费分配	EUA，CER，ERU，EUAA，MSR 储备
	第四阶段 2021~2030 年	基于总量	基准线法	自上而下国家履行措施	有偿拍卖机制主导，少量免费分配，最终取消	EUA，CER，ERU，EUAA，MSR 储备

资料来源：上海清新碳和科技有限公司官网。

（一）第一阶段：碳交易系统建立初期，拍卖和免费发放分配碳排放配额

第一阶段为碳市场建立试验期，碳排放总配额由每个欧盟成员国的国家分配计划自下而上确定。第一阶段设定的二氧化碳排放上限为 2096 万吨。第一阶段，碳交易系统所覆盖的行业包括发电、工业（炼油厂、焦炭烘炉、炼钢厂）以及制造业（水泥、玻璃、陶瓷等）。在这一阶段，参与碳排放权交易的气体也只有二氧化碳。碳排放配额分配依据成员国家分配计划进行，一些成员国家使用拍卖和基准线法分配。在第一阶段中，欧盟碳市场可以无限使用 CDM 和 JI 的碳排放信用额度，但在实际操作中，第一阶段并未使用对应的碳信用。总体来说，这一阶段是欧盟碳市场的试验期，通过累积碳市场交易经验，不断完善碳排放总量设置和配额分配，为后续碳市场的发展奠定基础。

（二）第二阶段：受全球经济负面影响，碳排放配额需求骤降

第二阶段始于 2008 年，二氧化碳排放量限额为 2049 万吨。碳交易系统所覆盖的行业增加了航空业。欧盟也就是在这一阶段将甲烷等六种温室气体纳入交易体系。EU ETS 参与主体从原本的欧盟成员国家，逐渐扩大到冰岛、列支敦士登和挪威。碳排放配额分配方式与第一阶段类似，90%的碳排放配额是免费分配的。其中八个国家，包括德国、英国、荷兰、奥地利、爱尔兰、匈牙利、捷克和

立陶宛，采用免费分配和拍卖分配方式，约占碳排放总配额的 3%。第二阶段开始定性限制和定量限制，定性限制规定除了来自土地利用、土地利用变化及森林，核能的 CDM/JI 碳信用，其余均可以用于企业碳排放的核减。定量限制包括对 CDM 和 JI 信用额度的百分比限制。由于 2008 年受到金融危机的影响，欧盟企业所需要的碳排放量大幅下降，从而导致碳排放配额供给严重过剩，因此碳价也处在低位。

（三）第三阶段：实行欧盟内统一的排放总量控制，以拍卖代替免费发放

第三阶段在欧盟范围内实施二氧化碳排放量线性递减的要求，要求每年减少 1.74% 的二氧化碳排放量，即每年减少 3830 万吨的碳排放配额。到 2020 年，二氧化碳排放量上限为 18.16 亿吨。第三阶段的行业覆盖范围逐渐扩大，在原先的发电、工业、制造业、航空业的基础上，扩增碳捕集、碳封存、有色金属和黑色金属的生产等。在第三阶段，碳排放配额拍卖的占比明显增加，约为 57%，剩余的 43% 按照基准免费发放。此外，信用抵销机制进一步趋严，2012 年后新产生的信用配额必须来自最不发达国家的项目，而来自其他国家 CDM 和 JI 项目的信用只有在 2012 年 12 月 31 日之前注册和实施才有资格进入二级市场流通。

（四）第四阶段：欧盟碳市场建立 MSR 机制平衡市场供需

2021~2030 年，是欧盟碳交易市场的第四阶段。第四阶段的目标是在 2021 年实现欧盟范围内 15.72 亿吨二氧化碳排放量限额，且每年减少 2.2% 的二氧化碳排放量上限，这也意味着每年上限减少 4300 万个碳排放配额，且上限会在 2030 年继续下降。在第四阶段中，电力行业的碳排放配额全通过拍卖进行分配。同时，这一阶段引入现代化基金和创新基金两个低碳基金机制，现代化基金为提升能源效率提供资金支持，并促进低收入成员国能源系统的现代化改造，而创新基金将给能源密集型行业使用再生能源、碳捕捉和存储等创新技术提供资金支持。在第四阶段，欧盟碳市场也建立了 MSR 来平衡市场供需。

二、相关法律和政策

在《欧洲气候法》、"减碳 55%"一揽子计划和《欧洲绿色协议》框架下，欧盟主要从七个方面构建并完善碳中和政策框架：将 2030 年温室气体减排目标从 50%~55% 提高到 60%；修订气候相关政策法规；基于《欧洲绿色协议》与行业战略，统筹与协调欧盟委员会的所有政策与新举措；构建数字化的智能管理体系；完善 EU ETS；构建公正的转型机制；对欧盟的绿色预算进行标准化管理。表 3-6 列出了欧盟主要的碳中和政策与战略计划。

表 3-6　欧盟主要碳中和政策与战略计划

类别		文件名	发布机构	时间	主要内容
政策框架	法律	《欧洲气候法》草案	欧盟委员会	2020 年 3 月 4 日	提出具有法律约束力的目标，并提出碳中和主要步骤
	路径	《欧洲绿色协议》	欧盟委员会	2019 年 12 月 11 日	提出欧盟迈向气候中立的行动路线图和七大转型路径
		"减碳 55%"一揽子计划	欧盟委员会	2021 年 7 月 14 日	以实现 2030 年温室气体排放量比 1990 年下降 55% 为目标
关键行业措施	能源	《推动气候中性经济：欧盟能源系统一体化战略》	欧盟委员会	2020 年 7 月 8 日	提出具体的能源政策和立法措施，确定六大支柱，提出解决能源系统隐碍的具体措施
	工业	《我们对人人共享清洁地球的愿景：工业转型》	欧盟委员会	2018 年 11 月 29 日	描绘工业转型愿景，授权各行业通过出台相关政策、支持工业转型，保持欧盟的工业领先地位
	交通	《可持续交通·欧洲绿色协议》	欧盟委员会	2019 年 12 月 11 日	提出 4 个关键行动，旨在到 2050 年，将欧盟交通运输排放量减少 90%
	林业	《欧盟 2030 年新森林战略》	欧盟委员会	2021 年 7 月 16 日	提出森林发展愿景和具体的行动计划
科技布局	研发布局	"欧洲可持续投资计划"	欧盟委员会	2020 年 1 月 14 日	在未来 10 年调动至少 1 万亿欧元，支持"欧洲绿色协议"的融资计划
		创新基金	欧盟委员会	2019 年 2 月 26 日	2020~2030 年投入超过 100 亿欧元资金，用于清洁技术研发创新
		《欧洲绿色协议》研发招标	欧盟委员会	2020 年 9 月 22 日	调动 10 亿欧元资金，招标能源、建筑、交通等 11 个领域创新型研发项目
		"LIFE 计划"下的环境与气候行动	欧盟委员会	2018 年 10 月 25 日	调动 4.307 亿欧元，资助 6 类 142 个新的环境与气候行动项目
财政与金融措施	财政、税收与补贴	《多年期财政框架（2021~2027 年）》	欧盟委员会	2020 年 12 月 17 日	未来 7 年，提出 10 条财政与金融举措，在气候与环境方面投资至少 1080 亿欧元
		《地球行星行动计划》	欧盟委员会	2017 年 12 月 12 日	提出 10 项投资转型举措，巩固欧盟在应对气候变化中的国际领导地位

续表

类别		文件名	发布机构	时间	主要内容
财政与金融措施	碳排放权交易体系与碳价机制	能源现代化基金	欧盟委员会	2020年7月9日	2021~2030年从碳排放权交易体系拨款约140亿欧元投资能源信通现代化
		《推动气候中性经济：欧盟能源系统一体化战略》	欧盟委员会	2020年7月8日	扩展碳排放权交易体系覆盖行业，在能源部门和成员国之间提供更加一致的碳价格信号
		"减碳55%"一揽子计划	欧盟委员会	2021年7月14日	兼顾公平性，完善碳排放权交易体系，实现到2030年碳排放权交易体系覆盖行业到排放量比2005年减少61%

资料来源：上海清新碳和科技有限公司官网。

三、市场表现和主要特点

（一）碳金融市场完善

碳金融市场机制完善，金融中介市场参与度高且形式多样，交易标的种类多且交易活跃。

首先，金融中介主要是向碳市场参与者提供金融中介服务，或直接参与碳交易，将碳市场作为一种投资渠道，主要包括经纪商、交易商、交易所和清算所等。

其次，欧盟碳市场中存在多元的衍生品交易。衍生品主要包括基于 EUA、CER、EUAA、ERU 的远期、期货、期权、掉期、价差等产品，衍生品市场快速发展且交易活跃，推进了欧盟碳市场的发展。欧洲能源交易所的数据显示，2018年碳衍生品合约交易量为现货交易量的 6 倍左右。

最后，欧盟建立了配套机制巩固碳减排效果，包括碳基金的设立——建立了创新基金（支持创新技术应用，资本投入至少 4.5 亿美元）、现代化基金（支持能源效率提升和低收入成员国能源系统的现代化改造），以及对北欧、瑞士等国内碳税政策进行补充，避免了碳价扭曲、兼顾碳减排效率和公平以及降低了碳泄漏可能性。

此外，欧盟碳市场的政策设计日趋严格且逐渐完备：碳排放配额总量递减速率加快，一级市场碳排放配额总量从第三阶段的每年以 1.74% 的速度递减提高到第四阶段的每年以 2.2% 的速度递减；第四阶段取消了抵销机制，进一步减少了碳排放配额数；碳排放配额的储备与预存机制逐渐完善，从不允许跨期使用到阶段内剩余配额储备可留到未来阶段使用，不允许将未来阶段碳排放配额提前在本阶段使用（但阶段内的可以）；惩罚机制上，超额排放部分不仅需要补缴，还需要缴纳罚款 114.22 美元/吨（约 3 倍碳价），同时相关企业会被纳入征信黑名单，欧盟各成员国还可以制定叠加惩罚机制，在欧盟层面的处罚基础上进行额外的惩罚；实施市场稳定储备机制，将一部分碳排放配额储存起来，收缩市场上流通的碳排放配额数量，稳定市场预期、降低碳价暴跌风险，当市场上流通的碳排放配额过于紧俏时，将部分储备的碳排放配额放入市场，保证市场稳定运行；一级市场碳排放配额分配方式从免费分配向拍卖过渡，不仅有利于政府获得一定收入，还可用于减排补贴，而且减少了寻租问题、激励企业进一步减排。

（二）健全监测、报告和核查机制

2003 年欧盟发布了 2003/87/EC 碳交易指令，根据 MRV 机制，碳市场交易主体每年 3 月 31 日前需向监管部门提交经由第三方核查的上一年度碳排放报告，一旦核查通过，交易主体必须在当年 4 月 30 日前上缴等量的碳排放配额或信用，以完成年度履约清算。为保障年度报告的质量和碳排放数据的准确性，推进核查工作有序开展，欧盟理事会出台了两部监管规则，即《监测和报告管理条例》和《审定和核查管理条例》，欧盟碳市场的具体核查工作均基于这两部法规展开。

在体系建设方面，欧盟碳市场自上而下设立了四个核查层级，分别是欧盟认可合作组织、成员国管理当局、国家认证机构和各成员国第三方核查机构。其中，成员国第三方核查机构是监管的最低层级，负责对本国控排设施的碳排放进行监测与核证，确保碳排放数据收集的准确性，同时针对碳排放报告，核算控排企业所持有的排放权是否足以抵销实际排放量。国家认证机构负责各成员国第三方核查机构的认证和审计，将相关结果反馈给成员国管理当局。为了增强国家认证机构工作的可信度，欧盟进一步建立了境内统一的认证管理制度，由欧盟认可合作组织建立统一的标准，并通过同业评估的方式对国家认证机构进行监督和管理。在法治建设方面，2012 年欧盟颁布了 EU600/2012 法规，明确规定了第三方核查机构的资质由主管国认定，主管国之间可以实现机构互认。同时，《审定和核查管理条例》详细规定了核查范围、第三方核查机构的资质条件、核查流程以及信息共享要求，该条例配套的还有《审定和核查管理条例》导则、《航空业核查指南》等 14 份指南导则，对核查程序、现场核查技术细节、核查机构的认证与管理、《审定和核查管理条例》与已有的国际标准的关系进行了更加详细的规定。

（三）欧盟金融机构是碳市场的直接参与者

与其他商品市场类似，欧盟碳市场最初的主要参与者是控排企业，但因履约产生的交易量非常有限，市场活跃度也不高。随着金融机构的涌入，现阶段欧盟交易商（金融机构、控排企业下属的碳交易机构等）逐渐成为提高市场交易量及市场流动性的主力。欧盟碳排放配额市场可以分为一级市场和二级市场。一级市场以无偿或有偿的形式直接向控排企业发放碳排放配额。二级市场的做市商是金融机构直接参与碳市场的主要角色。目前，巴克莱银行、德意志银行、摩根大通、高盛、摩根士丹利等金融机构在这一市场比较活跃。法国兴业银行、瑞士信托银行、英国汇丰银行共同出资 1.35 亿英镑，建立了具有营利性质的碳排放交易基金，用于开展自营碳交易业务，获得高额的财务回报。金融机构的加入使欧盟碳市场参与主体多元化，也扩大了欧盟的碳资金交易规模。

（四）碳关税

在推行 CBAM 之前，欧洲成员国在 ETS 下进行碳排放配额分配和间接排放补偿，但这些机制仍不可避免地引发了碳泄漏问题，欧盟决策者认为减排措施落后的发展中国家会"占便宜"。碳泄漏是指由于各国的碳排放定价不同、气候政策存在差异，严格执行碳减排计划的国家和地区的碳密集型产业可能转移到气候政策较宽松的国家和地区进行生产，一般是发展中国家，再将产品出口至欧盟以规避碳税。结果，欧盟的碳减排努力成果被产业转移带来的新增碳排放抵销。CBAM 就是对特定商品征收碳关税，避免欧盟企业将生产外包给碳排放目标较低的国家，从而造成碳泄漏。

出于对碳泄漏的担忧，欧盟内部开始了对进口商品征收碳关税的讨论。2019年 12 月，欧盟制定并公布了《欧洲绿色协议》，CBAM 的提出是其核心内容。2020 年 3 月，欧盟委员会发布首部《欧洲气候法》提案，将 2050 年实现碳中和目标写入法律。2021 年 7 月，又提出"减碳 55%"系列提案，在气候变化、能源、交通和税收各方面进一步细化了规则，定下了 2030 年温室气体排放量相比1990 年至少减少 55% 的目标，一系列提案包括 CBAM 立法议案。2022 年 5 月，欧洲议会的环境、公共卫生和食品安全委员会通过了 CBAM 立法议案，并提出修改意见，扩大了适用行业范围，将过渡期截止时间提前到 2025 年。2022 年 6 月，欧洲议会表决通过了 CBAM 立法议案的修正案，将关税的起征日期从 2026 年推迟到 2027 年，同时再次扩大了征税的行业范围，并纳入间接排放。

2023 年 4 月 25 日，CBAM 法案在欧盟理事会获得正式批准。2023 年 5 月 16日，CBAM 法案被正式发布在《欧盟官方公报》（Official Journal of the European

Union）上，标志着其正式完成所有立法程序，成为欧盟法律。CBAM 涵盖的行业包括水泥、钢铁、铝、电力等，并有着严格的处罚措施，若未完成 CBAM 清缴义务，进口商即申报人须补足未交的 CBAM 证书，且根据上一年度 CBAM 证书平均价格的 3 倍缴纳罚款。2023 年 10 月 1 日起，CBAM 法案正式进入过渡期。2023 年 10 月 1 日至 2025 年 12 月 31 日为 CBAM 实施的过渡期，此期间内企业只需履行报告义务，即每年需提交进口产品隐含的碳排放数据，无须付费；管控收费期于 2026 年 1 月 1 日正式开启，自此企业不但要报告每年进口产品的碳排放数据，还要支付对应的碳排放费用；2026~2034 年是 CBAM 法案实施的强化期，期间欧盟将逐步加快法案推进速度，与欧盟碳交易市场中免费碳排放配额逐步取消的速度保持一致。

CBAM 的实施将对国内外的商业运作产生深远影响。对我国来说，第一，在我国是世界上最大的碳排放国和欧盟最大的贸易伙伴这一背景下，CBAM 法案的实施将增加我国高碳行业对欧盟的出口成本，降低中国高碳密集产业在欧盟市场上的竞争力；第二，CBAM 法案将推动我国碳税与碳交易制度的建立，因为 CBAM 实质是对进口商品在出口国未支出的碳排放成本进行收费，而对我国而言，若要防止碳排放成本外流，就应当完善制度，覆盖相关的碳排放领域，所以国内碳市场需加速扩展所覆盖行业，否则，即便是中国对欧出口商品的出口企业已经在国内支付了碳价，但由于碳价差异，欧盟进口商还需要购买一定数量的 CBAM 证书弥补差价，长期来看，CBAM 的推出会倒逼国内碳价和欧盟碳价差距的减小。国际方面，随着气候变化逐渐成为全球性政治议题，CBAM 法案的实施会影响国际贸易规则，使基于气候变化的贸易和碳排放定价权竞争加剧。

第三节　美国碳市场

一、历史沿革

美国碳市场主要包括 RGGI 和美国加利福尼亚州碳市场，它们的情况具体如表 3-7 所示。

表 3-7 北美地区碳交易市场情况

ETS	涵盖的行业	交易气体	配额分配	阶段	市场连接
RGGI	工业、能源、航空、废弃物处理、农业、其他	二氧化碳	拍卖	2009~2011 年；2012~2014 年；2015~2017 年；2018~2020 年；2021 年至今	无
加利福尼亚州	工业、电力、能源、建筑、交通	多种温室气体	免费/拍卖	2013~2014 年；2015~2017 年；2018~2020 年；2021 年至今	2014 年和魁北克碳市场连接
魁北克	工业、建筑、交通、废弃物处理、农业、其他	六种温室气体	免费/拍卖	2013~2014 年；2015~2017 年；2018~2020 年；2021 年至今	2014 年和加利福尼亚州碳市场连接

资料来源：上海清新碳和科技有限公司官网。

（一）美国中西部碳市场：RGGI

美国第一个以碳市场为基础的强制性减排体系，于 2009 年启动。其主要通过拍卖的方式分配碳排放配额，而不是免费分配大多数的碳排放配额给覆盖的企业。2006 年 RGGI 开始建立"示范规则"（Model Rule），容许各成员州建立自己的交易体系框架，确定各个州内电厂的碳排放总量、碳排放配额发放规则以及碳排放配额拍卖制度。

RGGI 的一个履约周期为 3 年。第一个履约期为 2009~2011 年。第二个履约期为 2012~2014 年。2012 年 11 月，RGGI 进行了首次碳排放配额拍卖。第三个履约期为 2015~2017 年。

（二）加利福尼亚州碳市场

西部气候倡议由美国加利福尼亚州等西部 7 个州和加拿大中西部 4 个省于 2007 年签约成立，是包括多个行业的综合性碳市场。加利福尼亚州碳市场是西部气候倡议的主角。

加利福尼亚州碳市场启动于 2013 年，是全世界行业覆盖范围较广的温室气体配额交易市场，包含电力、工业、交通等行业，基本涵盖了除农业外所有的人为温室气体排放部门。加利福尼亚州碳市场第一期运行时间为2013~2020年，并在2017年由第398号法案（Assembly Bill 398）确定延长至2030年。第一个履约阶段（2013~2014年）年度排放上限约为1.6亿吨二氧化碳当量，占碳排放总量的35%左右。第二个履约阶段（2015~2017年）年度排放上限增加至3.95亿吨二氧化碳当量，占比上升至80%左右。第三个履约阶段（2018~2020年），各年度排放上限逐步下降，分别为3.58亿吨、3.46亿吨和3.34亿吨二氧化碳当量，碳排放配额递减速率为3.3%。第四个履约阶段（2021~2023年），2021年排放上限下降至3.21亿吨二氧化碳当量，碳排放配额递减速率提升至4%，2022年及2023年的碳排放上限分别为3.08亿吨二氧化碳当量、2.94亿吨二氧化碳当量。

二、相关法律和政策

美国碳市场相关法律和政策如表3-8所示，此外，2013~2019年美国各州政府在能源与储能行业也颁布了诸多相关政策和措施：

（1）加利福尼亚州从2013年开始就对多家独立公用事业公司制订了1325兆瓦储能强制采购目标计划，2016年又在1.3吉瓦储能强制采购目标基础上增加了500兆瓦至1.8吉瓦，同时改变补贴方式，综合考虑规划容量的完成情况、储能成本的下降程度、项目经济性等因素，按照储能项目装机电量进行补贴。

（2）马萨诸塞州2014年宣布支持构建储能市场结构，建立战略合作伙伴关系，支持电网侧、分布式、用户侧等不同规模的储能示范项目。

（3）俄勒冈州2015年针对州内两大公用事业公司制定2020年5兆瓦·时储能采购目标。

（4）纽约州2016年规定每一系列项目至少减负荷50千瓦，储热补贴2600美元/千瓦，电池储能补贴2100美元/千瓦，需求相应补贴800美元/千瓦。2019年纽约州能源研究与发展局根据其市场加速激励计划，为储能项目拨款2.8亿美元。

（5）明尼苏达州批准的储能法案要求公用事业公司将电池储能系统视为一种电力资源，要求明尼苏达州商务部对电网储能价值进行成本效益分析，并帮助公用事业公司从有关的试点项目中收回成本。

表 3-8 美国碳市场相关法律和政策

类别		文件名	发布机构	发布时间	主要内容
政策框架	法律	《全球变暖解决方案法案》	加利福尼亚州	2006 年	确定了 2020 年和 2050 年温室气体排放缩减目标，加利福尼亚州碳交易体系为其核心减排措施之一。2020 的温室气体排放要恢复到 1990 年水平，2050 年排放比 1990 年减少 80%。该法案指定 CARB 为主要监管机构，CARB 负责制定具体的政策和措施，使加州实现减排目标
	法律	《2006 年加利福尼亚州全球变暖解决方案法案：排放限制》SB32 法案	加利福尼亚州	2016 年	确定了到 2030 年 12 月 31 日的目标是相比 1990 年温室气体排放量减少 40%。2050 年温室气体排放量在 1990 年基础上减少 80% 以上
	政策	《总量控制与交易条例》	加利福尼亚州	2017 年	为 2030 年至 2050 年的碳排放总量控制制定公式。调整加利福尼亚州碳市场的成本控制机制，制定抵销额度的"直接环境效益"规则，并且调整碳排放配额分配方法，解决行政管理问题，建立连接的取消程序
关键行业措施	储能	美国联邦能源管理委员会第 2222 号法案	联邦	2020 年	区域输电运营商和独立系统运营商为分布式能源参与电力批发市场制定相应规则
		储能大挑战路线图	联邦	2020 年	到 2030 年建立并维持美国在储能利用和出口方面的全球领导地位，建立弹性、灵活、经济、安全的能源系统
		2 万亿美元基础设施建设计划	联邦	2021 年	2035 年实现 100% 无碳电力，清洁能源发电和储能投资税收抵免及生产税收抵免期限延长 10 年
		"长时储能攻关"计划	联邦	2021 年	在未来 10 年内，将数百吉瓦的清洁能源引入电网，将储能时间超过 10 小时的系统的成本降低 90%

资料来源：上海清新碳和科技有限公司官网。

三、市场表现和主要特点

（一）多层次碳排放权交易体系、区域型市场活跃

美国尚未形成统一的碳市场，但已形成多层次碳排放权交易体系。RGGI 和

西部气候倡议是美国较为成熟的碳市场。多层次碳市场之间形成良好的协同作用，如 RGGI 以单一行业为切入点，而西部气候倡议将行业覆盖范围扩大至几乎所有高耗能高排放行业，控排气体也从单纯的二氧化碳扩大至 6 种温室气体。

美国已形成多层次区域化的碳排放权交易体系，并实行不同的交易机制，主要包括两大类：自愿减排交易体系和强制减排交易体系。前者以 2003 年成立的芝加哥气候交易所为交易平台，交易成员自愿加入，实行自愿参与的总量限制原则，交易商品为碳金融工具合约（Carbon Financial Instrument，CFI），每单位 CFI 代表 100 吨二氧化碳。

（二）完善的气候产品交易平台

芝加哥气候交易所是全球第一个自愿参与温室气体减排量交易并对减排量具有法律约束力的市场交易平台。有意愿实现碳中和的企业可自愿加入该平台，遵循排放总量限制原则。

芝加哥气候交易所实行会员制，截至 2010 年停止交易前约有 400 家参与机构，分别来自航空、汽车、电力、环境、交通等数十个行业。芝加哥气候交易所交易的商品为碳金融工具合约（Carbon Financial Instrument，CFI），每单位 CFI 代表 100 吨二氧化碳。开展的减排交易项目涉及二氧化碳、甲烷、氧化亚氮、氢氟碳化物、全氟化合物和六氟化硫 6 种温室气体。

芝加哥气候交易所也接受其他碳信用机制所签发的碳资产进行抵销交易，是美国唯一认可 CDM 机制的交易体系。芝加哥气候交易所主要的模式为限额交易和补偿交易。其中，限额交易是最常见的模式，补偿交易的性质为政府福利性补贴，通过补偿交易的方式推进更多部门参与节能降碳。

在日常运营与监管方面，芝加哥气候交易所内设独立董事，同时引入第三方监管机构，对会员单位的碳排放量进行监测和核证，以确保减排的有效性，防止数据造假等负面事件的发生。由于芝加哥气候交易所不受美国商品期货交易委员会的监管，因此选择了美国金融业监管局作为第三方监管机构，以协助交易所做好会员注册、市场监管以及履约方面的工作，以及提供便利化的抵销额度核查和核证程序。

（三）有效的总量控制与交易机制

虽然美国各州的控排措施与制度不同，但碳交易体系的运行几乎都是基于总量控制与市场交易，即政府对控排企业的碳排放总量设定上限，通过有偿或无偿的形式下发碳排放配额，企业可以根据自身的排放情况，通过市场交易机制出售或采购碳排放配额。每家控排企业的排放情况将受到第三方检测机构的监控和核证。碳交易体系以市场化手段控制二氧化碳排放，碳价最终也将与企业的边际减排成本靠拢，从而鼓励企业开发及应用节能降碳技术，最大限度地降低控排企业的履约成本。

（四）灵活履约机制不断发展

各区域的碳排放权交易体系致力于以市场化手段控制碳排放，鼓励企业运用降碳技术，以最低成本实现减排。因此，美国的区域碳排放权交易体系构建了许多灵活履约机制，防止碳排放配额价格剧烈波动，推进市场平稳运行，比如，将履约期间设定为3年，但在特殊情况下可以延长；在碳排放配额价格高于设定值时，允许提高碳信用抵销的比例，同时释放部分储备的碳排放配额流入市场；为防止碳价剧烈波动，在碳排放配额有偿竞拍时设置起拍底价等。

第四节　新西兰碳市场

一、历史沿革

《气候变化应对法（排放交易）2008年修正案》的发布是新西兰碳市场启动的标志，新西兰以农业为主的产业结构导致新西兰碳市场参与主体和碳排放配额分配形式与其他碳市场有较大不同。

从2015年起，新西兰的碳市场不再接受《京都议定书》下CDM等的减排额度，但新西兰原有的分配额度仍然可以参与履约。这一决策考虑了国际碳减排制度的变化以及《京都议定书》下市场产生的减排额度过剩的情况。新西兰2019年发布《气候变化应对（零碳）修正案》，宣布将从2025年开始对农业排放进行定价。

新西兰碳市场早期90%以上的碳排放配额免费发放，随后免费配额比例逐步降低。2020年6月16日，《气候变化应对（排放交易改革）修正案2020》的通过，标志着新西兰完成了对碳市场的重大结构性改革，为其2021～2025年碳市场的发展奠定了法制基础，通过设定碳市场排放总量、推行碳排放配额有偿化等一系列碳价控制机制来达成2050年前实现净零排放的目标。改革后的计划已于2021年1月1日正式生效，并于2021年3月对碳排放配额进行了首次拍卖。从2021年开始，政府逐步开始取消对工业部门免费发放碳排放配额，将拍卖作为分配碳排放配额的基本方法。

二、相关法律

新西兰碳市场相关法律如表 3-9 所示。

表 3-9　新西兰碳市场相关法律

类别	文件名	发布机构	发布时间	主要内容
法律	《气候变化应对法（排放交易）2008年修正案》	新西兰政府	2008 年	正式确定了碳市场的基本法律框架。其覆盖行业从林业逐步拓展至化石燃料业、能源业、加工业等，在全球碳市场中覆盖的行业最为全面，其定位即是覆盖新西兰经济体中的全部生产部门
	《气候变化应对（零碳）修正案》	新西兰政府	2019 年	将"到2050年实现温室气体碳中和"的目标纳入法律。该法案着重通过加快减少化石能源的消耗来实现能源结构的脱碳，承诺到2050年除生物甲烷以外的温室气体的净排放量降为零，到2030年生物甲烷的排放量比2017年降低10%，到2050年比2017年减排24%~47%，而且将禁止新的海上石油和天然气勘探
	《气候变化应对（排放交易改革）修正案2020》	新西兰政府	2020 年	标志着新西兰完成了对碳市场的重大结构性改革，为其2021~2025年碳市场的发展奠定了法制基础，通过设定碳市场排放总量、推行碳排放配额有偿化等一系列碳价控制机制来达成2050年前实现净零排放的目标。改革后的计划已于2021年1月1日正式生效，并于2021年3月对碳排放配额进行了首次拍卖

资料来源：上海清新碳和科技有限公司官网。

三、市场表现和主要特点

（一）合理分配碳排放配额和规范碳交易价格

为使新西兰控排企业的竞争力不因排放成本受损，新西兰碳市场允许本国控排企业只对其二氧化碳排放量的一半承担减排义务，并在过渡期对一些企业免费发放排放许可配额。以 2005 年合规排放企业的排放水平为基准，对碳排放中、高密集型企业按照基准的 60% 或 90% 进行碳排放配额免费发放。此外，出口企业按碳排放基准的 90% 进行配额免费发放。农业企业则在 2015~2018 年享有 2005 年碳排放基准 90% 的免费分配额度，从 2019 年才开始逐年核减免费发放的碳排放配额。循序渐进的碳排放配额有偿化进程不仅能避免排放成本对企业的影响，而且有利于各行业逐渐适应加入新西兰碳市场。

超过额定排放量的企业通过新西兰碳市场购买新西兰碳排放单位（New Zealand Unit，NZU），或通过海外交易购买国际碳信用额度，以弥补实际排放量与额定排放量的缺口为自己的额外排放支付更多的费用，体现了"污染者付费"原则。同时，节能减排有盈余的企业，也可在碳交易市场出售自己的排放单位获利。在经济利益的驱动下，碳市场上的供需关系将不断调整导致碳价波动，因此控排企业需要根据碳排放配额发放量与碳价走势相应地调整自己的经济活动，以降低排放成本，最终实现减排的目的。在 2022 年以前，NZU 的市场交易主要集中在一级市场，交易稳中有升，而二级市场交易规模较小，大部分为补偿机制下的项目交易，二级市场 NZU 的价格在 17 新西兰元/吨二氧化碳当量和 22 新西兰元/吨二氧化碳当量之间。

（二）国内市场与国际市场并存的碳交易模式

新西兰碳排放权交易体系主要的交易标的为 NZU，用于国内控排企业间减排量的交易。同时，新西兰碳排放权交易体系设置了国际碳信用抵销与履约机制，允许国内企业采购《京都议定书》确定的国际碳信用在新西兰碳市场交易。例如，《京都议定书》中配额交易下的分配数量单位（Assigned Amount Unit，AAU）、CER、ERU 等。新西兰碳交易的价格主要取决于国内 NZU 的需求和供给。

（三）将农业纳入碳排放权交易体系

将农业纳入碳排放权交易体系，是新西兰最大的特色。一般来看，碳排放权交易参与方是能源、交通、化工、钢铁等高能耗高排放行业的控排企业。但在新西兰，农业是支柱产业，GDP 占国家总量的 10%、出口额占国家总量的 50% 以上，为 12% 的人口提供了工作机会。同时，2010 年，新西兰农业所产生的温室气体占其温室气体总排放量的 47.1%。因此，要实现减排目标，将农业纳入新西兰碳市场就成为必然之举。2008 年 9 月，新西兰《气候变化应对法（排放交易）2008 年修正案》正式将农业纳入新西兰碳市场，同时考虑到碳排放价格化将提高农产品的成本，导致新西兰农业国际竞争力下降，设置三年的过渡期，按照 2005 年的排放基准免费分配 90% 的碳排放配额，从 2019 年开始逐年核减免费分配的碳排放额度，到 2030 年核减完毕完成碳排放配额有偿化。新西兰将农业纳入碳市场有效推动了农业节能减排以及有机农业的发展，也为其他国家和地区绿色农业的发展提供了示范。

（四）完善登记、核证、监管和惩罚制度

新西兰将碳排放量的监测、报告及核查制度作为整个交易体系运行的核心，详细规定了碳排放量的监测和计算方法，并建立碳排放信息披露制度。建立了新西兰减排单位登记系统（New Zealand Emission Unit Registry，NZ EUR），集登记、报告、核查、监测等服务于一体，为新西兰碳市场的运行提供基础。新西兰碳市场的参与方需要自我评估排放量，以月报、季报、年报的形式提交排放报告，政府审计部门核查其报告，确认其排放与履约的合规性。新西兰政府部门还不断收集、修正企业的碳排放数据，建立企业碳排放数据库。当企业未完成履约任务，既要提交高 1 倍的补偿额和 60 美元/吨二氧化碳当量的罚金，还有被定罪的可能性。

第五节　日韩碳市场

一、碳市场历史沿革

（一）韩国

在 2009 年召开的哥本哈根世界气候大会上，韩国承诺到 2020 年完成温室气体排放水平比产业正常发展情境下减少 30% 的减排目标。2016 年，韩国在国际非政府组织"气候行动追踪组织"认定的"气候恶棍"名单中位居榜首。韩国在国际碳减排领域的负面形象亟须做出改变。2021 年 10 月 27 日，韩国在国务会议上确定了 2030 年国家温室气体减排目标以及 2050 年实现碳中和具体的方案。

韩国政府在 2008 年 8 月将低碳、绿色作为国家新的发展方向，此后，关于碳交易市场的法律制度相继发布。2010 年颁布的《低碳绿色增长基本法》，规定 2020 年韩国温室气体排放相比原本排放水平降低 30% 的目标，该法案提出要引入"总量控制与交易"的碳排放交易体系，利用市场机制实现国家温室气体减排目标。2012 年，韩国颁布了《低碳绿色增长基本法》的下位法《温室气体排放配额分配与交易法实施法令》。2013 年，韩国颁布了《碳汇管理和改进法》。2015 年 1 月，韩国正式启动碳排放权交易体系。韩国的碳交易制定了第一个 10 年规划，即 2015~2025 年，该规划分为三个交易阶段。第一阶段为 2015~2017 年；第二阶段为 2018~2020 年；第三阶段为 2021~2025 年。

第一阶段纳入电力、工业、建筑、废弃物回收与利用和航空业五个部门，所有碳排放配额全部免费分配；

第二阶段加入了公共部门，控排范围可细分为 62 个二级部门，97% 的碳排放配额免费分配；

第三阶段纳入了建筑业和交通运输业（包括货运、铁路、客运和航运），细分二级部门增加至69个，碳排放配额免费分配的比例将降到90%以下。

从第三阶段开始，金融机构进入基于碳排放配额的二级交易市场，以完善第二期中的做市商制度。具体来说：第一，韩国碳市场允许投资机构和个人等其他参与者进入二级市场；第二，引入衍生品来提升市场功能，确保交易条件的稳定性和灵活性。

（二）日本

日本于2010年启动东京碳市场，且于2011年启动埼玉碳市场，两个城市级别的碳交易体系之间可连接。

1. 东京碳市场

2010年4月，东京都议会在亚洲建立了第一个强制性的总量管制与交易体系——东京ETS。东京ETS是一个强制性的二氧化碳排放控制体系，其对建筑物设置了约束性减排目标，涉及1400个办公楼、商业建筑和工厂，覆盖商业和工业两个行业。在第一个履约期（2010~2014年），市场参与者的排放总量上限设为比基准排放水平（2002年和2007年之间连续3年的平均值）低6%；第二个履约期（2015~2019年）则设定为比基准排放水平低17%；第三个履约期（2020~2024年）的减排目标预计为相比基准排放减少27%；第四个履约期（2025~2029年）的减排目标预计为相比基准排放减少35%。

总体来说，东京碳市场有如下特点：第一，覆盖对象主要为商业建筑，工业很少。碳市场的主要作用是限制控排场所的电力消耗，即间接排放。第二，控排对象可自主提出减排目标、选择配额分配方法，而并非由政府强制决定。因此，东京碳市场的交易与其说是配额不如说是削减量，也就是说，控排对象必须先产生实际减排量，才能交易。第三，其没有公开交易的市场，也没有对碳价设置上下限。其交易只在控排对象之间直接进行，双方如达成一致也可以零元成交。第四，其制度设计以鼓励为主，控排对象即便没有完成减排目标也不会受到严格的处罚。

2. 埼玉碳市场

埼玉碳市场和东京碳市场在设计上十分相似，该市场建立于2011年4月，通过兼容的减排配额和东京碳市场进行了连接。该市场由埼玉县政府进行管理。埼玉碳市场和东京碳市场具有相同的履约期、纳入门槛、配额分配方式和排放基准线。这一系统同样被认为是成功的，因为它在2013年就实现了比基准水平低

22%的减排量（ICAP，2022）。但是，日本这两个碳市场都存在一个亟须解决的问题，即由市场规模较小而导致的碳泄漏问题（Roppongi et al.，2016）。

二、相关法律和政策

（一）韩国

韩国碳市场相关法律如表3-10所示。

表3-10 韩国碳市场相关法律

类别		文件名	发布机构	发布时间	主要内容
政策框架	法律	《低碳绿色增长基本法》	韩国国民议会	2010年	明确提出要引入碳交易市场
	法律	《碳中和与绿色发展基本法》（以下简称《碳中和基本法》）	韩国国民议会	2022年	明确提出到2050年实现碳中和

资料来源：上海清新碳和科技有限公司官网。

韩国《碳中和基本法》共有11章，在第1章总则部分明确了预防气候危机、减少温室气体排放的立法目的，以及向碳中和社会过渡、绿色可持续发展的基本原则。该法案在名称中强调气候危机的说法，具体条文体现了对气候危机的应对，比如建立气候危机的应对体系、构建气候危机的帮扶机制等规定，均体现了韩国完成碳中和目标的紧迫性。主要内容如下：

（1）为碳中和目标制定国家战略。法案第2章为发展蓝图和温室气体减排目标，其中明确提出了韩国国家蓝图及国家战略，即到2050年实现碳中和并以此为目标制定国家碳中和绿色增长战略，同时对气候影响评估、气候应对基金和公正转型等方面的法律程序和政策手段进行规定。该法案颁布后，再由碳中和委员会牵头有关部门协商制定下级法律法规。

（2）制定中长期减排目标。法案在第2章规定了实现2050年碳中和愿景的中期目标，即将到2030年相较2018年减少40%的温室气体排放作为国家自主贡献目标，2050年实现碳中和作为韩国国家战略。同时，又详细规定了实现这一愿景所需的程序，并要求按年度对各部门减排目标进行审查。

（3）建立碳中和基本计划。法案第3章为国家碳中和绿色发展基本计划，其中第10条至第12条明确政府须以20年为周期制订国家碳中和基本计划，各地方自治团体如市、道、郡、区以 10 年为周期制订各自的碳中和基本计划，该计划应当包括各地区中长期温室气体减排目标及各部门具体执行方案，由此韩国碳中和具体的执行体系得以确立。

（4）建立碳中和协同治理体系。法案第 4 章规定了"2050 碳中和绿色发展委员会"的构成及运行模式，以及社会成员的广泛参与协同治理模式，对 2020 年 5 月国家成立的"2050 碳中和绿色发展委员会"赋予法律地位。总统从委员会中的公务员以及相关领域专家中选取 50~100 人来审议中长期减排目标和国家基本计划，同时也将成立地方委员会。委员会主要负责收集社会各界意见、审议并批准主要计划和政策。青年、工人、居民等社会成员均可广泛参与其中，不同于此前减排措施实施仅限于相关专家和企业。

（5）引入气候变化影响评估制度。法案在第 5 章明确在温室气体减排措施中引入气候变化影响评估制度。

（6）设立援助措施。除第 6 章规定气候危机应对措施外，法案还在第 7 章有益正义转型中说明了公正转型的政策措施。

（7）设立气候应对基金。法案第 10 章为气候应对基金的设立和使用，其中第 69 条规定设立气候应对基金，引入应对气候变化的预算体系，在起草国家预算时设定减排目标，采用气候影响评估模型来评估国家重大计划及实施项目对气候造成的影响，用气候响应预算重点支持温室气体减排、构建低碳产业生态系统、基础构建等领域。

（二）日本

日本碳中和相关法律和政策如表 3-11 所示。

表 3-11　日本碳中和相关法律和政策

类别		文件名	发布机构	时间	主要内容
政策框架	政策	《绿色成长战略》（后更新为《2050 年碳中和绿色成长战略》）	日本经济产业省	2020 年 12 月 25 日	日本经济产业省将通过监管、补贴和税收优惠等举措，筹集超过 240 万亿日元（约合 2.33 万亿美元）的资金投向绿色产业，针对包括海上风电、核能产业、氢能等在内的 14 个产业提出具体的发展目标和重点发展任务
	法律	《全球变暖对策推进法》	国会参议院	2021 年 5 月 26 日	2022 年 4 月施行，首次以立法的形式明确了日本政府提出的到 2050 年实现碳中和的目标

续表

类别		文件名	发布机构	时间	主要内容
科技布局	研发布局	《科学技术创新综合战略2019》	内阁	2019年6月	重点分析了2018年国内国外形势的变化，提出从知识源泉、知识创造、知识扩散和知识成果国际流动四大方面一体化推动创新
		《氢能与燃料电池技术发展战略》	日本氢与燃料电池战略委员会	2019年9月18日	确定了燃料电池技术领域、氢供应链领域、电解技术领域10个重点研发项目的优先研发事项
		《碳循环利用技术路线图》	日本经济产业省	2021年7月26日	增加已取得进展的新技术［直接空气碳捕集技术（Direct Air Capture，DAC）、合成燃料］发展路线，到2030年实现DAC技术系统的构建，到2040年实现DAC实用化；提前至2040年左右开始广泛使用碳循环产品
	能源	第六版能源基本计划	日本经济产业省	2021年10月22日	围绕应对气候变化与日本能源供需结构转型两大核心目标，将氢能定位为一种新资源，力争2030年将氢的成本降低至与化石燃料同等水平，加速社会应用，并通过设置绿色创新基金支持技术创新，以实现2050年碳中和目标

资料来源：上海清新碳和科技有限公司官网。

日本《2050年碳中和绿色增长战略》将占温室气体排放量80%以上的能源行业作为重点控排对象，以能源结构调整为发展主线，明确发电行业节能降碳是日本实现碳中和目标的重要前提。为此，海上风电、氢能和蓄电池产业成为重要领域。日本计划将海上风电产业发展为具有国际竞争力的新兴产业，海上风电装机容量2030年达到10吉瓦，2040年实现30~45吉瓦的目标；将氢能作为工业、运输业和建筑业脱碳的重要选项，计划至2050年实现氢气供应量2000万吨/年，成本降至20日元/标准立方米，同化石燃料具有较强的竞争力。针对蓄电池产业，一方面通过研发提升电池性能，另一方面扩大储能电池的固定化应用，以实现对电力系统的供需调节。本政策要点如下：

（1）多维度的能源结构清洁化转型。化石燃料的燃烧与运用是全球温室气体的主要产生途径。日本的能源结构同样以化石能源为主，化石燃料的运用在日本能源消费中的比重在87%以上，因此要实现碳中和，必须推进能源结构调整，减少化石燃料使用。日本计划从四个产业着手促进能源供应端的清洁低碳化。一是发展海上风电产业，打造强韧的供应链，到2040年实现国内装机量达到30~45吉瓦、设备国产化率达到60%，着力开展亚洲市场业务。二是发展氨燃料产业，在燃煤电厂开展20%氨混烧技术实证并实用化，以及50%氨混烧技术和纯氨发电研发，通过开发新型高效氨生产设备和构建海外供应链增强氨燃料供给能力，到2030年实现20%氨混烧技术普及化、全球氨燃料供应规模达1亿吨。三是发展氢能产业，加速涡轮氢气发电机、氢燃料电池商用车、氢能冶金的开发与应用，推动液化氢和甲基环乙烷海上运输设备大型化，并支持日产水电解装置出口欧洲，到2030年进口氢气300万吨、成本下降2/3至20日元/立方米，到2050年氢气供应量达到2000万吨、涡轮氢气发电成本低于燃机发电。四是发展核能产业，融入国际小型模块化反应堆产业链，利用已建成的高温气冷堆和即将启动的核聚变反应堆开展高温热能制氢技术研究与示范，提高热能利用率、制造零碳氢。

（2）重点行业减排脱碳提速。从行业能耗方面来看，交通运输、工业生产、农业畜牧业是日本温室气体排放的重要领域。日本计划通过新技术的研发应用，加快重点行业清洁能源替代、能效提升，促进资源利用效率提升和二氧化碳回收利用。交通运输方面，一是普及新能源汽车，进一步提高动力蓄电池性能并降低成本，加快充电桩等新能源汽车配套设施建设，到2030年实现新车全面电气化的目标；二是加速船舶节能减排，推动LNG燃料船的制造和推广以及船舶领域氢、氨等零碳燃料替代；三是发展低碳航空业，推动航空装备的电动化、轻量化和效率化，应用绿色燃料；四是打造低碳物流，建设碳中和港口，发展高效率、电动化、燃料脱碳化的物流。生产制造方面，一是加快通信业数字化进程，推进半导体、数据中心、信息通信基础设施的节能减排和高性能化，到2030年实现新建数据中心节能效率达30%以上、数据中心电力部分可再生能源化，到2040年提前实现通信业碳中和；二是提高农林渔业智能化水平，大力支持创新技术研发，利用森林及木材、耕地、海洋等的固碳作用实现碳中和。循环利用方面，一是实施碳回收，推广使用二氧化碳吸收型混凝土，通过藻类固碳并生产生物质燃料，开发高效光催化剂降低人工光合成塑料成本，推动二氧化碳分离回收成套设备商业化应用；二是资源循环利用，构建信息共享系统，推动塑料等制品生物化、再生材料化，扩大再生材料的应用范围，积极利用燃烧设施废气，加强废物发电、热利用、甲烷发酵生物气化。

（3）生活方式低碳化转型。近年来，低碳理念在日本广泛传播，低碳生活方式逐渐兴起，但目前有效的低碳工具和模式仍未普及。日本计划通过发展绿色产业降低日常生活中的碳排放量。一是发展下一代住宅、商业建筑和太阳能产业，基于人工智能、物联网、新能源汽车开展用户能源管理，降低日常生活的能源消耗，实现电力自发自用、低碳出行。二是普及与生活相关的脱碳技术，推动住、行一体化管理，融合行为经济学与尖端技术，利用区块链构建碳交易市场，发展共享交通物流。

（4）政策保障各行业减排计划的执行。为推进绿色转型，日本政府制定了跨领域的政策。一是增加财政预算，10年内成立一个2万亿日元规模的绿色创新基金，加大金融融资力度，吸引更多的资金进入绿色投资领域。二是改革税收制度，面向碳中和设立投资促进税、研究开发税制，将亏损结转的扣除上限提至100%。三是完善规章制度和标准，修改完善新能源利用基础设施建设的相关规章制度和标准，制定碳信用交易、碳税、边境调整措施等市场机制。四是开展国际合作，消除贸易壁垒。

三、市场表现和主要特点

（一）韩国

韩国碳市场最具特色的是政府主导的二级市场做市商制度。韩国碳市场在建立初期不允许非履约企业参与，金融机构不具备进入碳市场的资格，市场交易活跃度不高，因此市场很快出现流动性不足的问题。为此，韩国政府自2019年开始引入碳市场做市商制度，并于2021年允许20家金融机构进入二级市场进行碳排放配额交易。与欧盟碳市场中有大量金融企业作为做市商不同，韩国碳市场的做市商由政府指定，截至2021年底仅有5家银行被列为做市商。此外，做市商可以向政府借贷碳排放配额储备从而提高市场流动性，并可通过配额或资金形式偿还所借碳排放配额。

（二）日本

1. 政府主导和扶持

日本碳市场是多个体系并存又相互独立的市场，政府参与了这些体系的构建过程。政府分阶段制定规划及目标，构建碳交易体系，并从各个层面出台政策法规，确保目标的实现；为了让更多的企业参与到碳交易体系中，采用"政府掏钱、企业减排"模式，通过特别折旧制度、补助金制度等多项财政政策，对企业给予经济上的扶持，引导企业开发并应用新技术、转变生产方式，加快实现绿色低碳转型。

2. 中央和地方形成合力，共建碳市场

日本中央层面的碳市场主要由环境省和经济产业省推动，两个部门设立了各有侧重的系统来维持碳市场的平稳运行。环境省设立了自愿排放交易计划和核证

减排计划，自愿排放交易计划主要针对低能耗产业，比如酒店、办公楼等公用设施以及食品饮料业和其他制造业，核证减排计划主要针对林业；经济产业省设立的日本试验碳交易系统主要是针对高能耗、高排放企业。但无论是哪一种体系，都以企业自愿参与为基础，缺乏强制性，导致碳市场需求低迷，交易不活跃。地方性碳市场强制性较强，有严格的交易规则，可操作性强，收到了良好的减排效果。以东京碳市场为例，从成效上来看，控排企业的履约率较高，达到减排要求的企业数量能够稳定在90%以上。总体来说，日本碳市场呈现多个区域性碳市场并存的局面，没有一个全国统一的碳交易系统，日本中央政府仍然处在摸索经验阶段，缺乏搭建强制性碳交易体系的决心。

3. 重视国际市场，加强国际合作

国际市场作为日本国内碳交易体系的重要补充，既能够使资源得到合理的配置，又能使交易两国获得双赢。日本借助国际碳交易市场，一方面购买了大量海外碳排放配额，为本国经济发展争取了一定的空间；另一方面通过输出本国的技术，与发展中国家确立了双边抵销机制，在获取碳排放配额的同时，提高了日元在碳交易计价结算中的地位。

第四章　碳减排产业链

碳金融时代孕育了新兴产业链，给企业转型升级和投资创造了机会，值得深入剖析。本章在梳理碳减排产业链概念的基础上，明确碳减排产业链主要分为上游碳资产供应方、中游碳服务提供方和下游碳资产消纳方，并分别选出对应的国内外优秀参与方进行案例研究，可为碳减排产业的实践提供参考。

第一节　碳减排产业链

一、碳减排产业链分析

碳减排的产业链主要包括上游市场的供应方、中游的各类中介服务机构以及下游的最终使用者三大类，涉及受排放约束的企业或国家、碳减排项目的开发者、咨询机构以及投资机构等。在碳排放权交易市场中，投资机构（包括银行、基金公司、保险公司以及信托公司等）扮演着重要的角色，不仅可以为交易双方提供间接或直接的融资支持，而且可以直接参与国际碳排放权交易市场。

二、上游碳资产供应方

碳资产供应方，即能够为其他单位或实体提供碳排放配额、碳汇、碳信用等碳资产的碳减排产业链上游参与者。碳资产供应方包括许多行业成员，其中较重要的如拥有多余碳排放配额的控排企业、碳资产开发商、从事碳资产业务的大型金融机构等。

控排企业即纳入碳排放配额总量控制与交易市场范围的企业，主要包括发电、钢铁、建材、有色金属、石化、化工、造纸和民用航空行业的企业，而其中的"控排"主要指控排企业按时履约、交易碳资产、减少碳排放的过程。同时，控排企业作为高排放企业，拥有碳排放配额，也是碳市场的基础参与者。控排企业还可以通过购买可再生能源、林业碳汇、甲烷减排、节能增效等对减碳增汇有重要贡献的 CCER 项目抵扣不超过 5%的碳排放配额，来完成按时履约。

减碳工作是控排企业在"双碳"战略下最为重要的工作之一。企业通过建立碳控排管理体系，能够增强碳控排管理能力，降低碳排放量或碳排放强度，同时规范碳资产管理，有助于其可持续发展。

碳控排管理体系的建立包括设置碳控排方针、目标以及制订碳排放量、碳排放强度、碳资产管理相关的措施计划。其能够帮助企业建立节能减排合规贯标机制，建立全过程碳排放管理控制机制，使企业的碳控排管理活动规范有效并不断改进其绩效。

建立碳控排管理体系能够帮助企业开展贯穿产品全生命周期的碳排放工作。对于中国而言，可应对国际贸易下的碳关税风险，为达成减缓气候变化的总体目标做出贡献，使企业更具竞争力。

碳控排管理体系的应用，有助于实现地方政府的碳达峰、碳中和目标。通过建设碳控排管理体系，地方政府可实现对企业尤其是控排企业的精准管理，制定地方"双碳"目标实现路径，合理引导企业和产业发展。

中国碳市场于 2021 年 7 月正式开市，首批纳入的 2162 家发电企业年碳排放总额超过 40 亿吨，占中国年碳排放总量的 40%左右。随着钢铁、有色金属、造纸等行业逐步被纳入全国碳市场，控排企业规模不断扩大，控排企业或更重视碳市场的碳资产管理职能，希望借助碳资产管理降低自身履约成本，或获取高额收益。

控排企业在碳资产供应中的重要性不言而喻，随着碳市场的发展，其中涌现出了许多提供碳汇等碳排放配额之外的碳资产的企业。随着林业碳汇、草原碳汇的不断发展，越来越多的资产开发商将碳汇开发纳入自身的商业运作范畴，各地政府也对此高度重视，将碳汇开发作为重要工作，投入大量人力、财力为其发展赋能。

除此之外，随着碳市场的逐渐成熟及参与企业的增多，大型金融机构入场，为碳资产的供应注入新的力量。越来越多的银行、券商等金融公司将投资碳资产、经营碳资产、交易碳资产作为未来的业务方向，而专门从事碳相关事业的碳基金也应运而生。它们的出现将极大提高碳资产供给的丰富性和碳市场交易的活跃度，成为碳资产供应中又一股强大力量。

三、中游碳服务提供方

碳服务指围绕碳交易的所有第三方服务，包括为政府或企业提供碳核查、绿色认证、碳金融平台或软件建设、人工智能咨询、碳因子库自动化计算等服务。在这一领域，第三方服务主要分为"开源""精算""节流"三类。

所谓"开源"，指的是专门为控排企业，或者是部分业主方进行碳资产开发服务。碳资产开发的流程较为复杂，不同的机制和资产品类之间，有着截然不同的开发流程及审批周期，其产品的终端价格也有所不同。因此，根据控排企业或者业主方的不同需求，碳资产管理服务，也就是所谓的"开源"就应运而生。资产开发商不仅可以为业主方或者控排企业进行资产开发服务，更能够针对客户对碳资产品类和价格的需求进行碳资产组合管理。

所谓"精算"，则是市场比较熟悉的"碳核算"或"碳盘查"服务。控排企业年终核算的实际碳排放数据在某种程度上决定了该企业当年的碳资产盈余情况。也就是说，如果能够在合理的框架内，通过使用更为准确的排放因子来取得更为准确、更实际的碳排放情况，企业有可能结余额外的碳资产。同时，除了年终核销前的总排放量盘查，月度甚至是实时的碳排放盘查监测，也有助于企业提前规划当年的碳指标结余情况，并在年底核销期到来前储备一定的低价碳资产，以减少履约成本。而无论是以上哪一种服务，都对服务提供商在行业排放因子设置合理性、排放强度核算精确度、行业法规熟知度等方面有着极高的要求，这为第三方专业咨询机构提供了机会。

所谓"节流"，就是面向控排企业的节能减排咨询服务，即分析企业碳足迹中碳排放较大的生产流程和环节，来寻找减排潜力。通过引入新技术、提高管理水平、加强节能技术应用等方式来减少碳排放，进而助力企业实现净零排放。在各地能耗指标"双控"的大背景下，"节流"服务能有效提高企业应对风险的能力，提高企业碳管理能力，并发现降低温室气体排放量及能源消耗量的潜在机会，降低企业运行成本。

四、下游碳资产消纳方

碳消纳指使用清洁能源和利用固碳方式的消纳，包括碳资产管理（CCER 项目开发、碳报告、碳排放配额使用规划等）、新能源利用（风电、光伏、制氢）等。

随着碳市场的不断扩张，控排企业的碳资产管理需求稳步提升，碳资产管理公司需不断提升专业能力，为客户提供专业且多元的碳交易服务。因此，碳资产管理有望成为控排企业管理企业、完成履约任务、盘活碳资产的重要途径。海内外碳市场多年前已开展碳资产管理实践，但整体来看其目前仍处在起步和发展阶段。就目前的中国市场而言，受制于市场参与度不高、碳期货等金融工具还未上市等情况，还需要不断创新探索，逐步形成平稳有序运行的业务模式。

通过设立专业的碳资产管理公司，发电行业的控排企业可以积极推进发电机组节能降碳改造、提升碳排放配额交易的确定性、通过碳资产管理降低履约成本，并且可以借助碳市场获得额外的收入。中国五大发电集团均设立了碳资产管理公司。

第二节　碳减排产业链国际参与方

一、上游碳控排企业

（一）壳牌

1. 公司概况

壳牌根据加速转型为净零排放能源企业的战略目标，重新规划了业务板块，将公司业务分为三部分：第一部分为未来增长业务，包括新能源以及市场营销业务。除了在上游开发风光氢等新能源，在下游，壳牌也将依托其庞大的全球加油站网络，为客户提供"油、气、电、氢"的一站式综合能源服务，计划到2025年，将充电终端增长到50万个。第二部分为转型支撑业务，包括天然气和炼化板块。作为全世界主要的天然气供应商，壳牌认为，天然气依然是转型阶段低碳、低排放的过渡选择。第三部分则为传统上游业务。通过资产剥离和现有油田产量的自然下降效应，壳牌预计其石油产量每年逐步减少1%~2%。壳牌采用较为保守的手段，其保留传统的石油天然气业务无疑也有着自己的考量：传统业务的稳定开展一方面可以保障社会能源供给，另一方面也将为壳牌新业务提供资金流，帮助公司顺利转型。

2. 零碳排放计划

2021年初，壳牌进一步升级原先的净零战略，发布了"赋能进步"战略，目标是到2050年，与全社会同步，实现全范畴的净零排放，即不仅运营层面要实现净零排放，壳牌自身生产以及销售的其他企业的能源产品，在整个生命周期也要实现净零排放。在2021年10月28日的季报发布会上，壳牌又宣布了最新的碳减排目标，即与2016年的净排放水平相比，到2030年的绝对减排目标为50%，涵盖壳牌运营控制下的所有范畴一和范畴二排放。这一目标的设定更是对此前碳减排强度目标的有力补充。壳牌计划每年对未来增长、转型支撑和传统上游业务分别投资50亿~60亿美元、80亿~90亿美元以及80亿美元。未来随着战略推进，投资将逐渐向未来增长业务倾斜。

转型离不开技术积累和商业场景落地。壳牌2000年就进入海上风电领域，2015年进入漂浮式海上风电领域。通过把原油、天然气领域的交易能力转移到电力交易上，壳牌很快成为北美、欧洲、澳大利亚的头部电力交易商。2021年7月，壳牌在其位于德国莱茵兰的能源和化工园区启动了欧洲最大的氢能质子交换膜电解槽项目，开始绿氢生产。2020年，壳牌（中国）有限公司与张家口市交通建设投资控股集团有限公司在张家口市成立了合资公司，致力于发展氢能产业链，投资建设20兆瓦可再生能源电解水制氢和加氢项目。壳牌还计划在2025年实现100万吨塑料废料的再生利用。此外，壳牌在CCS技术、基于自然的解决方案等方面均已布局。

2022年4月25日，壳牌宣布计划在2030年前注销该公司约1.2亿吨的碳权，这一数据是2021年注销的600万吨的20倍。碳权注销即碳除役（Carbon Retirement），指碳权被购买后在碳市场上去除，不得继续交易，这样能避免重复计算，以更好地达到减排效果。壳牌2021年注销的600万吨碳权中，510万吨与客户使用的能源产品相关。除此之外，截至2021年，壳牌的碳权提供对象已包括17个国家的汽车公司及德国、奥地利、加拿大、瑞士等欧美多国的3100余个服务站。

壳牌计划在2023年至2025年投资100亿~150亿美元以推动低碳能源业务，加速碳减排，包括生物燃料、氢、新能源汽车及CCS技术等低碳解决方案的开发。该计划进一步印证了壳牌在低碳转型进程中的坚定决心。

3. 零碳排放实现路径

（1）加快从油气公司向综合型能源公司转型。主动管理资产、重塑业务组合，是壳牌打造综合能源供应公司的转型路径。2021年壳牌更新业务布局，将天然气一体化、化工和油品业务作为转型支撑业务，将市场营销、低碳燃料和可再生能源解决方案（电力和氢能）作为未来的增长业务。总体来看，壳牌在传统能源领域仍将保有近1/3的投资，但同时也将大力发展包括天然气、电力、氢能、低碳燃料等业务领域，为其能源转型和低碳发展做好准备。

近年来，通过收购、兼并、合资等多种方式，壳牌强势进入风能、太阳能、电动车充电等业务领域，向综合型能源公司转型。另外，壳牌大力发展天然气发电和可再生能源发电业务，发电业务也有望成为石油、天然气和化工业务之外的第四大支柱业务。同时，壳牌致力于成为全球氢能行业引领者，在全球占有两位数的市场份额，并有详细的未来业务规划。

（2）发展低碳燃料业务，打造能源一体化园区。一方面，壳牌在全球范围内积极布局低碳燃料技术研发和应用，如生物柴油、生物乙醇、可持续航空燃料和可再生天然气等，以降低运输领域的碳排放。壳牌是目前世界上最大的生物燃料混合和分销商之一，共运营 4 家生物燃料公司，2020 年共混合销售约 95 亿升生物燃料，并计划到 2030 年低碳燃料产量与 2020 年相比增加 8 倍，低碳燃料销售量在其交通燃料总销售量中的占比将从 3% 提高到 10% 以上。[①]

另一方面，壳牌计划到 2030 年将传统燃料产量降低 55%，剥离和重组其炼油与化工业务，打造竞争型能源化工一体化园区。截至 2021 年，壳牌的炼厂数量已降至 13 个，炼油能力从 2.2 亿吨/年降至 1.1 亿吨/年；壳牌旗下化工厂在确保地区和原料平衡的同时降至 10 个。下一步壳牌还将继续对炼化业务进行剥离和重组，将现在的 13 个炼厂改造成为 6 个高价值化工和能源园区。[②]

（3）管理运营活动排放，提高二氧化碳管理绩效。炼化装置运行过程采用低碳电力、实施温室气体和能源管理计划、建设热电联产设施、进行数字化运营是壳牌减排的重要措施。

壳牌在逐步增加装置运行使用电力中低碳电力的占比，2019 年壳牌分别在 7 家润滑油工厂安装了太阳能电池板，每年可减少约 4500 吨碳排放；还在荷兰建成并投用一座装机容量为 20 兆瓦的太阳能发电站。另外，壳牌针对每年碳排放 5 万吨以上的项目和装置，实施温室气体和能源管理计划，分批对现有炼化项目进行有针对性的改造及升级。壳牌 50% 以上的炼厂均投资了热电联产装置，可为炼厂就地供电以及回收热能，同时满足炼油过程中对蒸汽的需求，并通过数字化提高其运营效率，更科学地向用户提供更清洁的能源解决方案。

（4）重视终端减排，大力发展碳捕存、碳交易项目。2021 年，壳牌宣布增加碳捕集、利用与封存（Carbon Capture，Utilization and Storage，CCUS）项目投资，计划到 2035 年，CCUS 能力达到 2500 万吨/年。截至 2021 年，全球 51 个大型 CCUS 项目中，壳牌参与了 7 个。其中，3 个重要项目分别是澳大利亚高更项目（25% 权益）、加拿大 Quest CCUS 项目（10% 权益）和挪威北极光 CCUS 项

---

①② 布局低碳业务领域，与客户共同实现低碳目标［EB/OL］．中国石油石化工程信息网，https：//cppei. org. cn/zjlt/detail. asp？categoryId＝17&articleId＝188067，2021－06－04.

目，此外，壳牌还与英国积极洽谈 CCUS 项目的合作。[①]

同时，壳牌认为在 CCUS 技术大规模商业化之前，"双碳"碳汇项目是降低净碳足迹最为重要的措施之一。壳牌近 10 年通过实施减排措施，自然碳汇项目降低的碳排放量的占比仅次于低碳电力。未来壳牌计划每年投资约 1 亿美元在以自然为基础的解决方案项目上，计划在 2030 年前抵销每年约 1.2 亿吨的碳排放。

（5）储备前沿技术。壳牌一直是业内的科技研发先驱，是国际油气公司中研发投入最多的公司之一。通过"共同创新"项目，与学术界、政府和其他研究机构合作，2020 年在全球范围内开展 124 个研发项目，主要集中在碳捕集与封存、燃料电池研发和降低温室气体排放方面。一方面充分利用公司现有研发机构，加大自主研发，在低碳领域目前拥有蓝氢等核心先进技术；另一方面配合其低碳发展措施，与国内外知名研究机构、大学等广泛开展合作，有针对性地开展研发。

（二）特斯拉

1. 公司概况

自 2003 年成立以来，特斯拉一直是电动汽车市场的领导者。除了生产电动汽车，特斯拉还经营太阳能电池板安装和销售储能系统。特斯拉所经营的业务通过减少温室气体排放产生碳抵销额度，并将额度出售给其他公司来抵销其碳排放量。

2. 参与方式

（1）销售碳积分（碳权）。特斯拉在通过销售尽可能多的产品最大限度地减少温室气体排放的同时，通过销售电动汽车以获得零排放车辆（Zero Emission Vehicle，ZEV）积分收入。根据《汽车海外并购》和《智能电动汽车》的测算，2012 年至 2020 年上半年，特斯拉共交付 107 万辆电动汽车，其中约 50% 的销量发生在 ZEV 政策实施地区[②]。

早在 2008 年，美国加利福尼亚州便敲定了 ZEV 法案。ZEV 法案为每种车型制定了"积分"系数，规定在加利福尼亚州汽车销售超过一定数量的企业，其生产的零排放车辆要达到一定数量。若达不到要求，须缴纳每辆车 5000 美元的罚款，或向其他公司购买碳积分。在美国汽车仍以油车为生力军的时代，特斯拉通过出售积分盈利颇丰，在一定程度上成为了特斯拉业绩的有利支撑，与之相

---

① 布局低碳业务领域，与客户共同实现低碳目标 [EB/OL]. 中国石油石化工程信息网，https://cppei. org. cn/zjlt/detail. asp？categoryId=17&articleId=188067，2021-06-04.

② 包括康涅狄格州、马里兰州、马萨诸塞州、新泽西州、纽约州、俄勒冈州、罗德群岛与蒙佛特州。

反，作为燃油车售卖大户，通用汽车公司则成为积分购买"大户"。

（2）碳积分收入用于扩大电动汽车产能，从而促进交通电气化发展。2021年，特斯拉通过向其他车厂销售 ZEV 积分创造了近 15 亿美元的收入。此类销售所得将用于建设新工厂，以生产将继续取代内燃机汽车的电动汽车。虽然在美国，油车车厂从其他新能源车公司（如特斯拉）购买 ZEV 积分以满足其核销需求是常见的做法，但这并非可持续的战略。因此，近年来一些老牌的美国车企也开始在新能源领域向特斯拉奋起直追，包括通用和福特等厂商都纷纷在自己的主线品牌中推出了核心级电动车或混动车产品。

中工汽车网的数据显示，从 2012 年到 2021 年，特斯拉的累计碳积分销售收入高达 53.4 亿美元。2020 年特斯拉碳积分销售收入 15.8 亿美元，创下过去 10 年的最高纪录，当年特斯拉的净利润仅有 7.2 亿美元。2022 年第一季度来自汽车业务的净利润达 33.18 亿美元，同比上涨 657.53%，得益于向其他汽车制造商出售碳积分获得的营收，特斯拉第一季度的碳积分销售营收为 6.79 亿美元，较 2021 年同期的 5.18 亿美元增长了 31.1%。[①] 2023 年初，特斯拉公开财报显示，其在 2022 年获得了 17.8 亿美元的碳积分收入，其中第四季度碳积分收入年增率达 47%，其已连续八个季度从碳积分的销售中获得利润。[②]

碳信用额度收入占特斯拉总收入的很大一部分，并凸显了公司清洁能源业务的价值。特斯拉的碳积分销售对象主要为各汽车制造商，如克莱斯勒（Chrysler）截至 2023 年初已在碳积分购买方面向特斯拉支付 24 亿美元，是特斯拉碳积分的重要买家。

（3）温室气体排放情况核算及披露。诚然，特斯拉的新能源汽车产品在使用阶段减少了大量的碳排放，但为了展现其产品全生命周期的减排效应，把"减碳降碳"的故事讲完整，特斯拉致力于减少其整个价值链的碳排放，包括供应链、制造流程以及销售、服务和交付活动。特斯拉官方公布的信息显示，其参考世界资源研究所和世界可持续发展工商理事会的《温室气体核算体系》来评估、计算和报告直接和间接的温室气体排放量。

---

① 能源电力说. 特斯拉躺着赚 60 亿美元！碳积分到底是什么？［EB/OL］. https：//baijiahao. baidu. com/s？id＝1731996948829562192，2022-05-05.

② 特斯拉碳信用销售额在 2022 年达到创纪录的 17.8 亿美元［EB/OL］. 新浪网，https：//finance. si-na. com. cn/esg/2023-01-30/doc-imycxshv0284635. shtml，2023-01-30.

二、中游碳服务企业

（一）南极资产管理公司

1. 公司概况

（1）简介。South Pole 南极资产管理公司（以下简称"南极资管"）总部位于苏黎世，主营业务包括减排项目的开发、管理和交易，以及可持续发展战略制定。截至 2022 年，南极资管成为全球领先的气候咨询公司和自愿碳市场的最大交易商。

南极资管提供世界上最大的碳减排项目组合，其在 54 个国家和地区拥有约1000 个项目，每年涉及约 5000 万吨二氧化碳当量的减排量，大致相当于瑞士全年的排放量，其在瑞士本地的客户包括食品巨头雀巢，金融公司瑞士再保险股份、瑞士银行、LGT 银行，在线零售商 Digitec Galaxus 以及连锁超市 COOP 和Migros。

（2）业务板块。南极资管两大主营业务分别为碳资产开发和碳咨询服务。

在碳资产开发方面，南极资管目前在管基金规模约为 3 亿美元，资金来源包括葡萄牙、瑞士、奥地利政府的基金和社会资本。南极资管历史出资方包括瑞信（合作开发 Golden Standard Fund，2008 年）、世界自然基金会。

尽管南极资管并未公开说明是否会在碳资产开发业务中获得碳资产分成，也并未公布自身所持有的碳资产的具体规模，但其明确表示持有大量的、多元化的碳资产，客户可以直接从南极资管处购得碳资产，以完成自身的碳中和目标。

除了帮助企业完成碳资产配置，完成碳中和目标外，南极资管还有一项更为特殊的咨询业务，即帮助客户开发全新的碳信用产品。以南极资管的 D-REC 项目为例，该项目主要是一项基于分布式光伏的碳信用系统，具有非营利性。通过与 Verra 和 I-REC 认证机构的合作，D-REC 可通过符合监督、核实与核证标准的第三世界国家的分布式光伏系统，就其发电量发行 D-REC 凭证，以供国际碳市场冲抵碳排放，凭证的销售收益用于补贴第三世界国家业主。该项目由南极资管与 Positive Capital Partners 联合管理，出资方有壳牌基金会、英国外交部（FC-DO）、瑞士联邦外交部、Signify 基金会、Good Energies 基金会、EnAccess 基金会、德国国际合作机构（德国政府下属机构）。除了 D-REC 项目，南极资管还与世界自然基金会一起开发了 LRF（土地耕作方面的产品），也计划与三菱集团共同开发一套 CCUS 方面的碳信用产品（对 CCUS 设施捕捉量进行认证，并包装发行）。

2. 碳市场实践

（1）碳抵销案例。Kariba 项目是南极资管的投资案例之一，作为世界上最大的森林保护项目之一，覆盖了津巴布韦近 79 万公顷的森林，为南极资管生产碳抵销额度。购买碳抵销额度的公司在碳中和方面展现出了良好的实践形象，如告知其客户正在实现"零排放上路"（保时捷），喝"碳中和咖啡"（Nespresso），荷兰能源公司 Greenchoice 则认为购买这些额度会为成千上万的荷兰家庭提供"可持续天然气"。

（2）"碳中和"会计。南极资管和瑞士电子商务零售商 Digitec Galaxus 共同开发碳中和结账解决方案，使客户能在结账时获知特定产品的碳排放量，并让客户有机会通过支付来抵销该排放量。例如，为了完全抵销与购买电动自行车相关的碳排放量，客户可以选择在结账时额外支付 2.6 瑞士法郎。这一举措也让南极资管的客户切身实地地参与了碳中和行动，同时获取了更好的消费体验。

（3）致力于可再生能源发展。根据南极资管官网在 2022 年 9 月 23 日发布的消息，南极资管连续八年获得由《环境金融》杂志评选的可再生能源领域最佳项目开发商奖。消息同步指出，南极资管的碳抵销项目中包括超过 350 个可规避碳排放的可再生能源项目，通过自有项目和可再生能源信用交易为客户提供了至少 2400 万兆瓦时的可再生能源。除此之外，通过与西门子智能基础设施集团合作，南极资管为希望减少碳排放的公司提供全方位脱碳解决方案和融资提议，其中也包括可再生能源采购等内容。

（二）德国莱茵 TÜV

1. 公司概况

德国莱茵 TÜV 是全球开发、测试和认证服务的提供商。其专家在全球范围内测试技术系统和产品，支持技术和业务创新，并根据国际标准对管理体系进行认证。2006 年以来，德国莱茵 TÜV 一直是联合国全球契约的成员。德国莱茵 TÜV 在工业服务、移动、生活护理、教育、咨询、信息技术、电子、机械和零售服务等各个业务领域提供广告、开发、推广、审查和认证解决方案以及咨询服务。

2. 碳市场实践

（1）绿氢认证及零碳认证。2022 年 12 月，Linde-White Martins 工厂获得了基于德国莱茵 TÜA 标准 H2.21 的绿氢证书，是德国莱茵 TÜA 在巴西乃至拉丁美洲颁发的首个绿氢证书。

Linde-White Martins 工厂年产绿氢 156 吨，在供应医疗和工业气体方面已有

110 多年的历史。其不仅是氢气生产、加工、储存和分销领域的全球领导者，还是巴西和南美洲第一家以工业规模生产绿色氢气的公司。

氢认证的目的是评估生产氢过程中的温室气体排放量。为此，认证过程从预评估开始，分析工业位置和场地类型、应用技术和生产过程等。基于对生产过程的全面评估，德国莱茵 TÜA 审查数据的完整性及生产过程与既定规范和标准的一致性。在氢认证过程中，"H2.21 绿色低碳氢能标准"是氢认证的依据。

德国莱茵 TÜA 的认证能使公司透明、独立地记录能源供应情况，同时也能向全世界传达可持续发展战略，发出环保信号并展示其对可持续能源的贡献。这为其提供了竞争优势，增强了客户和业务合作伙伴对公司的信任。德国莱茵期望在未来几年通过类似的认证完成公司的首要任务——脱碳。

在我国，德国莱茵 TÜV 在绿色认证、零碳认证方面的影响力也逐渐显现。2023 年 3 月 30 日，在"零碳工厂评价认证服务机构"颁证仪式上，德国莱茵 TÜV 大中华区获中国节能协会正式授权，成为首批零碳工厂评价认证服务机构之一，获准使用全球首个完整、可量化的零碳工厂建设标准和评价细则——《零碳工厂评价规范》团体标准（T/CECA-G 0171—2022），开展零碳工厂相关评价认证服务工作。而这并不是莱茵大中华区近期在零碳认证、评价领域所做出的唯一举措。2022 年 7 月 28 日，德国莱茵 TÜV 大中华区与英国建筑研究院合作举办"净零碳建筑评价标准线上发布会"，宣布首批净零碳建筑评价先锋试点项目圆满收官，并联合发布"净零碳建筑评价标准"，开放净零碳建筑认证项目申请。未来，德国莱茵 TÜV 也将作为低碳领域认证及评价服务的领军者，对国内的低碳发展格局产生深远的影响。

（2）碳足迹审核及碳管理。德国莱茵 TÜV 在碳核查认证、碳足迹审核及碳管理方面也有着深厚的积淀，受到了行业的广泛认可。2023 年 3 月 9 日，德国莱茵 TÜV 与阿里云在德国科隆共同发布减碳方案。德国莱茵 TÜV 与阿里云将结合德国莱茵在碳足迹、碳管理等可持续领域的技术实力，和阿里云"能耗宝"平台的实时能源分析、能源预测等能力，共同打造端到端的减碳方案。该方案将为企业提供组织碳盘查和产品碳足迹的计算、能源使用情况的实时分析和预测、节能措施和战略建议，以最大限度降低企业生产对环境的影响。

（三）Persefoni

1. 成立背景

在全球碳中和趋势下，监管机构及投资者对企业碳排放的披露要求愈加严格，追求可持续发展的企业也加速了"脱碳"进程。成立于 2020 年的美国

Persefoni，开发了全球首个计算碳排放足迹的企业资源规划（Enterprise Resource Planning，ERP）管理系统，能有效帮助企业管控碳足迹数据，将消费和排放数据转化为行动，推动企业脱碳进程。

2. 公司概况

成立于 2020 年的 Persefoni，是一家气候管理和会计平台，是在"碳中和"驱动下诞生的金融科技企业。公司专注于碳会计、可持续金融、碳足迹计算，其软件即服务（Software as a Service，SaaS）解决方案使企业和金融机构能够满足利益相关者的要求和监管环境披露要求。

2021 年，欧盟《可持续金融披露条例》生效，该法规推动了各个公司对于计算碳排放足迹的需求，资产管理公司和私募股权基金等金融机构被要求提供融资排放数据才能够从有限合伙人处筹集资金。Persefoni 也因此迎来了绝佳的发展机会。基于碳会计财务伙伴关系定义的标准，Persefoni 开发了用于碳排放分析的云软件，在一个尚未完全成熟的细分市场中逐渐开辟出一片天地。

作为第一个为融资排放创建端到端数字计算能力的公司，Persefoni 迅速巩固了其在碳排放会计市场中的领导地位，帮助包括其投资者在内的许多资产管理公司、银行和其他金融机构通过符合《温室气体核算体系》和全球碳会计财务伙伴关系的方法计算其碳排放足迹。

截至 2022 年 5 月，全球已有 4 家顶尖私募股权公司、4 家大型银行以及数家全球保险公司和基金开始使用 Persefoni 来计算和披露其融资排放足迹。同时，Persefoni 正在与众多行业的企业合作，覆盖制造业、农业、能源、服装、零售、软件和商业服务等多个领域。截至 2022 年 6 月，Persefoni 共经历三轮融资，筹集资金 1.142 亿美元，成为了气候科技行业 SaaS 平台的先锋。

3. 主要业务

（1）全球领先的气候管理和碳核算平台。Persefoni 所提供的计算碳排放足迹的企业资源规划管理系统，允许客户将所有企业数据自动化，集成在 Persefoni 提供的云平台中，以实现企业范围的可见性和可访问性。其一站式管理方法、高透明度与可信度、互相关联的问责机制、促成公司新战略制定等特点使其在市场上具有一定的竞争优势。

Persefoni 简化了企业进入碳核算领域的流程，使用户能够将财务、运营和供应链数据转化为经过认证的碳足迹数据，从而降低数据的复杂性，并缩短了基于多个气候披露和可持续性报告框架标准获得报告的时间。

无论是面向投资者还是监管机构，Persefoni 基于各类气候标准的"无黑箱"

计算方法都能够实现碳排放数据的透明化，实现可靠、准确的碳足迹披露。由于Persefoni基于单一数据来源进行建模，将管理者，投资者及环境、社会和公司治理（Environmental，Social and Governance，ESG）团队都集合至碳排放计算体系中，建立起相互关联的问责机制，因此客户在脱碳过程中无须担心数据安全的问题。通过将碳排放数据转化为现行标准下的碳足迹报告，Persefoni 可以帮助企业了解自身碳排放状况，进而帮助其制定相应的金融脱碳战略。

（2）碳补偿业务。Persefoni 也为客户提供碳补偿产品服务。其产品覆盖了生物质、林业、矿业、海洋、土壤、可再生能源、水资源、气体捕获、能源效率九种类型的碳补偿项目。

该产品旨在帮助客户选择适合自己的碳补偿产品来补偿自身产生的碳排放份额。在对产品进行选择的过程中，客户可以看到项目名称和介绍。每个项目都有总量限制，客户可以按照自身需求滑动滚轮以选择项目购买量。以印度古吉拉特邦风力发电场的可再生能源类项目为例，该项目共有 12 台装机容量为 800 千瓦的风力发电器，利用风能产生电能，向古吉拉特邦配电局供电，并为减缓气候变化做出贡献。2021 年，Persefoni 通过与 Patch 合作售出的碳补偿产品总量相当于641.41 英亩（2.57 平方千米）森林的固碳效果。

4. 碳实践案例

Persefoni 在过去的几年中在碳中和领域展现出了强大的活力，如与多家知名机构进行合作以推动各地区的脱碳进程。2022 年 11 月，德勤和 Persefoni 在纽约组建战略联盟，开发分析解决方案，以帮助银行和保险机构测量、披露及管理其有关运营和财务的碳足迹。2023 年 4 月，全球最大的专注于可持续发展领域的咨询公司 ERM 在伦敦宣布与 Persefoni 合作，以帮助各类组织加快碳减排并引导其向零碳转型。2023 年 5 月，专注于技术咨询的全方位管理咨询及会计公司 Clear-view Group 与 Persefoni 于美国宣布建立新的合作伙伴关系，帮助企业简化碳会计流程并降低风险，同时加速脱碳之旅。

以上诸多案例均展现了 Persefoni 在碳领域做出的实质性努力，和多家知名机构的合作表明了 Persefoni 在业内的重要地位。未来，类似的合作关系还将不断涌现。

三、下游碳资产消纳方

（一）苹果

1. 公司概况

苹果公司（Apple Inc.）由史蒂夫·乔布斯等人于 1976 年 4 月 1 日创立，并命名为苹果电脑公司（Apple Computer Inc.）。2007 年 1 月 9 日更名为苹果公司，总部位于加利福尼亚州的库比蒂诺。

2022 年 1 月 4 日，苹果公司市值首次达到 3 万亿美元，这不仅是全球首个达成此成就的企业，该规模也相当于全球第五大经济体的 GDP 体量，仅次于当时的美国、中国、日本及德国。

2. 碳市场实践

（1）绿色债券。来自苹果公司 47 亿美元的绿色债券投资有力推动了低碳生产与回收新技术的开发。苹果公司从 2016 年起开始发行绿色债券，以这种方式支持的项目证明了这些投资有助于减少全球碳排放，并为各地区带去清洁能源。

苹果公司从 2016 年开始总计发行了 47 亿美元绿色债券，以加速完成公司在 2030 年底前实现整个供应链碳中和的目标。苹果于 2016 年、2017 年发行的前两只债券现已完成所获资金分配。2019 年发行的绿色债券用于支持 50 个项目，包括低碳铝金属工艺的突破。这 50 个项目将缓解或抵销 288.3 万吨碳排放，在全球各地产生近 700 兆瓦的可再生能源装机容量，并促进回收技术的研究与发展。

（2）首创商用纯度低碳铝金属。苹果公司对于零碳铝金属的应用是上述绿色债券项目的一大成果。零碳铝金属是近年冶炼技术重大进展的产物，有助于减少碳排放。苹果公司使用的零碳铝，也是首次在实验室之外以工业规模生产的无碳铝金属，其在冶炼过程中不会产生任何直接的碳排放。iPhone SE 机型的生产便使用了该材料。

（3）致力于清洁能源和循环材料发展。上述绿色债券也用于可再生能源新资源的开发。苹果公司 2019 年发行绿色债券所得资金中，有超过 5 亿美元被投入清洁能源项目。这些项目包括全球最大的陆上风力涡轮机，其产生的电力为苹果公司在丹麦 Viborg 市的数据中心供电，而剩余的能源并入丹麦电网。

2020 年，苹果公司建立了 100% 由清洁能源供电的维堡数据中心，为整个维堡的用户提供网络支持和数据存储，并为苹果在欧洲的 App Store、Apple Music、iMessage、Siri 和其他服务提供动力，这些服务完全依靠当地项目的可再生能源运行。为了给该中心提供电力，苹果公司宣布将投资建设两台"世界上最大"的陆上风力发电机，以帮助实现碳中和的目标。这两台 200 米长的风力涡轮机将位于 Esbjerg 附近，预计每年可产生 62 千兆瓦时的电力。如果仅用于电网，这将足以为近 2 万户家庭供电。生产的电力将主要用于支持苹果在维堡的数据中心，而多余的电力将被送往丹麦电网。与苹果公司的数据中心一样，从 2018 年起，苹果公司在 44 个国家的所有办公地点和零售店都已使用 100% 清洁能源，绿色债券资金对此亦有贡献。

根据苹果 2023 年 4 月发布的 2023 年的环境进展报告，为实现产品供应链减碳，苹果供应商也正在转用产自太阳能、风能等可再生能源的电力。目前，已有超过 250 家供应商承诺使用 100% 可再生电力制造苹果的产品，涉及苹果 85% 以上的直接制造支出。而到 2030 年，苹果的所有产品都将以 100% 清洁能源制造。这一承诺表明了苹果在减碳方面的坚持，也彰显出公司的强大信心，多方合作伙伴、供应商也纷纷表态进行支持。根据苹果官网 2023 年 4 月 5 日发布的消息，已有 68 家中国制造商承诺到 2030 年底前仅使用清洁能源生产苹果产品，这一数字与 2022 年相比约增长 24%。

除此之外，苹果在循环材料方面也不断发展，其 2022 年出货的产品中，有 20% 的原材料都是回收而来，有超过 4 万吨电子废料实现回收利用。未来，随着苹果的进一步努力，这一数字也将不断增长。

（4）碳足迹。作为 2022 年全球 200 家清洁公司榜单的状元，苹果公司早在 2008 年便开启了环保历程，在社会责任报告中披露碳排放信息；至 2018 年，苹果公司已采取 100% 可再生能源为其全球运营场所供电，并与全球供应链合作，推广清洁能源的使用；2020 年，苹果公司在全球的运营实现了碳中和，并聚焦于达成从全球供应链到产品全生命周期实现碳中和的目标；2021 年，苹果公司所有范畴的碳排放量减少了逾 2300 万吨，业务增长已开始与碳排放脱钩（营收增长 33% 的同时，排放量只上涨不到 5%），而 2023 年 4 月 19 日苹果官网消息显示，过去的一年中苹果共避免了 2800 万吨的碳排放，这主要得益于在全球供应链中扩大可再生能源使用范围、使用回收材料和其他低碳材料生产产品。同时，自 2015 年以来，苹果的综合碳足迹减少了 45% 以上，而同期公司的收入增长超过了 68%。这证明苹果已在公司内部找到方案来解决低碳发展和经济增长之间的矛盾，在绿色转型上取得重大进展。到 2030 年，苹果迈向净零排放的目标包括其所有产品在内的全部碳足迹实现碳中和，并且相关排放量与 2015 年相比减少 75%（2015 年以来整个价值链的排放量已减少至少 40%）。综合来看，苹果正以健康且极富能量的状态向前迈进。

（二）BP

1. 公司概况

BP 公众有限公司前称英国石油（British Petroleum），是世界最大私营石油公司之一（即国际石油七姊妹之一）。BP 在 80 多个国家经营或销售其产品，为客户提供交通燃料、热能和照明能源、零售服务及日用石化产品。

BP 设定了到 2050 年前实现碳中和的目标，具体目标包括 BP 在生产石油和天然气的过程中绝对碳排放量为零，将 BP 销售产品的碳强度降低 50%，2023 年在 BP 的所有主要石油和天然气加工场所安装甲烷测量装置，并将甲烷排放强度降低 50%。

2. 碳交易参与

（1）低碳交易。BP 的低碳交易团队活跃于全球大部分碳和环境产品市场，在 BP 的贸易和航运业务中，低碳贸易是 BP 的核心业务。BP 在不断变化的环境中寻找新的机会和能源解决方案。BP 的目标是利用碳市场来激励广泛地区和行业的减排、降碳和碳抵销。通过 BP 在世界碳市场的活动，低碳贸易可以将 BP 和客户与碳定价联系起来，减少碳排放，并通过购买碳信用额度对其他部门项目提供支持。此外，BP 通过与自然气候解决方案联盟（NCSA）合作支持碳信用项目，以改善林业管理、保护热带森林和恢复生态系统。

BP 与我国企业亦有合作，2023 年 3 月，中国石油国际事业伦敦公司与 BP 碳贸易公司签订自愿碳减排量（Voluntary Emission Reduction，VER）交易协议。这是中国石油采购的首单 VER 期货标的，标志着中国石油碳交易业务从碳排放配额场内交易向 VER 场内交易延伸。BP 的国际影响力也在这一笔交易中得到完美体现。

（2）自愿减排量组合管理。目前，BP 投资组合中的每个自愿减排量项目均已通过第三方认证机构的验证。BP 深度参与全球的自愿碳减排市场；在北美，BP 使用了 ACR、CAR；在其他的国际市场，BP 在利用上述机制的同时还使用了 CDM。

除了在常规的自愿减排领域进行资产开发及管理，BP 也在其他领域利用多样化的资产组合，探索其在公众宣传和碳普惠方面所能发挥的作用。例如，BP 作为 2012 年伦敦奥运会及残奥会的官方合作伙伴，在伦敦奥运会期间向全球观众介绍各种低碳交通选择方案。通过与宝马（BMW）的合作，宝马的奥运会官方车队成为各种低碳方案的展示橱窗，推广宣传了多种油车降碳方案，包括使用最先进的生物燃料以及带有减排作用的嘉实多（Castrol）发动机油等。同时，对于在该届奥运会中已向 BP Target Neutral 工作组登记的持票观众，BP 自掏腰包抵销了他们前往奥运会所产生的二氧化碳排放量。

（3）开展终端负碳业务。BP 同时也持续探索实施 CCUS 项目，大力推进终端 CCUS。一方面，超前部署负碳技术，如开发将二氧化碳注入低压烃储层或低压含水层中的方法，将二氧化碳、二氧化硫等作为氧化剂生产芳烃，利用电化学还原二氧化碳以减少碳排放等；另一方面，实施一系列关于碳捕集的计划，包括在英国建设基于 CCUS 技术的燃气电厂，在 Teesside 地区实施净零排放项目，供应蓝氢的同时捕集 98%（约 200 万吨）的二氧化碳，帮助一系列碳密集企业脱碳；与埃尼集团、Equinor、壳牌、道达尔共同开发英国北海的海上 CCUS 项目，拟将二氧化碳封存在北海海底；与巴布亚新几内亚政府合作建设 Tangguh LNG 首个大型 CCUS 项目。

另外，BP 积极储备碳汇项目。BP 与中国亿利集团签署碳汇采购合同，深化双方在中国核证减排量林业项目方面的伙伴关系；收购美国森林碳汇公司控股权，该公司已注册超过 7000 万个碳抵销量；收购了从事卫星数据分析的初创企业 Satelytics，可远程精确验证森林密度。目前，BP 已储备超过 5000 万吨的森林碳汇。此外，BP 还在英国、美国和德国执行"员工碳补偿计划"，2020 年为员工碳排放和企业航空旅行抵销 10 万吨二氧化碳当量。

3. 碳市场实践

（1）开发海上风电项目。2023 年 7 月，BP 和道达尔能源公司（Total Energies）在德国北海和波罗的海海上风电场建设权拍卖中获胜，双方共出价 126 亿欧元建造总容量为 7 吉瓦的风电涡轮机，其发电能力几乎与德国现有全部海上发电能力等同。其中，BP 获得了两个海上风电项目的开发权，项目潜在装机容量为 4 吉瓦，将是 BP 首次在德国开发海上风电项目，目标是 2030 年底实现并网。至此，BP 在世界范围内的海上风电累计装机容量达 9.2 吉瓦。

（2）缩减传统炼化业务。BP 明确提出到 2050 年实现涵盖范畴三的净零排放，缩减传统炼化业务。其于 2020 年将全球化工业务出售给英力士，并计划在 2030 年前将炼油能力减少至 5000 万吨/年。对传统炼化业务进行缩减，说明 BP 正努力转变企业业务，加大对可再生清洁能源的关注，这一举措充分说明了其在低碳领域做出的努力。

第三节　碳减排产业链国内参与方

一、上游高碳转型企业

（一）中国华能

1. 公司简介

中国华能集团有限公司（简称"中国华能"）是经国务院批准成立的国有

重要骨干企业，创立于 1985 年，是中国电力工业的一面旗帜，持续引领发电行业进步。中国华能的注册资本为 349 亿元人民币，主营业务包括电源开发、投资、建设、经营和管理，电力（热力）生产和销售，金融、煤炭、交通运输、新能源、环保相关产业及产品的开发、投资、建设、生产、销售，实业投资经营及管理。

2. 部署"双碳"战略

2020 年 12 月 21 日、23 日，中国华能两次召开党组会议，围绕"做好碳达峰和碳中和工作"进行讨论。之后，中国华能明确了企业"双碳"时间表：到 2025 年，发电装机达到 3 亿千瓦左右，新增新能源装机 8000 万千瓦以上，确保清洁能源装机占比 50% 以上；到 2035 年，发电装机突破 5 亿千瓦，清洁能源装机占比 75% 以上。

3. 围绕"双碳"积极探索创新模式

中国华能全力打造海上风电和 CCUS 技术策源地，在打造绿色低碳产业技术协同创新平台方面进行了诸多实践，已牵头组建海上风电、CCUS、650℃ 高温材料和电力基础设施网络安全等 5 个创新联合体。

例如，CCUS 技术创新联合体由中国华能、国家石油天然气管网集团有限公司、清华大学、中国科学院等 17 家单位组成，以提升我国 CCUS 技术产业化设计、建设和运营能力，实现装备国产化，掌握具有国际先进水平的关键核心技术为目标，并将为国家应对气候变化及其相关政策和标准的制定提供技术支撑。

（1）中国华能北京高碑店热电厂碳捕集示范项目。2008 年 6 月，由中国华能自主设计并建设的中国第一套燃煤电厂烟气二氧化碳捕集装置在华能北京热电厂投入运行，每年可捕集碳量 3000 吨。该装置投运以来，二氧化碳回收率大于 85%，纯度达到 99.99%，各项指标均达到设计标准。该装置的运行可靠度和节能效果也都处于国际先进水平。项目捕集的二氧化碳可精制成食品级二氧化碳实现再利用，以供应北京碳酸饮料市场。

（2）中国华能上海石洞口碳捕集示范项目。中国华能于 2009 年在其上海石洞口第二电厂启动的二氧化碳捕集示范项目使用了具有自主知识产权的二氧化碳捕集技术，二氧化碳捕集装置年捕集二氧化碳规模达 12 万吨，捕集的二氧化碳纯度达到 99.5% 以上。捕集的二氧化碳部分经过精制后用于食品加工，其余部分用于工业生产。该捕集装置在投产时是当时世界上最大的燃煤电厂烟气二氧化碳捕集装置。

（3）中国华能天津绿色煤电 IGCC 电厂 CCUS 示范项目。中国华能于 2011 年建成投产天津绿色煤电 250 兆瓦级 IGCC 机组，于 2016 年建成 400 兆瓦容量且配备二氧化碳捕集装置的 IGCC 机组，旨在研究开发、示范推广二氧化碳近零排放的煤基发电系统，同时大幅提高发电效率，并掌握大型煤气化工程的设计、建设和运行技术。

4. 投资管理——加码绿色金融，发行碳中和债券

2021 年 2 月 7 日，中国华能旗下上市企业华能国际电力发行首个碳中和债券，规模 10 亿元，募资用于偿还华能如东八仙角海上风力发电有限责任公司，以及华能辽宁清洁能源有限责任公司的风电项目的前期借款。

2021 年 2 月 25 日，中国华能成功发行 2021 年度第一期专项用于碳中和的绿色公司债券，成为首批在交易所发行碳中和绿色债券的企业。本期债券发行规模为 20 亿元，期限为 2 年，票面利率为 3.35%。

2021 年 9 月 24 日，中国华能成功发行 2021 年度第二期专项用于碳中和的绿色公司债券，募集资金专项用于所属石岛湾核电站扩建工程。本期债券发行规模为 20 亿元，其中 5 年期、10 年期各 10 亿元，票面利率分别为 3.36% 和 3.8%，两只债券票面利率均为 2021 年以来 AAA 级电力企业同年期债券最低纪录。

（二）中国石化

1. 公司简介

中国石油化工集团有限公司（简称"中国石化"）是中国最大的成品油和石化产品供应商、第二大油气生产商，是世界第一大炼油公司、第二大化工公司，加油站总数位居世界第二，在 2024 年《财富》世界 500 强企业中排名第五。

2. 战略与目标

2021 年中国石化提出以净零排放为终极目标，推进化石能源洁净化、洁净能源规模化、生产过程低碳化，为应对全球气候变化做出新贡献。

3. 举措与路径：迈向"可再生化工"，持续降低碳足迹

（1）因地制宜加大可再生能源开发。2021 年，中国石化建成首个陆上风力发电项目——陕西大荔 20 兆瓦陆上分散式风力发电项目，实现了中国石化在风力发电领域零的突破。该项目可满足 2 万余户家庭的清洁用电需求，每年减碳约 3.5 万吨。

2021 年，中国石化完成光伏发电装机规模 100 兆瓦，新增年发电产能 1.2 亿度，碳减排能力 10.4 万吨。在地热开发领域，公司已实现供暖能力达 8000 余万平方米，每年可减碳 352 万吨。

（2）发展氢能全价值链开发。2021 年 11 月，中国石化首套质子交换膜制氢

示范站在燕山石化启动投用，标志着中国石化自主研发的国产质子交换膜制氢设备打通了从关键材料、核心部件到系统集成的整套流程。这是中国石化加快氢能产业发展的创新实践，为企业利用"绿电"制"绿氢"提供了可复制的技术方案和工程范例。

2021年11月，中国石化宣布我国首个万吨级光伏绿氢示范项目——新疆库车绿氢示范项目正式启动建设，是全球范围内建造规模最大的光伏绿氢生产项目，投产后年产绿氢可达2万吨。

2021年，中国石化制定氢能发展专项规划，提出按照"千站加氢引领，百万绿氢示范，双轮驱动创第一，替代减碳超千万吨"的目标，持续加大氢能领域投资力度，围绕氢能交通和氢基炼化推进氢能产供销一体化产业链建设。

（3）CCUS开发。2021年，中国石化启动我国首个百万吨级CCUS项目：齐鲁石化-胜利油田CCUS项目。该项目投产后每年可减排二氧化碳100万吨，预计未来15年可实现增产原油296.5万吨，是目前国内最大的CCUS全产业链示范基地和标杆工程，对我国CCUS规模化发展具有重大示范效应，对搭建"人工碳循环"模式、提升我国碳减排能力具有重要意义。

此次中国石化启动建设的百万吨级CCUS项目，由齐鲁石化二氧化碳捕集和胜利油田二氧化碳驱油与封存两部分组成。齐鲁石化捕集二氧化碳并将其运送至胜利油田进行驱油与封存，实现二氧化碳捕集、驱油与封存一体化应用。

启动齐鲁石化-胜利油田百万吨项目能够充分发挥中国石化上下游一体化优势，统筹二氧化碳减排与利用，将炼化企业捕集的二氧化碳注入油田地层，把难动用的原油开采上来，实现"变废为宝"。

此外，"十四五"期间，中国石化将加大建设力度实现CCUS产业化发展，研究建立CCUS技术研发中心，重点部署CCUS+新能源、CCUS+氢能、CCUS+生物质能等前沿和储备性技术攻关，加大二氧化碳制备高价值化学品、二氧化碳矿化利用等技术应用力度，突破碳捕集、输送、利用、封存等各环节核心技术和关键设备难题，建成"技术开发—工程示范—产业化"的二氧化碳利用技术创新体系，延展清洁固碳产业链，打造碳减排技术创新策源地。例如，依托中国石化集团南京化学工业有限公司等炼化企业产生的二氧化碳，力争在所属华东油气田、江苏油田等再建设百万吨级CCUS示范基地，实现CCUS产业化发展，助力我国实现碳达峰、碳中和目标。

4. 综合能源服务站，满足多元化需求

中国石化积极推动能源供应结构的升级，致力于从传统的单一油品供应商转型为"油气氢电服"综合能源服务商，努力从提供单一的油品服务向提供一站式、多元化的综合服务转变，加快建设"油气氢电服"于一体的综合能源服务体系。

中国石化利用在全国拥有 3 万多座加油站的网点优势，统筹布局充电业务，探索换电模式，规划到 2025 年充换电站达到 5000 座，努力成为智能电动汽车出行的破局者和引领者。

二、中游碳服务企业

（一）金诺碳投

1. 公司概况

金诺碳投成立于 2002 年，是一家致力于为广大客户提供专业的绿色发展综合方案的服务机构，是中国领先的低碳服务和碳资产管理运营商。

2. 业务范围

金诺碳投主营业务为碳交易、碳金融创新、绿色制造项目、售电业务、能源管控系统等。金诺碳投参与了北京、上海、深圳、天津、广东、湖北、福建和四川碳市场的交易，咨询业务遍布北京、上海、深圳、天津、广东、福建、山西和河南等地。

3. 碳市场实践

（1）碳资产。金诺碳投在碳资产管理、开发和交易领域拥有超过 15 年的服务经验，截至 2022 年已累计完成约 300 个减排项目碳资产开发和对应碳资产的二级市场销售，其中 CCER 项目约 200 个，覆盖减排技术类型包括风能、太阳能、生物质、垃圾处理、煤层气利用等，项目遍布全国各地。金诺碳投官网公开的信息显示，具体案例包括造林方面的吉林三岔子碳汇造林项目、湖南北部和西北部碳汇造林项目等，太阳能发电方面的三峡新能源沽源县大苟营一期等，生物质发电方面的国能南宫生物质发电项目等，风力发电方面的新疆哈密风电基地二期项目等。这些项目的良好运营印证了金诺碳投自成立以来取得的显著成效。

（2）碳交易。从 2014 年参与市场交易至 2019 年履约期结束，金诺碳投在北京、上海和深圳等交易所十分活跃，连续 5 年获得北京绿色交易所"十佳会员"的称号。

（3）碳汇。2019 年金诺碳投与壳牌能源（中国）有限公司合作推进林业碳汇项目的开发，并作为两个林业碳汇项目的开发咨询方协助业主进行林业碳汇的签发。

（4）"碳中和"案例。在第九届国际清洁能源论坛大会暨零碳岛论坛上，中国质量认证中心作为国家权威的第三方核查认证机构，受金诺碳投委托，依据《大型活动碳中和实施指南》（DB11/T 1862—2021）对本届论坛期间的碳排放进行现场核查和核算。本次活动核算边界包括 2022 年 12 月 18~19 日，在横琴粤澳深度合作区长隆横琴湾酒店会议中心举办的"第九届国际清洁能源论坛大会暨零碳岛论坛"线下主会场和在线系列会议，最终评估本届论坛召开期间产生的二氧化碳为 15 吨。

论坛召开期间产生的碳排放，由金诺碳投捐赠国际碳核证标准 VCS 项目减排量进行抵销。中国质量认证中心确定本届论坛通过使用碳信用抵销的方式实现了碳中和，并为论坛组委会颁发"碳中和"评价证书。由此正式确认"第九届国际清洁能源论坛暨零碳岛论坛"成为"碳中和"的大型国际论坛活动。

（二）碳阻迹

1. 公司概况

碳阻迹是一家碳排放管理软件和咨询解决方案的提供商，创立于 2011 年，为超过 1000 家企业机构提供碳排放管理软件和咨询解决方案，创造性地提出了企业制定碳中和目标的 CFOS 法则［量化碳排放（Calculating）、预测碳中和的核心要素（Forecasting）、超额制定目标（Overshooting）、传播（Spreading）］和碳中和 CREO 路径［量化碳排放（Calculating）、减排举措（Reducing）、影响生态伙伴的参与（Engaging）、对不可避免的碳排放做抵销（Offsetting）］，帮助企业量化、分析、管理、报告、减少碳排放以及最终实现碳中和。其在成立十周年之际，发布了全球首个一站式碳管理 SaaS 平台——碳云。

至今，碳阻迹服务了超 1000 家国内外知名企业，包括阿里巴巴、百度、京东、万科、字节跳动、美团、高瓴资本、绿动资本、联合国环境规划署、国家发展和改革委员会、生态环境部、美国能源基金会、世界自然基金会、迪拜世博会、中煤集团、中海油、中国建材集团、中国标准化研究院等。

2. 公司产品和服务

（1）碳排放管理软件。应对气候变化、减缓全球变暖已成为人类面临的共同挑战。2017 年 12 月 19 日，中国宣布全国碳排放交易体系启动，近万家企业被纳入受控范围。在此低碳背景下，众多企业开始探索通过信息化手段对碳排放进行管理，以实现用最低成本履约，甚至建立起从碳市场获益的目标。具有碳排放量化、分析、管理以及报告等功能的碳管理软件应运而生。

（2）碳管理咨询。面对国内外碳减排的压力和挑战，企业必须采取实质性的措施予以应对。企业进行碳减排，首先要对企业内部的碳排放进行量化，即碳盘查。正所谓没有量化，就没有管理。企业碳盘查能够帮助企业了解自身的碳排放状况、明确碳排放路径，为制定碳减排策略以及实施节能技术改造提供数据依据。

（3）碳账户平台。碳账户同银行账户类似，但其并非存储钱币，而是通过记录人们日常生活中的低碳行为记存碳减排量。在欧盟、美国、加拿大和澳大利亚等发达地区和国家，早就诞生了"碳税""碳交易""碳审计"等概念，对于个人而言，"碳账户"的重要性与征信账户不相上下，它量化了个人对环境、对国家乃至地球的责任与贡献。

3. 四大赛道碳减排服务案例

第一是互联网科技企业。阿里巴巴是碳阻迹具有标杆性的客户，它的菜鸟绿动计划、碳排放算法的开发等，都有碳阻迹团队的贡献。碳阻迹为阿里巴巴菜鸟提供绿色物流指标体系建设咨询服务：2019 年，菜鸟网络科技有限公司启动"菜鸟物流行业绿色指标体系"项目，以促进物流行业的绿色化和低碳化。碳阻迹受阿里巴巴菜鸟网络的委托，为其进行物流行业方面十余个场景的碳减排量核算，包括电子面单、纸箱复用、切箱算法、绿色园区等。同时，主要参与设计菜鸟网络绿色物流指标体系。此次低碳场景的核算主要考虑了减少快递包装材料、选用更环保低碳的材料、增加循环次数、使用清洁能源等几大类。每个大类下都与菜鸟网络的实际情况相结合，以求更加实际和有效地推动物流行业的低碳化。

第二是金融行业。比如高瓴资本，它宣布 2021 年实现公司运营层面温室气体排放的碳中和，并且在 2025 年实现成立 20 年以来历史运营温室气体总排放的碳中和。创新、ESG 是高瓴资本投资的行为准则，已经被纳入其从尽职调查、投资决策，到投后赋能、项目追踪，再到完成退出等投资全生命周期管理中。高瓴资本结合自身的特点，将 ESG 纳入企业自身的经营管理中，在业内率先开展自身的碳排查工作，加快推进自身运营的低碳化，实现自身的碳中和。持续的科技创新是环境、发展和治理问题的终极解决方案。因此，高瓴资本一直以来都高度重视人工智能、新能源技术的发展，支持企业运用前沿技术去推动绿色低碳实践。譬如高瓴资本投资的创新型碳中和解决方案提供商碳阻迹，利用技术手段帮助企业量化和减少碳排放，积累了全球 200 多个国家和地区超过 10 万条的碳排放数据，形成了中国也可能是全球最大的碳排放因子数据库，为各行业进行碳排放计算提供了基础。

第三是消费领域。比如星巴克开设了绿色门店，它的食品制作采用了植物基，推动更多的低碳产品的落地。碳阻迹向星巴克全球首家环保实验店"向绿工坊"提供碳核算服务：碳阻迹通过推出的一站式碳排放管理 SaaS 平台"碳云"为星巴克"向绿工坊"的"星善食"系列植物基原料食品提供专业的产品碳足迹数据测算服务。星巴克首次推出"星善食植物基燕麦乳巧克力麦芬"，与普通动物基麦芬相比，每个减少了约 60 克二氧化碳当量的温室气体排放，整体相较于使用动物基原料的巧克力麦芬会减少 75% 的碳排放。这相当于种植 0.01 棵树，或是节约 0.1 度电、节约 0.03 升汽油。这些数据都由"碳云"核算得出。

第四是能源领域。中海油、中石油等一些大型集团通过搭建碳管理的信息数字化平台，去管理国内国际的各个分子公司，或者是各个设施的碳排放信息，以便做出更加准确、更加合理的发展策略。2021 年，碳阻迹中标中煤集团碳排放信息管理系统开发服务项目，为中煤集团建设了一套集碳排放与碳资产数据管理、碳交易管理、碳减排辅助决策功能于一体的中煤集团碳排放信息管理系统。该系统作为向中煤集团提供碳资产管理服务的软件平台，主要包括碳排放管理、碳资产管理、碳减排管理、碳交易管理及其他增值功能。

（三）妙盈科技

1. 公司概况

妙盈科技是亚洲领先的可持续发展技术服务商，目前已在上海、北京、中国香港、新加坡设立分支机构。妙盈科技具备丰富的 ESG 数据，覆盖超过 400 万家企业，覆盖地区包括中国、新加坡及东南亚地区。妙盈科技具有成熟的 ESG 框架，覆盖超过 1000 个 ESG 数据点，并能兼容全球主流框架，提供更透明的 ESG 数据与评级服务。除此之外，妙盈科技还自主研发了可持续发展金融数据平台以及全球领先一站式 ESG 报告 SaaS 平台。

2. 主要业务

（1）ESG 服务。妙盈科技拥有丰富的 ESG 专业经验、庞大的 ESG 数据库及强大的数据开发能力。对于金融机构而言，妙盈科技通过提供更透明的 ESG 数据与评级服务，赋能投资、风控、授信、合规等全金融流程，服务全球金融机构。对于企业客户而言，妙盈科技可以通过其全球领先的 ESG 平台——ESGhub，为企业供应链上下游提供 ESG 数据收集、分析、管理、披露等多项服务，推动企业践行社会责任，加速企业实现"双碳"目标。

（2）碳减排服务。妙盈科技为企业提供端到端全链条闭环的碳排放管理服务，全方位覆盖碳中和咨询及路径规划、碳排放及能源数智化系统应用、碳资产管理及碳减排解决方案提供。妙盈科技官网显示，企业通过以下五个步骤即可实现完全的碳中和目标：

第一步，碳排放评估及追踪。妙盈科技提供全面、专业的企业碳盘查、产品碳足迹等咨询服务，帮助企业把握自身整体的碳排放情况，甄别碳减排机会，设置合理有效的短期和中长期减排目标。

第二步，减少和避免浪费。妙盈科技先进的智能算法，能够协助企业识别浪费，通过行为纠正和应用一定的技术来减少跑冒滴漏及浪费。

第三步，提升能源利用效率。从业务运营流程入手，提升能源利用效率。例如，通过技术改造优化生产工艺、提升设备能效，升级工具和设备，优化工作流程与方法等。妙盈科技的碳排放及能源数智化系统，可以帮助企业快速量化节能技改效果，轻松实现碳减排数据分析。

第四步，能源结构调整。在业务运营中增加可再生能源的使用量，降低化石能源使用率，减少排放总量。妙盈科技的碳排放及能源数智化系统，可以帮助企业全面准确地追踪碳减排成效。

第五步，碳捕集、利用与封存及碳交易抵销。妙盈科技将最终剩余无法避免的碳排放通过碳捕集、利用与封存或交易进行削减。妙盈科技提供覆盖强制碳市场及自愿碳市场各交易主体、交易产品的端到端的碳资产管理服务。

（3）碳普惠。妙盈科技的碳普惠服务分为两个板块：

1）全新打造的绿色碳普惠社区——绿喵。"绿喵"是妙盈科技打造的一款面向个人的绿色社区小程序，通过为用户设立个人碳账户，记录个人低碳行为，并通过内置碳计算器将其转化碳减排数据，结合妙盈科技碳管理专业优势，从而打造个人碳普惠运营中心。绿喵旨在带动公众积极参与可持续发展行动，和政府进行互动，共同构筑绿色低碳未来。在绿喵社区，个人用户能够通过打卡每日低碳行为，获取积分激励，所得积分可用于兑换有可持续理念的环保商品或者进行碳抵销。绿喵通过与星星充电、亿通行等企业合作，有效帮助个人用户建立了低碳行为意识。

2）为企业提供定制化绿色碳普惠社区。妙盈科技以 PaaS 为主要模式，根据企业需求定制如"绿喵"一样的碳普惠小程序，通过绿色办公、绿色通勤、社区影响等维度为企业员工参与低碳活动提供整合解决方案。同时，为企业提供员工参与低碳活动的可视化数字平台，帮助企业收集 ESG 报告披露所需的员工参与度、社区影响等数据。

（4）资本市场。环境与气候相关因素会引发金融风险已成为国际共识。国内外监管机构和金融业界对于环境与气候风险的关注与重视程度也在不断提升。

妙盈科技结合自身在 ESG、气候风险和金融领域的数据技术优势，为企业提供融资闭环中所需要的相关专业服务。

妙盈科技通过三项服务体系——指数服务、银行服务、数据分析及其他增值服务，帮助企业在融资闭环过程中更高效地管理自己在绿色可持续发展方面的表现，更加合规地披露 ESG 信息。

（四）大唐碳资产有限公司

1. 公司概况

大唐碳资产有限公司是中国水利电力物资集团有限公司的全资子公司，其前身为 2005 年成立的 CDM 办公室，承担中国大唐集团有限公司内外 CDM 项目商务谈判、技术开发等工作。2013 年中国大唐集团有限公司顺利完成从国际碳市场业务向国内碳市场业务的转型，2016 年 4 月成立大唐碳资产有限公司，实现了中国大唐集团公司碳资产统一、专业化管理。

大唐碳资产有限公司专注于提供企业绿色、低碳转型和碳资产管理领域的创新性咨询服务，致力于发展成为国内领先乃至具有国际影响力的绿色能源服务机构，通过创新实践推动我国的绿色发展和生态文明建设。

2. 服务和产品

大唐碳资产有限公司拥有十多年行业经验，凭借良好的品牌声誉、丰富的项目开发经验、高素质的专业团队、深厚的产业背景开展绿色低碳等相关服务。业务涵盖低碳履约服务、碳资产（CER、CCER 和 VER 等）及碳金融产品（包括碳债券、碳质押、碳借贷、碳托管、碳期货等）开发、碳资产营销、能源管理、低碳规划、绿色服务（包括绿证、绿色工厂、绿色供应链和绿色园区等）、前瞻性研究、企业咨询和教育培训等。

3. 碳市场实践

（1）引领碳交易市场。从 2005 年起，中国大唐下属专业公司中国水利电力物资集团有限公司开始开展国际减排 CDM 项目商务谈判、技术开发等工作。从 2013 年起，中国水利电力物资集团积极参与全国碳市场和碳交易试点地区的建设，成为多个试点地区碳交易所（中心）会员企业，代理中国大唐系统内企业开展国内碳交易。2016 年成立的中国大唐碳资产有限公司，连续多年为上海济丰包装纸业有限公司提供碳中和服务。截至 2021 年，大唐碳资产公司累计注册成功 CDM 项目 163 个，开发 CCER 项目近 50 个，为中国大唐系统内企业开发绿色电力证书百万余张。

（2）把握碳权，做碳中和先行者。2020 年 9 月 15 日，在诸多行业媒体代表的共同见证下，上海环境能源交易所为国际济丰包装集团颁发碳中和证书，标志着济丰包装与大唐碳资产有限公司的碳中和合作顺利达成。大唐碳资产有限公司自2015年为济丰包装（上海）提供中国包装行业的第一单CCER碳中和项目以来，已连续多年为其旗下21家工厂所产生的碳排放提供碳中和服务。

作为低碳行业的先行者，大唐碳资产自2014年便践行碳中和的道路，并为众多行业开展碳中和服务：大唐碳资产为海南省观澜湖世界明星赛提供的碳中和服务，是国际高球赛事的首次碳中和服务；大唐碳资产为在北京举办的中国循环经济发展论坛提供的碳中和服务，是循环经济领域社会团体的首次碳中和服务。

（3）大唐集团工业大数据平台。自2012年起，作为全国五大发电集团之一的大唐集团积极布局物联网、数字孪生、云计算、人工智能、5G等先进技术，建设联通全国发电资产的工业大数据平台，通过大数据的监控和挖掘，提高煤电清洁、高效生产水平，实时保障电厂最优化运行，提升集团运营效益。

大唐集团的发电资产遍布全国各省，其工业大数据平台打破了机组、电厂、子公司间的数据孤岛，整合发电机组设备层数据，集团业务系统数据及地理信息、天气预报数据等，实现了电厂数据挖掘和知识发现的全流程集成，其中智慧燃料、智能生产两个应用模块能够有效帮助火力发电减碳降本。

1）智慧燃料：该应用模块综合实时的燃料消耗、发电量、燃料库存和市场价格、运输车辆路线等数据信息，综合考虑单位燃料成本、锅炉燃烧效率、氮排放量等因素，一方面为电厂提供多目标优化的配煤掺烧方案，另一方面优化燃料竞价采购方案，降低燃料成本。

2）智能生产：大唐集团工业大数据平台聚合了集团国内外所有发电设备的运行数据，实现对发电设备状态的实时监测，提高了事故预兆识别能力，辅助现场人员优化运维策略。

三、下游碳资产消纳企业

（一）龙源电力

1. 公司概况

龙源电力成立于1993年，现隶属于国家能源投资集团有限责任公司（简称"国家能源集团"）。2009年，龙源电力在香港主板上市，获誉"中国新能源第一股"，2022年又于A股上市，成为国内首家由H股回归A股的新能源发电央企，同时也是五大发电集团中最早登陆A股资本市场的新能源企业。

龙源电力是中国最早开发风电的专业化公司，是我国海上、低风速、高海拔等风电领域的先驱开拓者，自 2015 年以来稳坐世界第一大风电运营商地位。除此之外，龙源电力目前还拥有光伏、生物质、潮汐、地热和火电等项目，朝着综合性发电集团的方向持续进发。截至 2021 年底，公司各类电源总控股装机容量为 26699 兆瓦，其中风电控股装机容量 23668 兆瓦。[①] 其业务分布广泛，涉及国内及加拿大、南非、乌克兰等海外国家或地区，展现出了十足的国际影响力，连续 9 年被评为"全球新能源 500 强"企业。

龙源电力在"双碳"方向上的发展进程主要由其全资子公司龙源碳资产公司推动，龙源碳资产为龙源电力提供碳相关咨询、碳资产管理、碳资产提供等服务，而龙源电力帮助龙源碳资产公司消纳碳资产。龙源碳资产公司是一家专业化的碳平台公司，全面贯彻集团 2021 年工作会议上"加强碳资产管理，深度参与全国碳排放权交易"的要求，勇挑重担，以技术为毂，以创新为轴，深耕碳管理，全力为国家能源集团加强碳资产管理和参与全国碳市场建设提供专业化服务。

2. 碳市场服务

（1）全面统筹，确保集团碳市场顺利开局。龙源电力的子公司龙源碳资产积极落实国家能源集团碳排放管理全覆盖的工作要求，在 2013～2019 年组织开展的四轮火电和化工企业的碳盘查工作中，完成各类碳排放报告千余份。深入研究碳排放规律和煤质数据，拟合碳含量与低位热值的关系，推动集团火电企业元素碳实测全覆盖，协助集团建成全产业板块的碳资产管理信息系统，提出科学化报送机制，推动数字化转型。滚动完成集团系统性碳排放培训，碳消纳能力持续加强。

（2）健全体系，探索碳交易多种机制。龙源碳资产在集团内率先制定了《委托交易管理办法》和《碳交易风险控制管理办法》，以"安全交易、规避风险、多级管控"的原则，从交易授权、风险监控、合规管理等方面对碳交易活动进行管控，建立了碳资产交易工作决策和审批流程，并连续 4 年承担集团试点地区企业碳交易履约工作。

龙源碳资产充分发挥专业优势，创新探索线上交易和协议转让相结合，内部调剂优先进行、外部交易有效补充，二级市场交易和参与政府拍卖并行，配额 CCER 置换等多种交易模式，精准研判，为各企业量身定制年度交易履约方案，规避风险，有效降低履约成本，累计为企业减少履约成本 3000 多万元。特别是

---

① 龙源电力集团股份有限公司．龙源电力召开 2021 年度业绩发布会［EB/OL］．http：//www.clypg.com.cn/lydlww/gsyw/202204/464ed26e62784ce884312c7d8bfaf6b4.shtml，2022－04－01．

2020 年克服新冠疫情影响顺利完成湖北企业的碳排放权交易履约工作，荣获湖北碳市场"抗疫支援奖"，专业支持抗疫彰显央企担当。

（3）技术领先，深度参与全国碳市场建设。龙源电力通过其子公司龙源碳资产公司率先启动中国自愿减排项目开发，创下多个全国第一：第一个 CCER 项目备案、第一笔 CCER 减排量签发、第一笔 CCER 线上交易。其为 2014 年 APEC 会议场馆提供碳减排量，使其成为了国内首个国际首脑峰会"零碳"场馆。

作为我国火电企业碳排放配额分配方案的见证者，龙源碳资产协同龙源电力参与历次国家、行业组织的碳排放配额试算。受邀参加全国碳市场数据报送、注册登记、交易系统的功能测试，编写碳市场运行操作手册。在顶层设计环节掌握主动权，从政策源头维护集团利益。

通过多年在碳排放和碳减排领域深耕厚植，龙源碳资产的工作得到集团和社会的广泛认可，被认定为国家级高新技术企业。龙源碳资产曾作为电力行业碳资产公司唯一代表在生态环境部应对气候变化司与中国电力企业联合会（以下简称"中电联"）举办的全国碳排放权交易市场关联行业的培训会上授课，在生态环境部 2019 年第 8 期 17 场培训中派人员担任讲师助教，获得生态环境部应对气候变化司、中电联以及与会企业的高度肯定。龙源碳资产在 2020 年先后获得北京绿色交易所"优秀碳资产管理奖"、上海环境能源交易所"集团碳资产管理奖"和湖北碳排放权交易中心"集团碳资产管理卓越奖"，全面提升了国家能源集团碳资产管理影响力。

3. 碳市场实践

（1）获得首个 CCER 备案项目。龙源碳资产公司代表龙源电力自 2013 年开始投身 CCER 项目开发工作，负责开发的龙源甘肃安西向阳风电场是全国首个获得 CCER 备案的项目。2013 年 10 月至 2017 年 3 月公示项目 2800 余个，完成项目备案 1047 个，其中风电、光伏 636 个；完成减排量备案项目 416 个，其中风电、光伏项目 207 个，累计减排量备案超过 7000 万吨。

（2）完成全国碳市场首批交易。2021 年 7 月 16 日，全国碳排放权交易市场在上海环境能源交易所正式开市，龙源碳资产公司代理国家能源集团 4 家火电企业完成全国碳市场首批交易。借鉴期货、基金行业做法，结合试点碳交易经验，首创碳资产交易操作平台系统，实现碳交易管控的数字化、智能化，填补国内行业空白。全国碳市场开市后，公司代理国家能源集团 4 家火电企业，顺利完成 25 万吨全国碳排放配额的首日交易任务。

（二）中国宝武

1. 公司简介

中国宝武钢铁集团有限公司（简称"中国宝武"）是全球最大钢铁企业，由原宝钢集团有限公司和武汉钢铁（集团）公司联合重组而成，是中华人民共和国国有独资的钢铁联合企业，总部位于上海。中国宝武致力于成为绿色、高端、智能化的钢铁制造集团，并形成与新材料、智慧服务、产业金融等相关产业协同发展的格局。

2. 战略与目标

围绕"以绿色发展为统领，以低碳冶金和智慧制造实现钢铁生产过程的绿色化，以精品化实现钢铁产品使用过程的绿色化，为构建碳中和社会作贡献"的绿色低碳发展思路，中国宝武力争在 2025 年具备减碳 30% 的工艺技术能力，2035年力争减碳 30%，2050 年力争实现碳中和。

3. 举措与路径

（1）新流程：改进与颠覆并重，布局绿色冶金技术路线。中国宝武着力形成全球钢铁行业的关键核心技术。在技术减碳方面，中国宝武部署了六大方面：极致能效、富氢碳循环高炉、氢基竖炉、近终形制造、冶金资源循环利用和二氧化碳回收及利用。六大技术方向深层次融合为两条主要工艺路径：一是以富氢碳循环高炉为核心的长流程工艺碳中和绿色产线；二是以氢基竖炉为核心的氢冶金工艺路径。这两条工艺路径加上碳资源综合利用、电加热等技术，就形成了中国宝武的碳中和技术路线。

（2）新能源：因地制宜布局开发，形成绿色能源保障体系。中国宝武依托各基地的负荷及资源优势，以建设自备绿色电厂为目的，加快风光核等绿色电力布局与开发，同时探索绿电异地输送通道，发展源网荷储一体化、智能微电网组建技术，开展熔盐储能、规模化水电解制氢等示范应用工程，夯实"零碳冶金"所需可再生能源和新型电力系统技术的保障基础。

（3）新智能：数字化升级加速产业链迭代，培育新生态。中国宝武坚持以数据智能驱动高科技创新，打造数字化工程设计与工程服务、先进装备制造、设备智能运维服务业务平台，发展产业互联网平台，为钢铁及先进材料产业生态圈提供全生命周期智慧制造和智慧服务的数智化整体解决方案。

（4）新材料：开发高性能绿色产品，降低碳足迹+放大碳手印。性能提升和材料替代都可以降低产品隐含的碳足迹，也可以在使用场景中降低碳排放量。中国宝武通过新材料和钢铁的协同耦合，为用户提供综合材料解决方案，实现全产业链绿色制造和全生命周期降碳。首发超大规格重型 H 型钢实现民用建筑低碳应用，该产品突破了高性能重型热轧 H 型钢的生产技术瓶颈，与焊接用钢相比每吨钢可降碳 12%。宝武耐微生物腐蚀管线管的耐微生物腐蚀性能提高 3 倍以上，服役寿命延长 5 倍以上，已批量应用于中国石化涪陵页岩气田的开发。

第五章　低碳技术和负碳措施发展潜力

　　碳达峰、碳中和目标的达成，分为"开源"和"节流"两条行动路线。所谓"开源"，即通过碳汇和CCUS技术等负碳措施来吸收减碳措施难以覆盖的碳排放部分。所谓"节流"，即从电力和能源结构的源头出发解决问题，通过清洁能源替代和节能技改的方式减少碳排放。清华大学气候变化与可持续发展研究院提出，到2060年，我国需要实现非化石能源消耗占比达80%。根据中国科学院研究数据，为实现2060年碳中和目标，我国需要实现年负碳量25亿吨。

　　无论是在减排路径还是在负碳路径上，国内外均在不断涌现由顶层设计引领、新型技术或概念所驱动的革新手段。在碳金融这样的全新政策理念和市场概念下，科技创新与模式探索将会是未来一段时间内我国"双碳"领域进步和变化的根本驱动力。

第一节　碳价、节能减排和碳汇

一、碳价上升的市源逻辑与节能提效的边际成市

（一）"开源"与"节流"同等重要

　　上文已提及，碳达峰、碳中和目标的达成，其实有两条路线：一为"开源"，即从电力和能源结构的源头出发解决问题；二为"节流"，即通过各类方式减少排放。

　　需要注意的是，在达成"双碳"目标之路上，新能源的"开源"与"节流"同等重要。能源结构的切换迭代并非一朝一夕所能完成的，甚至直至2030年碳达峰、2060年碳中和这样的关键节点之时，我国的能源供给端及工业端仍有极大可能无法完全脱离会产生温室气体的生产过程。在这种情况下，除了在能源供给端"思变"，我国的"碳中和"工作也离不开现有工业端和能源供给端的节能

工作。

与新能源"开源"的情况不同，节能降碳工作本身并没有明确的政策指引为市场参与者勾勒其未来的市场图景与技术路线。而工业与电力部门节能降碳的情况复杂、涉及的行业众多、与国民经济息息相关，其也很难从一行一业出发逆向对全局进行分析复盘。这样的分析需要掌握大量的技术和经济数据，建立复杂的全局模型，再依据碳达峰、碳中和的时间节点，正向输出结论，而这项分析研究的复杂性并非一般的机构所能应对的。可以说，这样一项研究本身就可能是碳达峰、碳中和工作的重要一步。

2022 年初，一篇带有总纲性的研究文章面世。由生态环境部牵头、中国科学院及建筑、冶金、石化、交通、有色金属等行业权威机构联合完成的《重点行业/领域碳达峰成本测算及社会经济影响评估》一文，利用迄今为止节能降碳领域最为全面复杂的分析模型，为我们揭示了我国节能降碳领域直至 2035 年的市场空间格局。这无疑是一幅宏大且雄心勃勃的画卷，整个工业及电力部门的节能降碳事业被全面且细致地拆解分析，颗粒度精细至具体减排措施。

根据该研究，我国重点行业和领域"十四五""十五五""十六五"期间的资金总投入需求分别为 9.3 万亿元、11.5 万亿元、13.3 万亿元，累计投入 34 万亿元，平均每年投入 2.3 万亿元，约占年均 GDP 的 1.5%。

其中，我国重点行业和领域 2030 年前碳达峰（2021~2030 年）的资金投入为 20.8 万亿元，年均投入 2.1 万亿元。分行业/领域来看，我国电力行业、钢铁行业、炼油和石化行业、水泥行业、有色金属行业、煤化工行业、交通领域、建筑领域在 2030 年前，分别需要投入 10.7 万亿元、5050 亿元、3715 亿元、3289 亿元、644 亿元、265 亿元、5.2 万亿元、3.6 万亿元。哪怕抛开电力部门降碳投资中关于能源结构调整及储能的部分，电力部门及工业部门的节能降碳投资也占到 2030 年前碳中和工作投资的 19%（5%工业领域节能、3%电网投资、8%火电机组节能改造、2.5%纯凝机组改造、0.5%热电联产灵活性改造）。如果我们将目光放到 2035 年碳达峰，进一步拆解工业领域节能在 2021~2035 年的投资需求，只考虑对现存技术/设备的改进的投资空间，则：

钢铁行业节能技改投入总规模约为 5000 亿元，包括余热余能的利用改造、电炉短流程炼钢推广、低碳技术示范与研发（包括氢能冶金）。

炼油和石化行业的节能技改投入总规模约为 3700 亿元，包括石化行业节能改造、石化装置延寿改造和新型化肥生产技术改造。

水泥行业节能技改投入总规模约为 2700 亿元，包括先进烧成系统技术中的六级预热预分解/两档窑/第四代冷却机/提效技术/隔热保温材料的推广、余热发电技术的推广应用和高效粉磨技术的推广应用。

有色金属行业节能技改投入总规模约为1000亿元，包括铝冶炼节能改造和铝冶炼先进技术研发投资。

煤化工行业节能技改投入总规模约为300亿元，包括炼焦/甲醇工艺节能改造和合成氨余热回收改造。

另外，经测算，2030年前我国重点行业和领域的碳减排总量需求为34.7亿吨，电力、工业、交通、建筑4个领域分别减排25.0亿吨、5.2亿吨、1.1亿吨、3.4亿吨，占比分别为72.1%、15.1%、3.1%、9.7%，电力和工业部门所贡献的减排量接近我国2030年前减排总量的90%。考虑到工业部门及电力部门是上述各个领域中主体最为明确、核算方法相对清晰的节能降碳领域，故电力及其他几大行业的企业被率先列入控排行业并不令人意外。

（二）碳价与节能减排：变化的成本边际曲线

从碳市场的角度来分析，工业和电力行业控排企业所采取的节能减排措施节省的碳排放量，可以直接与其所持有的碳排放配额挂钩。因此，工业和电力行业企业的节能成本，从某种意义上影响了我国碳市场中碳资产的目标价格。而碳市场所谓的"价值发现能力"反映的价值，在一定程度上也正是我国电力行业企业及工业行业企业开展节能降碳工作的成本。当然，落实到具体的市场上，碳价会与市场情绪、当年消纳情况、业主减排意愿、政策引导等复杂因素互相影响。但如果把观察的视角放大，碳价本身长期的变化势必会反映工业部门在节能领域长期的成本变化。

从这个角度出发，我们则有必要审视各行业及各细分减排手段所实际对应的成本。各行业及其对应的一级减排措施的投资强度可以用一种较为简单的方式进行估算，即用其行业节能减排所需的投资总额除以其预期的减排需求。

通过该方法核算，2030年前碳达峰电力、工业、交通、建筑领域的单位碳减排投资强度分别为4269元/吨二氧化碳当量、2467元/吨二氧化碳当量、47869元/吨二氧化碳当量、10766元/吨二氧化碳当量。图5-1中分列了各个行业一级减排措施对应的投资强度和减排量，横坐标轴为各措施对应的单位减排成本，也就是投资强度，纵坐标轴为各技术措施的碳减排量，而每个气泡的大小表示措施对应的碳减排总成本（总投资额）的大小。核算结果显示，直接改变电力行业的上游供应结构，即所谓的"开源"，能带来最大的减排成效，但其总投资规模也无疑是巨大的。图5-1中左下角的这一系列措施，则是工业领域单一措施减排量较小，同时单位减排成本较低的碳减排措施。可以看到，工业领域单位碳减排的投资强度远小于电力、交通和建筑领域，从成本控制角度看是碳达峰、减排的首选领域。综合来看，工业领域减排潜力最大，对应的减排投资强度相对较小的行业及措施是钢铁（St1，炼钢系统能效提升）、炼油和石化（Pc1，炼化系统节能改造）、水泥（Cm2，先进烧成系统、粉磨）。这也与此前各项研究及政策文件中提到的钢铁、石化、水泥可能会成为电力行业后第二批进入碳市场行业的判断相一致。因此，行业的减排"边际投资强度"不同，也在很大程度上暗示着碳市场逐步建设、逐步扩大的节奏，或者说在相关政策制定之时，本就考虑到了"边际减排投资强度"在不同行业之间的区别。

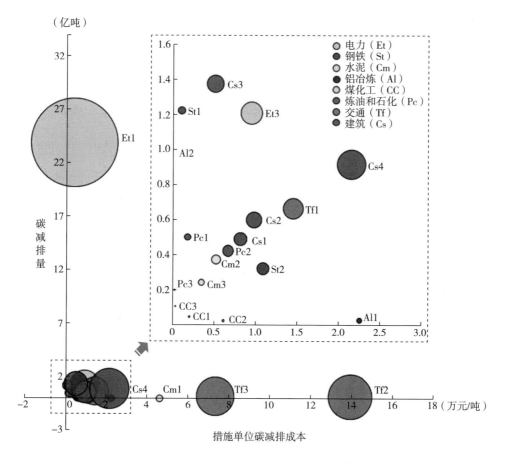

图 5-1　2021~2030 年各行业一级措施单位碳减排成本与碳减排量

资料来源：张静，薛英岚，赵静，等．重点行业/领域碳达峰成本测算及社会经济影响评估［J］．环境科学研究，2022，35（2）：414-422．

在减排过程中，成本投入的规模往往会影响决策审批流程及企业投资意愿，减排投资强度如果过高，那么即使其拥有良好的经济性，也会成为减排方案落地的重大阻碍。但需要指出的是，"边际投资强度"并不反映行业减排的真实成本。事实上，上文及图 5-1 分析使用的模型，仅考虑了一次投资的情况，并没有考虑到这些减排手段本身能够产生的收益。

然而，核算一种减排技术的实际成本是一个相当复杂的过程，对某个行业或者某几个行业全部的减排技术进行成本分析，并绘制边际减排成本曲线，则是更为困难的事情。但这一工作对于我们理解碳市场未来的价格变化趋势，有着非常重要的作用。

在 2017 年的一项研究中，研究者们对于这个问题给出了一个相对讨巧的方案。从学术角度来说，这一研究得出的结论可能不够严谨全面，且研究时间也相对较早，但这一研究所呈现的结果为本书提供了一些论证的基础。

学者们想出了一个非常有意思的方法，来对几大控排行业的节能减排技术进行边际成本曲线的绘制。他们找到了《国家重点节能低碳技术推广目录（2015年本 节能部分）》，然后根据其中有关技术条件、投资回报周期、减排能力等信息，辅以相关回报率方面的假设，针对水泥、火电和钢铁行业，得到了如表 5-1 所示的结果。

表 5-1 水泥、火电和钢铁企业节能减排技术的边际减排成本和减排潜力

	技术名称	投资额（万元）	年化投资额（万元）	运营维护成本（万元）	节能量（吨标准煤/年）	节能收益（万元）	边际减排成本（元/吨）	二氧化碳减排潜力（吨/年）
水泥	辊压机粉磨系统	3000	1003	150	4230	254	826	10900
	立式磨装备及技术	4000	1338	201	1721	103	3626	3957
	稳流行进式水泥熟料冷却技术	1000	334	50	7066	424	−21	18654
	大推力多通道燃烧节能技术	60	20	3	6100	366	−213	16104
	高效节能选粉技术	200	67	10	3500	210	−144	9240
	高固气比水泥悬浮预热分解技术	3500	1170	176	19500	1170	34	51480

续表

	技术名称	投资额（万元）	年化投资额（万元）	运营维护成本（万元）	节能量（吨标准煤/年）	节能收益（万元）	边际减排成本（元/吨）	二氧化碳减排潜力（吨/年）
水泥	高效优化粉磨节能技术	200	67	10	1575	95	-42	4158
	节能监控优化系统技术	1560	522	78	20000	1200	-114	52800
	可视化能源管理系统	672	225	34	2186	131	267	4765
	新型水泥预粉磨节能技术	650	217	33	4200	252	-2	11088
	水泥熟料烧成系统优化技术	950	318	48	6600	396	-17	17792
火电	皮带机变频能效系统技术	300	100	15	12000	720	-191	31680
	汽轮机通流部分现代化改造	3843	1285	193	4000	240	1172	10560
	汽轮机汽封改造	3000	1003	150	20000	1200	-9	52800
	变频器调速节能技术	18.8	6	1	100	6	47	264
	电除尘器节能提效控制技术	270	90	8	1400	84	-6	3696
	纯凝汽轮机组改造实现热电联产技术	1600	535	80	14000	840	-61	36960
	回转式空气预热器接触式密封技术	360	120	18	7260	436	-155	19166
	电站锅炉用邻机蒸汽加热启动技术	180	60	9	1315	79	-28	3472
	脱硫岛烟气余热回收及风机运行优化技术	4370	1461	219	2900	174	197	76560
	提高火电厂汽轮机组性能综合技术	1810	605	91	54137	3248	-179	142922
	火电厂烟气综合优化系统余热深度回收技术	965	323	48	3900	234	133	10296
	火电厂凝汽器真空保持节能系统技术	800	268	40	6000	360	-33	15840

续表

技术名称	投资额（万元）	年化投资额（万元）	运营维护成本（万元）	节能量（吨标准煤/年）	节能收益（万元）	边际减排成本（元/吨）	二氧化碳减排潜力（吨/年）
超临界及超超临界发电机组引风机小汽轮机驱动技术	3350	1120	168	4829	290	783	12749
自然通风逆流湿式冷却塔风水匹配强化换热技术	250	84	13	1981	119	−43	5230
冷却塔用离心式高效喷溅装置	83	28	4	1815	109	−161	4792
回转式空气预热器密封节能技术	500	167	25	5150	309	−86	13596
高效利用超低热值煤矸石的循环流化床锅炉技术	600	201	30	3509	211	22	9263
中小型汽轮机节能技术	750	251	38	8268	496	54	3696
富氧双强点火稳燃节油技术	470	157	24	11600	696	−61	36960
准稳定直流除尘器供电电源节能技术	1440	482	72	589	35	−155	19166
球磨机高效球磨综合节能技术	145	48	7	1260	76	−72	2746
大型高炉长周期高效运行的干式TRT装置	12000	4013	602	64000	3840	46	168960
高温高压干熄焦装置	20100	6721	1008	101956	6117	60	269164
蓄热式转底炉处理冶金粉尘回收铁锌技术	21000	7022	1053	14000	840	1958	36960
无旁通不成对换向蓄热燃烧节能技术	26	9	1	2470	148	−212	6520
低热值高炉煤气燃气—蒸汽联合循环发电	25000	8359	1254	12388	743	2710	32735
钢铁行业能源管控技术	4000	1338	201	10000	600	313	30000

（火电：前九行；钢铁：后六行）

续表

	技术名称	投资额（万元）	年化投资额（万元）	运营维护成本（万元）	节能量（吨标准煤/年）	节能收益（万元）	边际减排成本（元/吨）	二氧化碳减排潜力（吨/年）
钢铁	高炉鼓风除湿节能技术	3000	1003	150	14000	840	85	36950
	螺杆膨胀动力驱动节能技术	900	301	45	2520	151	293	6653
	炭素环式焙烧炉燃烧系统优化技术	500	167	25	1950	117	146	5148
	旋切式高风温顶燃热风炉节能技术	14600	4882	732	21000	1260	785	55440
	燃气轮机值班燃料替代技术	870	291	44	14704	882	−141	38819
	冶金余热余压能量回收同轴机组应用技术	6000	2006	301	36352	2181	−57	95969
	冷捣糊整体优化成型筑炉节能技术	26	9	1	1037	62	461	2737
	烧结废气余热循环利用工艺技术	4500	1505	226	8173	490	−290	1800

资料来源：万方数据知识服务平台。

《国家重点节能低碳技术推广目录（2015 年本 节能部分）》中提到的技术，通常是相关部门在调研过程中找到的、对于重点用能行业而言最具可行性和经济性的技术，因此这些技术所反映的减排成本，从本质上来说就具有某种"边际成本"的性质。由表 5-1 可得出结论：钢铁行业各项技术的减排成本要明显高于水泥及火电。

但我们也可以观察到另一个颇有意思的现象：在钢铁、火电、水泥行业中，大部分减排技术实际上是具有经济性的。上述分析中，关于企业投资回报周期的假设为 5 年。在这一假设下，水泥及火电行业中有相当一部分节能减排技术具有较好的经济性，甚至不需要碳市场的间接补贴，理论上也能为企业带来良好的收益。而当我们对照《国家工业和信息化领域节能技术装备推荐目录（2022 年版）》，相关情况仍然存在，其中大部分节能减排技术都只需要 3 年左右即可回收投资成本。

这一情况较好地对应了我国碳市场过去数年的情况。就控排企业来看，尤其是火电控排企业，仍然存在着大量本身就具有经济性的节能减排技术（具有经济性的技术在上述分析中贡献的减排潜力达到 75% 以上）。在这种情况下，碳市场的存在仅仅是让企业决策者更深刻地认识到减排工作的重要性，将这些减排技术选项摆在台面上。而一旦进入后续的实质性决策流程，这些本身就具备经济性的技术并不依赖于碳价的补贴。

但这种情况并不会长期持续。就如同吃西瓜一样，瓜瓤中心最甜的、容易下手的部分总会吃完，而具备经济性、较为简单、依托于我国工业和电力部门历史高能耗情况的节能技改选项，也将会随着工业部门整体能效水平的提高逐渐减少。行业整体的节能减排边际曲线将很有可能在这一趋势的影响下"上移"和"左移"，而与之对应的是，碳价的补贴作用也会凸显，其价格也有可能相对走高。

在这一逻辑下，我们可以得出另一个重要的结论：碳价的变化反映节能减排边际成本的变化，而节能减排边际成本的变化，则反映着我国工业及电力部门节能减排水平的变动。换言之，随着我国工业及电力部门在"十四五""十五五""十六五"期间对节能减排工作的推进，碳价作为能效水平的重要指示标准，将会长期稳定上行。

二、节能减排技术梳理：通用技术与专用技术

初次接触节能减排"行业"的投资者或创业者往往会遇到一个问题：节能减排尽管往往被人称为"行业"，但其与光伏或储能行业有着本质的区别，这个行业本不存在产业链之说，而更像是一个类似二级市场概念的，被人为"合并同类项"后产生的行业。

在梳理这个行业的过程中，不难发现其存在两种不同的技术类型（见图5-2）。一种技术是所谓的"通用技术"，这种技术的改进关注较为常见的工业过程，该过程存在于不同的行业中；而另一种则是所谓的"专用技术"，这一类的技术改进往往聚焦某一行业特有的工艺流程，如水泥行业的粉磨工艺段改进，因此不太具有行业间的可迁移性。

本部分将尝试通过这一分类，并参照多个年份发布的《国家重点节能低碳技术推广目录》，尽可能地向各位读者介绍并列举我国工业领域节能降碳的各项可用技术。需要注意的是，以下信息不一定能够覆盖各大控排行业的所有方面，因此仅起到讨论与技术分享交流的作用。

（一）节能减排通用技术

综观各大重点用能行业，有四种工业系统比较常见，即热系统（余热回收、保温）、液气系统（流动、加压减压、分离、物相转换）、电力系统（三相平衡、

电力分配、电机）以及终端的环保系统。

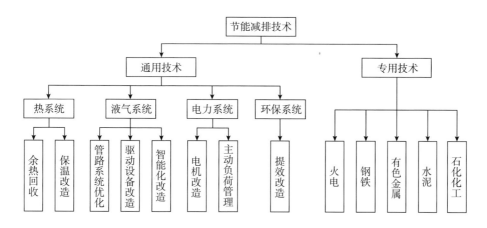

图 5-2 节能减排技术梳理：通用技术与专用技术

资料来源：上海清新碳和科技有限公司官网。

1. 热系统

热能的流动就是能量的流动，而热能的回收与管理直接决定着生产过程中系统能量效率的高低。在这一领域，各行业主要可选择的技术是余热回收、保温改造，这一点在前文节能减排行业投资强度的全景图中即有所体现。

（1）余热回收。余热回收主要是回收工业过程中产生的废热，并利用其热量或其产生的蒸汽发电。这也许是我国工业节能改造中应用空间最为广阔、应用场景最多的一项节能改造技术，在钢铁的焦炉尾气、高炉尾气、转炉尾气、煤化工黑水余热、化工尾气、水泥窑尾气等场景中都有可部署的点位。根据不同的应用场景，余热回收的介质有多种选择，包括液体水、导热油、气液两相水等。回收能量的具体装置可选择热泵，也可以考虑直接使用高温蒸汽驱动汽轮机，或是通过朗肯循环进行发电。

在钢铁前置焦化工艺的焦炉中，可对焦炉上升管荒煤气的余热进行回收。其原理是，将原焦炉上升管替换成外形相同的上升管水换热器，在换热器夹套内通入除氧水和高温荒煤气顺流间接换热，除氧水吸热蒸发后转化成蒸汽回收荒煤气显热。在上升管换热器内部生成汽水混合物，再到汽包内水汽分离，蒸汽直接并网或到用户，水继续用泵加压到上升管换热器继续生产蒸汽。如果将高温蒸汽直接通入汽轮机，也可实现废热转化为电能的余热回收。

对高炉煤气也可部署类似的技术，即高炉煤气余热回收技术。该技术也是将高炉煤气中携带的高温余热通过余热回收系统进行回收利用，用于供热或发电，以达到节能减排的目的。该技术的效果显著，据统计，利用高炉煤气余热回收技术可以将煤气温度从900℃降低到200℃以下，烟气排放温度从150℃降至70℃，降低烟气排放温度可以减少烟气对环境的污染。另外，根据实际应用效果，高炉煤气余热回收技术可将能源消耗降低10%~15%，减少二氧化碳排放量2~3千克/吨。

化工行业也可部署该类技术。在乙烯裂解炉节能技术中，围绕乙烯裂解炉辐射段、对流段、裂解气余热回收系统三个重要组成部分，采用强化传热高效炉管、裂解炉余热回收、裂解炉耦合传热等技术，可以有效减少燃料气消耗量，降低排烟温度，提高1%~1.5%的裂解炉热效率，延长30%~50%的清焦周期，增加20%的超高压蒸汽产量。裂解炉热效率提高，燃料气消耗量减少1%~2%，二氧化碳排放量减少。

余热回收不仅是气体显热的回收，也可回收液体显热。例如，煤化工气化黑水余热回收技术，通过无过滤、全通量黑水热交换与直接取热，将130℃左右黑水冷却至60℃以下，回收热量用于供暖或其他用热需求，替代现有工艺系统中真空闪蒸及闪蒸黑水冷却单元，解决煤化工行业水煤浆气化工艺中"粗合成气湿法洗涤除尘"单元产生气化黑水低温余热资源浪费的问题，实现余热回收。

（2）保温改造。保温改造是工业部门在节能技改过程中经常忽略的一项技术。然而，管道、锅炉、炉窑、反应釜一旦进行了阀门改造，将能够大幅减少向环境中逸散的废热，同时提高整体能源效率。

以电厂场景为例，其管道及阀门对保温技术的应用情况直接影响电厂能效，降低保温层外表面温度设计值有利于降低蒸汽损耗。目前大部分新建设的电厂都在管道与阀门保温方面采取了诸如发泡材料包覆或者复合材料隔热的设计。

在其他工业窑炉中也有类似的情况。以玻璃窑炉为例，应用梯度复合保温技术可以取得良好的节能效果。这一技术旨在针对玻璃窑炉不同部位，通过热工模拟计算及工况试验，根据热量从窑内向窑外梯度散失特点，将各部位保温层划分为不同温度段。对各温度段开发耐温性能好、保温性能强、材料耐久性强、高温线收缩低的保温新材料；再开发利用纤维喷涂，确保保温层不开裂、不收缩，形成保温性能优异、密封性好、耐久性强的新型保温技术，将玻璃熔窑向外界散失的热量控制在窑内，降低热量损耗，节约燃料使用量。

水泥窑也可应用相似的技术。在水泥窑中，用锆莫来石砖、莫来石砖和单晶相莫来石砖代替硅莫砖、硅莫红砖以及镁铝尖晶石砖，应用于水泥窑过渡带、预热带、安全带等区域，克服了多层复合结构缺陷，可使筒体温度降低50℃以上、筒体载荷降低10%，提高了能源利用效率及水泥窑的安全稳定性。

2. 液气系统

液体与气体作为工业部门运转的"血液"，不仅承担着输送能量与物质在工业系统中流转与变换的作用，有时也会在生产过程中扮演反应物或者工业原料的角色。所以，管道、液压系统、空分系统、气泵、鼓风机等装置，也成了整个工业部门中较为常见的设备。

（1）阀门、管路及密封。管路设计及密封设计与前文的保温改造一样，属于较容易被忽视的节能改造点位，但经过改造，也可以带来可观的减排效益，比如提高前述余热回收设备的密封水平，可以提高余热回收效率。

同样以电厂为例，通过简化热力系统，可以减少阀门数量，解决阀门泄漏问题，取得良好的节能提效效果，预计降低供电煤耗2~3克/千瓦时。

在阀门这一点位上，除了减少阀门数量，优化阀门的开启顺序也可以起到很好的节能效果。实际应用情况表明，通过对汽轮机不同开启顺序下配汽不平衡气流力的计算，以及机组轴承承载情况的综合分析，优化阀门开启顺序，可解决机组在投入顺序阀运行时的瓦温升高、振动异常问题，使机组在投入顺序阀时平稳运行，提高机组的运行效率，并降低供电煤耗2~3克/千瓦时。

电厂中管道系统的优化也可以取得类似的效果。适当增大管径、减少弯头、尽量采用弯管和斜三通等低阻力连接件等措施，可降低主蒸汽、再热、给水等管道阻力，使机组热效率提高0.1%~0.2%，降低供电煤耗0.3~0.6克/千瓦时。

（2）硬件改造。液体与气体的流转，归根结底来源于压力差，而除了各生产系统内生的压差或者温差，液体与气体的流动还需要风机、水轮机等设备进行驱动。对这一类驱动硬件设备进行改造，也可以提升系统整体的运行效率。

近年来，风机及水轮机领域的新兴技术主要有磁悬浮轴承和叶片优化设计等。磁悬浮轴承，即利用可控电磁力将电机转子悬浮支撑，由高速永磁同步电机直接驱动动力输出，省去传统齿轮箱及皮带传动机构，机械传动无油润滑、无接触磨损，显著降低摩擦损耗，具有功耗低、转速高、噪声小、寿命长等特性。而新一代叶轮设计，则是通过优化叶轮3D形态，使其更加符合流体动力学，在驱动液体或气体的时候获得更高的效率，同时采取新材料，在保证叶轮刚度的同时，降低其自重。

（3）智能化改造。液体与气体在工业生产过程中的流转，往往是在一套复杂的设备和管网体系中进行的。但也正是因为所涉及的系统复杂，单点设备所预设的工艺参数并不一定能带来最优的系统效率。因此，近年来液体与气体系统的智能化改造也是节能技改的重要方向。通过在管网和反应仪器中安置智能传感器及控制器，动态监控系统整体的运行情况并及时进行调整，以保证整体系统运行的最优效率。

空压系统中即有此类案例。通过安装智能电表、智能气表等设备采集用气规律和相关数据，建立数据库构建物联网，根据数据分析自适应匹配空压机和后处理设备最佳工况，并实时动态调整系统运行效率，可有效降低空压机系统能耗。

化工工业中的闭式冷却塔变频控制节能技术也属于此类技术。采用温度传感器与压力变送器对闭式冷却塔的换热量变化进行数据采集，将数据传输到变频器，使用模糊算法，动态调节循环水泵、风机的频率，实时调整源头发热量与冷却塔的换热量之间的平衡，实现冷却塔运行效率最优化。

钢铁行业中也有这类技术的应用场景。特大型高炉由于炉体体积大，鼓风本身效率的提升也充满挑战。在某节能案例中，通过部署智能传感器及控制器，开发应用微压控制保持技术、急速减压系统技术、动态双坐标修正的防喘振保护与最高压力限制保护技术，有效降低了高炉鼓风系统的运行能耗。

3. 电力系统

电力系统在任何工业生产过程中都是一种极为普遍的系统。在该领域中，电力的使用效率、分配情况都对整体的工艺能效水平有着一定的影响。

（1）硬件升级。随着交通等领域的电动化，电机技术的发展逐渐加快，而电气系统本身的控制技术也得到了长足的发展。在电机方面，工业领域的一个趋势是就部分中低功率段电机采用开关磁阻电机以替代传统的稀土永磁电机。开关磁阻电机采用柔性制动技术，通过综合识别制动转矩、电机绕组电流、开关角度等，自动调节制动功率，实现快速制动及正反转运行；采用开通角、关断角的自动调节技术，提高单位电流输出转矩能力、提高电机效率；应用专用无位置传感器技术和控制策略，部分场合可省去传感器，提高了电机在油污、粉尘等恶劣环境下的适应能力，提高可靠性，降低成本；能针对不同的行业充分发挥电机优势的现场匹配技术，使电机性能指标更匹配。

除了电机本身，电机调速器也有一些可以采取的优化方案，比如采取绕组式永磁耦合调速器技术。绕组式永磁耦合调速器是一种转差调速装置，由永磁外转子、绕组内转子及控制系统组成，永磁外转子与绕组内转子有转速差时，绕组中产生感应电动势，控制绕组中感应电流，实现调速和软起动，转速滑差形成能量引出发电，回馈到用电端再利用，实现节能提效。

（2）系统升级。工业企业中的电力（能源）管理系统的性质，其实与前文提到的液、气系统的智能管理系统类似。本质上，该系统还是以效能为主控制对象，通过对工厂重点用能设备部署硬件传感器来提升系统整体的运行效率。

以快速换相开关三相不平衡治理技术为例，该技术在配电系统中增加主控器和若干换相器，采用主控器实时动态采集配电系统负荷电流，自动生成并发送最优配置指令，换相器接收主控器发出的指令将单相负荷在三相之间切换，通过对单相负荷进行有载换相调度，有效地平衡变压器三相负荷，可大幅减少配电系统中变压器和线路损耗，切换过程不中断供电，不影响用户用电。

该类系统如果更进一步，搭载智慧工厂的概念，则可应用物联网技术，将工厂建设为一个物联网络（主站），控制网络中的可调控设备（如电机和阀门），并准确控制系统中的各类能量与物质流，整体上展现简约、自适应、最低能耗、透明可控等一系列外在健康属性，实现电力用度计划的最优管理。

4. 环保系统

2014年修订《中华人民共和国环境保护法》后，工业领域的环保设施建设标准日益提高，无论是水、气还是固废的处理标准，都在以年为单位逐渐提高。然而，在这个过程中，烟气与废水的处理，其实是两个颇为耗能的环节。烟气处理需要使用能量（加压）将烟气脱硫、脱硝、除尘，以达到预期的净化效果，而污水处理则需要经过通风（除异味）、气泵（曝气）、水泵（压滤或膜滤）、蒸发等不同工艺段，这些环节都需要消耗大量的能量。如果做好了这两个环节的节能，也可以降低整个生产过程碳排放的强度。

以烟气处理为例，主要涉及的技术为脱硫、脱硝、除尘，脱硫、脱硝环节涉及催化及吸附的效率提升，而除尘环节主要涉及除尘滤袋/静电除尘装置的效率提升。

在水泥行业中，部分混烧石灰竖窑已经开始配套超低温烟气处理技术，其能够实现烟气在130℃使催化剂起活，解决窑炉行业烟气脱硝二次加热能源浪费问题。

在除尘方面，提高滤材的工况温度、延长滤袋寿命、提高滤袋过滤效率，甚至是优化滤袋的结构设计，都可以提高除尘段的能耗表现。以钢铁行业应用过的折叠式"百褶"滤袋为例，其减污折叠滤筒的过滤材料呈折叠状，内有一体成型支撑骨架，具有高过滤精度和高通气量的特点，可以在有限空间内提供更多过滤面积，降低运行阻力，延长清灰周期，降低风机电机功耗，延长使用寿命。

（二）各行业节能减排专用技术

在各行业节能减排专用技术这个方向上，存在着众多可以采用的技术路线与方案，以至于如果要完全地论述这一话题，可能需要另起一本专著进行相关分析。因此，本部分对各行业节能减排专用技术的介绍，仅仅是与各位读者一同梳理技术方面的脉络，讨论技术的变化趋势，以抛砖引玉。同时，如果相关技术已经在前文通用技术中介绍过，则此处不再赘述。

1. 火电行业

超超临界燃煤发电技术是一种先进的、高效的发电技术，它比超临界机组的热效率高出约4%，与常规燃煤发电机组相比优势更加明显。

此处的超临界和超超临界指的是锅炉内工质，也就是水的压力情况。锅炉内的工质都是水，水的临界参数是22.129兆帕、374.15℃。处在这个压力和温度时，水和蒸汽的密度是相同的，这就是水的临界点，炉内工质压力低于这个压力就叫亚临界锅炉，大于这个压力就是超临界锅炉，炉内蒸汽温度不低于593℃或蒸汽压力不低于31兆帕被称为超超临界。从国际及国内已建成及在建的超临界或超超临界机组的参数选择情况来看，只要锅炉参数在临界点以上，都属于超临界机组。目前工业领域对超临界和超超临界机组并无严格的区分，只是参数高了多少的问题，而国际上一般认为只要主蒸汽温度达到或超过600℃，就是超超临界机组。

相比国外20世纪50年代就开始应用此技术，我国对超临界机组与超超临界机组的探索相对较晚。我国从1992年开始研制超临界机组，而直到21世纪初才开始引进超超临界技术。

2004年首台国产超临界机组投产后，国家又将超超临界机组的引进和消化吸收提上日程。国内主机厂通过不同的合作方式引进、消化并吸收国外技术，逐步实现了超超临界机组的自主研制。

截至目前，我国半数以上燃煤发电机组已经使用了超超临界技术，已经成为世界上1000兆瓦超超临界机组数量最多、容量最大和运行性能最先进的国家。而在未来，我国其余的亚临界、超临界机组将面临退役、替换和改造，超超临界燃煤发电技术渗透率的进一步提升，将促使我国火电行业的碳排放强度进一步下降。

2. 钢铁行业

(1) 大型转炉洁净钢高效绿色冶炼技术。从能效指标角度而言，转炉本身仍然具有进一步改造和迭代的空间。具体来讲，转炉的改造方向在于开发高强度、长寿命复吹工艺，新型顶枪喷头和大流量底吹元件，通过提高顶底复合吹炼强度，结合高效脱磷机理建立少渣量、低氧化性、低喷溅及热损耗机制，实现原辅料、合金源头减量化以及炉渣循环利用。

（2）干熄焦。干熄焦是在焦化工艺中用到的一种将高温焦炭冷却的手段。所谓干熄焦工艺，是相对湿熄焦而言的，指采用惰性气体将红焦降温冷却的一种熄焦工艺方法。在干熄焦过程中，红焦从干熄炉顶部装入，低温惰性气体由循环风机鼓入干熄炉冷却段红焦层内，吸收红焦显热，冷却后的焦炭从干熄炉底部排出，从干熄炉环形烟道出来的高温惰性气体流经干熄焦工艺锅炉进行热交换，锅炉产生蒸汽，冷却后的惰性气体由循环风机重新鼓入干熄炉，惰性气体在封闭的系统内循环使用。干熄焦工艺由于余热回收效率高、不易产生副产温室气体，因此其在节能、环保和改善焦炭质量等方面优于湿熄焦。

（3）氢能冶金。目前主流的氢冶金技术路线为高炉富氢冶炼与气基直接还原竖炉炼铁两种。

所谓高炉富氢冶炼，即通过喷吹天然气、焦炉煤气等富氢气体参与炼铁过程。相关实验表明，高炉富氢还原炼铁在一定程度上能够通过加快炉料还原，减少碳排放，但由于该工艺在传统的高炉中进行，焦炭的骨架作用无法被完全替代，氢气喷吹量存在极限值，因此一般认为高炉富氢还原的碳减排幅度为10%～20%，效果不够显著。

而气基直接还原竖炉炼铁，即将氢气与一氧化碳混合作为还原剂，将铁矿石转化为直接还原铁，再将其投入电炉进一步冶炼。氢气与一氧化碳混合作为还原剂的加入使碳排放得到了有效控制。相较于高炉富氢冶炼，气基直接还原竖炉炼铁可降低50%以上的二氧化碳排放量，更适合用于氢冶金。

高炉富氢冶炼的减碳幅度为10%～20%，效果有限；气基直接还原竖炉炼铁属于直接还原技术，不存在炼焦、烧结、炼铁等环节，能够从源头控制碳排放，减碳幅度可达50%以上，减排潜力较大，是迅速扩大直接还原铁生产的有效途径。但气基竖炉存在吸热效应强、氢气消耗量较大、生产成本过高、产品活性高和难以钝化运输等诸多问题。无论是高炉富氢冶炼还是气基直接还原竖炉炼铁，均具备一定的减碳作用。

近年来，全球钢铁行业都在积极开展氢能冶金实践。欧洲、日本、韩国等国家和地区的钢铁企业制定了包括氢能冶金在内的低碳冶金技术路线图，加快技术研发、试验和应用，为实现碳中和目标寻求低碳工艺技术突破。

目前世界上已经存在应用氢冶金技术的案例，如瑞典酐铁 HYBRIT 项目、萨尔茨吉特 SALCOS 项目、奥钢联 H2FUTURE 项目、德国蒂森克虏伯 Carbon2Chem 项目等。

目前国内部分钢铁企业，如河钢、宝武等也已发布氢冶金相关规划，甚至已经建成示范工程并投产，取得了一定的创新突破。

3. 有色金属行业

（1）侧顶吹双炉连续炼铜技术。该技术采用高铁硅比（$Fe/SiO_2 \geqslant 2$）熔炼渣型，直接产出含铜 75% 的白冰铜，吹炼采用较高铁钙比渣型、产出含硫小于 0.03% 的优质粗铜。因熔吹炼烟尘率低、渣量小含铜低、流程返料少以及反应热利用充分，获得铜精矿至粗铜直收率大于 90%，粗铜单位产品综合能耗降低，实现了高效化、清洁化、自动化连续炼铜。该技术适用于有色金属行业铜精矿冶炼工序熔炼和吹炼节能技术改造。

（2）高电流密度电解铜应用技术及装备。在电解铜生产过程中，采用高电流工艺（即 380 安/平方米电流密度）实现电解效率提升；采用电解液双向平行流供液循环技术，实现电解液流速均衡及对底部平行双向旋转过程优化控制；采用双向平行流腔道一体化浇铸成型电解槽技术，使电流密度分布均匀，提高电解出铜率和生产效率；采用乙烯基树脂整体浇铸电解槽，实现铜精炼电解规模化、清洁化、高效化生产应用。

（3）600 千安级超大容量铝电解槽技术。超大容量铝电解槽磁流体稳定性技术，突破了 600 千安级铝电解槽磁流体稳定性技术瓶颈，为铝电解槽的高效、稳定运行奠定了基础；热平衡耦合控制技术，对影响铝电解槽热平衡的全部要素进行综合优化配置，实现了 600 千安级铝电解槽预期的热平衡状态；铝电解槽高位分区集气结构技术，实现了超大容量铝电解槽槽罩内负压分布的均匀性，集气效率达到 99.6%，通过控制污染物总量实现了超低排放的目标。

4. 水泥行业

水泥行业的窑炉保温、粉料冷却等关键技术在前文通用技术中已经进行了介绍，其节能降碳的另外一个方向，就是在水泥制取的前道工艺，即粉磨工艺中，尽可能地提升能效表现。该领域可以采取的一种改进方法是，在不改变现有工艺和设备的情况下，增加一套水泥生料助磨剂加料系统，并在粉磨过程开始前往生料中添加助磨剂。将助磨剂按掺量 0.12~0.15 的比例添加在水泥生料中，可以改善生料易磨性和易烧性，在水泥生料的粉磨、分解和烧成中发挥助磨节电、提高磨窑产量、降低煤耗、降低排放、改善熟料品质等作用。

5. 石化化工行业

（1）新型高效催化剂的开发。催化剂是整个化工生产的核心，新型高效的催化剂可以缩短化学反应时间，提高生产效率，从而实现能源消耗的降低。加大企业技术开发或引进新型高效的催化剂也是提升产品转化率和产品质量、降低能耗的重要方式。

（2）等温变换技术。采用双管板结构、双套管与全径向、径向分布器等技术，设计独特换热元件结构置于等温变换反应器内部，利用沸腾水相变吸热，及时高效移出反应热，实现等温、低温、恒温反应，催化剂使用周期长，一炉一段深度变换，反应效率高，反应器阻力低，易大型化，副产中压蒸汽，热回收效率高，系统流程短，阻力低。该技术适用于石化化工行业氮肥、甲醇生产工艺节能技术改造。

（3）高效智能炭素焙烧技术及成套设备。燃气和空气预混后，经燃烧器喷嘴注入炉膛内燃烧，高温烟气在顶部驱动风机作用下，从炉顶吹到炉底，在炉膛产生旋流流场。装有炭素制品坩埚被架空，炉膛底部高温烟气流经坩埚底部后向上回流，以坩埚为对象构成烟气炉体内部循环。高温烟气与坩埚表面强化对流换热，坩埚吸收烟气热量；坩埚内炭素制品温度升高，在可控环境下完成焙烧过程。

三、碳汇及其发展潜力

（一）碳汇的概念

碳汇的概念源于 2005 年 2 月 16 日生效的《京都议定书》，按照《联合国气候变化框架公约》的定义，是指利用土壤、海洋、植物等自然资源或人造库，从大气中清除温室气体、气溶胶或温室气体前体（包括一氧化碳、氮氧化合物、二氧化硫、挥发性有机化合物等）的任何过程、活动或机制。与碳汇相对的概念叫碳源（Carbon Source），包括自然界和人类生产生活过程中各种温室气体的排放源。在各国不断推进绿色转型努力实现碳中和目标的背景下，碳汇是具有关键意义的碳减排选项。

（二）碳汇的种类

碳汇简单来说可分为陆地碳汇和海洋碳汇，也可细分为森林碳汇、草原碳汇、耕地碳汇、海洋碳汇和土壤碳汇等。

森林碳汇指森林植物吸收大气中的二氧化碳并将其固定在植被或土壤中，从而减少其在大气中的浓度。森林是陆地生态系统中最大的碳库，植树造林、扩大森林面积是未来数十年内低成本、高可行性的重要减碳方式。在 2003 年 12 月召开的《联合国气候变化框架公约》第九次缔约方大会上，国际社会就对将造林、再造林等林业活动纳入碳汇项目达成了一致意见，为全球范围内正式启动实施造林、再造林碳汇项目奠定了良好基础。

草原碳汇指草原生态系统通过光合作用吸收大气中的二氧化碳，并以有机碳的形式将碳固定在草原植物体内和草原土壤中。其中，地上植被层、地下根系层和土壤是草原碳汇的三个重要碳库。我国退耕还林、还草工程正不断进步，退化草地的固碳能力不断提升，草原、草地的固碳作用正不断显现。

耕地碳汇仅涉及农作物秸秆还田固碳的部分，由于耕地生产的粮食每年被消耗掉了，粮食中固定的二氧化碳被排放到大气中，而在农村部分秸秆被作为燃料使用无法固碳，因此只有作为农业有机肥的部分能将二氧化碳固定到土壤中。

海洋碳汇是指海洋作为一个特定的载体吸收大气中的二氧化碳并将其固化的过程和机制。世界上超过半数的生物碳和绿色碳是由海洋生物（浮游生物、细菌、海草、盐沼植物和红树林）捕获的，单位海域中生物固碳量是森林的10倍、草原的290倍。目前，我国蓝碳交易主要集中在IPCC所承认的三种蓝碳生态系统，包括红树林、海草床和盐沼。

土壤碳汇基于"酶锁理论"，即土壤微生物可作碳"捕集器"，以减少大气中的温室气体。但此理论未在业界形成统一意见，2021年7月，美国科罗拉多州立大学副教授Kelly Wrighton带领的团队指出，土壤微生物也"吃"多酚，可能会释放二氧化碳。

基于以上分类，碳领域出现了各色碳汇的说法，如"绿碳""蓝碳""黄碳""白碳"等，其中"绿碳"是利用绿植的光合作用来吸收二氧化碳，"蓝碳"是指利用海洋生物吸收大气中的二氧化碳，"黄碳"即土壤碳汇，而"白碳"是指陆地系统中形成的碳酸钙等碳化合物。和其他碳汇相比，"绿碳"现阶段的应用较为成熟，测量较为简便，已得到大量业内人士的研究和应用；"蓝碳"具有固碳量大、碳汇储存时间长等优势，相比森林、草地等陆地生态系统数十年的碳汇储存周期，"蓝碳"的碳汇储存周期可达数百甚至上千年；与"黄碳"相关的研究并不丰富，对应的方法学也有待完善；关于"白碳"的讨论在业内也相对较少。

目前，发展较为成熟得到普遍应用的碳汇主要指林草碳汇。据国家林业和草原局生态保护修复司2022年末测算，我国的林草年碳汇量超过12亿吨二氧化碳当量，居世界首位。《2022年中国国土绿化状况公报》显示，我国的森林面积已达到2.31公顷，森林覆盖率也达到24.02%。而在"蓝碳"方面，按全球平均值估算，"三大滨海蓝碳生态系统"红树林、海草床和滨海盐沼在我国每年可以产生126.88万~307.74万吨二氧化碳当量的碳汇量，未来能够为我国的碳减排进程和碳汇行业发展有效赋能。

（三）碳汇的重要性和发展前景

中国银行研究院指出，人类社会目前难以中止已有的生产生活方式，挖掘碳汇功能对碳达峰、碳中和意义重大，高度重视碳汇发展能加速催生新产业、新市场，打造新生态，进而塑造新的社会发展形态，为一地、一国建立新型竞争优势和创造新的经济增长点有效赋能，是推动经济转型发展的一种重要选择。

中国银行研究院同时指出，任何经济体在经济发展中都存在两方面矛盾，一是改善生态环境和促进经济增长之间的矛盾，二是保障国家能源安全和实现"双碳"目标之间的矛盾，而碳汇的发展能够帮助各国应对这两个矛盾。一方面，碳汇是绿色低碳转型下的经济发展新赛道，我国的既有经验已表明经济增长可以和低碳减排并行，而低碳转型也能给新产业发展带来机会；另一方面，发展碳汇是在保障国家能源安全前提下实现碳中和的必要手段，可再生新能源目前仍处于发展阶段，化石能源暂未被取代，而碳汇在推进碳中和过程中的作用不容忽视。

在我国明确提出并多次强调2030年前实现碳达峰、2060年前实现碳中和的政策背景下，碳汇已成为我国产业多方关注的焦点及重要发展方向。《中共中央　国务院关于2009年促进农业稳定发展农民持续增收的若干意见》提出"建设现代林业，发展山区林特产品、生态旅游业和碳汇林业"，碳汇首次出现在了我国中央文件中。2022年9月9日，国务院办公厅转发《关于推进国家公园建设若干财政政策的意见》。该意见提出，支持开展森林、草原、湿地等碳汇计量监测，鼓励将符合条件的碳汇项目开发为温室气体自愿减排项目，探索建立体现碳汇价值的生态保护补偿机制，明确了碳汇的价值。

在国家政策的支持下，碳汇行业的成长将不断加速，如共研网2023年预测，我国林业碳汇2022~2027年的市场需求年复合增长率预计为36%，我国林业碳汇的市场需求到2027年预计达348亿元；国联证券的分析师张晓春预测，到2025年和2030年，我国森林碳汇交易整体的市场规模有望达到106亿元和1344亿元。

将目光转向和碳汇密切相关的碳排放权交易市场，我国碳排放权交易市场首批共有2162家发电企业分到碳排放配额，一启动就成为全球覆盖温室气体排放量规模最大的碳市场。2015~2020年，全球累计签发的林业碳信用占碳信用总量的42%；而根据中国核证自愿减排量交易平台数据和国金证券统计，在CCER暂停前，2017年风力、太阳能发电项目合计在CCER主要项目中的占比超过60%，林业碳汇项目的占比仅为3.4%，我国林业碳汇尚有很大发展空间。然而，在良好的前景下，与碳汇相关的许多新兴技术仍待开发，相关法律法规有待进一步完善，与碳汇相关联的 CCER 等温室气体自愿减排项目在我国也尚未形成成熟的运行体系，碳汇行业的发展仍任重道远。

第二节　绿氢

氢能是一种来源丰富、用途广泛的二次清洁能源，能帮助可再生能源大规模消纳，实现电网大规模调峰和跨季节、跨地域储能，加速推进工业、建筑、交通等领域的低碳化。氢能的核心驱动可总结为三个方面：①能源发展的规律结果；②碳达峰和碳中和的必然选择；③缓解能源危机，摆脱地域资源约束。

2021 年全球氢气总产量（含合成气）约为 9400 万吨，同比增长 5.5%，占全球终端能源的比重约为 2.5%，其中每年纯氢制备产量约为 7000 万吨。随着世界各国减排承诺方案的推进，2030 年全球氢气产量有望突破 1.5 亿吨。[①]

一、氢的制备方式

（一）能源分为一次能源与二次能源

一次能源是自然界中天然存在的，可以用一定技术开发取得，没有经过加工改变其性质的能源。采出的原煤、原油、天然气、水能、太阳能、风能、生物质能、地热能、潮汐能、海洋能等都是一次能源。

二次能源则是一次能源经过加工处理转换而成的能源。电力、氢能、石油制品、焦炭、人工煤气、水煤炭、甲醇、乙醇等都是二次能源。

一次能源转换成二次能源不可避免地存在能量损耗，但二次能源比一次能源有较高的终端利用效率，也更清洁和便于利用。例如，为满足各种用油设备的需求，把原油加工成汽油、煤油、柴油等各种石油制品；为提高劳动生产率，需要使用各种电动设备，所以要把煤、油等燃料转换成电。一次能源无论经过几次转换得到的另一种能源产品，都称为二次能源。中国现有的一次能源结构及未来的能源结构规划如图 5-3 所示。

---

① 前瞻产业研究院.2024 年全球可再生能源制氢行业发展现状分析可再生能源制氢占比仍低[EB/OL].https：//bg.qianzhan.com/report/detail/300/231227-eb008b19.html，2023-12-27.

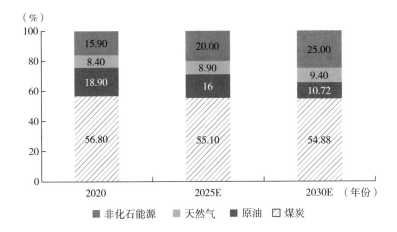

图 5-3　中国现有一次能源结构以及未来能源结构规划

资料来源：电力规划设计总院、友绿科技。

氢能以及电化学同属于二次能源，要利用现有的一次能源包括二次能源进行转化。

（二）氢的分类及制取方法

根据目前的一次能源类型以及现有的资源，氢可分为以下类别。

（1）灰氢：以化石能源煤炭、天然气重整制氢或者焦炉煤气、氯碱尾气、丙烷脱氢等工业副产制氢，生产的过程中会排放大量的二氧化碳（约 22.6 千克二氧化碳/千克氢）。

（2）蓝氢：在制作灰氢的过程中结合 CCUS 技术减少二氧化碳排放量（约 10.5 千克二氧化碳/千克氢）。

（3）绿氢：利用可再生能源通过电解水制取氢气，制取的过程中几乎没有碳排放（约 1.5~5.0 千克二氧化碳/千克氢）。

制氢方法如表 5-2 所示。

表 5-2　制氢方法总结

制氢方法		优点	缺点	全球结构占比	中国结构占比
化石能源制氢	煤制氢	产量高、成本低、技术成熟	化石资源储量有限，存在碳排放、需提纯除杂	18%	61%
	天然气重整制氢			48%	19%
	石油制氢			30%	—

制氢方法		优点	缺点	全球结构占比	中国结构占比
工业副产制氢	焦炉煤气制氢、氯碱尾气制氢	成本低	需提纯除杂、无法进行大规模集中化氢能源供应	—	18%
电解水制氢	碱性电解水制氢质子交换膜电解水制氢、阴离子交换膜电解水制氢等	工艺简单、环保、产品纯度高	尚未实现规模化应用，成本高	4%	1%
其他方式制氢	生物质制氢、光催化制氢	环保、原料丰富	技术不成熟	—	1%

资料来源：上海清新碳和科技有限公司官网。

化石能源和工业副产制氢均为利用传统化石能源直接制取氢气。电解水制氢主要包括两种方式：一是利用电网稳定的电制取氢气（主流电解水方式），背后的原因是政策驱动化工、钢铁领域脱碳，用煤制氢会产生二氧化碳，而电解水制氢不会产生二氧化碳；二是利用绿色新能源电力制取氢气，背后的原因是新能源发电结构下，可以利用风光电的波动功率制氢，并储存下来，同时绿电解水制氢是绝对的清洁能源制氢，不会产生碳排放。

二、为什么要发展电解水制氢，尤其发展绿电制绿氢

（一）工业脱碳

2021 年全球氢能需求超 9400 万吨，其中大部分的新增需求来自工业领域中的化学工业（300 万吨）和炼油工业（近 200 万吨）。整体来看，2021 年全球氢能主要应用在工业领域，炼油、合成氨、甲醇和钢铁的用氢占比分别为 42.2%、35.8%、15.5% 和 5.5%，其他领域的用氢占比仅为 1%。2020 年我国应用在合成氨、甲醇、炼油和其他工业领域的氢能占比分别为 37%、19%、10% 和 19%（见图 5-4）。

2021 年全球 9400 万吨氢气的二氧化碳排放量超 9000 万吨，低碳排放制氢产量不足 100 万吨。灰氢减碳空间极大，而绿氢在制备过程中几乎不排放温室气体，每生产 1 吨氢气碳排量仅 0.03 吨，在"双碳"目标要求下灰氢势必被更清洁的绿氢取代。

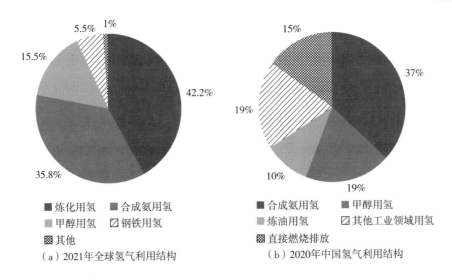

（a）2021年全球氢气利用结构 （b）2020年中国氢气利用结构

图 5-4 2021 年全球氢气利用结构及 2020 年中国氢气利用结构

资料来源：国际能源机构、36 氪、中国氢能源及燃料电池产业创新战略联盟、东吴证券研究所。

利用化石能源制氢，生产 1 千克氢气约产生 22 千克二氧化碳；利用甲醇制氢，生产 1 千克氢气会产生 9~10 千克二氧化碳；用电网的电进行电解水制氢，如果 63% 为天然气发电，37% 的电来自新能源发电，那么生产 1 千克氢气将产生 14 千克二氧化碳（制氢侧不会产生二氧化碳）；如果利用 100% 的新能源绿电制氢，那么生产 1 千克氢气不会产生任何二氧化碳。

绿氢作为工业原料的脱碳示例如下：

（1）合成氨，预期未来平稳增长，绿氢可渗透空间超 3000 万吨。2021 年全球合成氨产量 1.5 亿吨，其中我国 0.52 亿吨，按照 1 吨合成氨需 0.18 吨氢气，分别对应氢气需求 2700 万吨及 1000 万吨。合成氨 70%~80% 用在化肥领域；10%~20% 用在工业领域，用于生产硝酸和尿素；约 1% 用作民用炸药（见图 5-5）。目前，国内合成氨行业的能耗构成中，煤占比为 76%（无烟块煤 65%），天然气占比为 22%，其他占比为 2%。目前绿氢在合成氨领域已率先应用，在该领域，未来绿氢可替代空间在 3000 万吨以上。[①]

---

① 绿氢成本低至 8 元/公斤，年需求量破亿吨的时代将到来！［EB/OL］. 国际氢能网，https：//hz. in-en. com/html/hz-2423215. shtml，2023-03-15.

碳金融时代：碳交易的发展与机遇

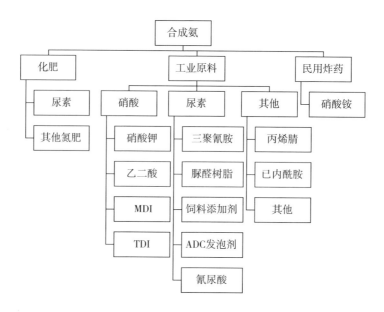

图 5-5　合成氨下游应用

资料来源：上海清新碳和科技有限公司官网。

（2）甲醇：甲醇航运燃料催生绿氢新需求。2022 年我国甲醇产量超 7900 万吨，同比微增 2%，预估全球需求 1.4 亿吨。从甲醇生产端看，约 65% 的甲醇生产来源于天然气重整，35% 来源于煤气化，若按照 1 吨甲醇需 0.13 吨氢气，对应我国与全球的氢气需求分别为 1020 万吨和 1850 万吨。甲醇的下游需求为烯烃、甲醛、甲醇汽油、醋酸、二甲醚、MTBE 等（见图 5-6），其中烯烃占比为

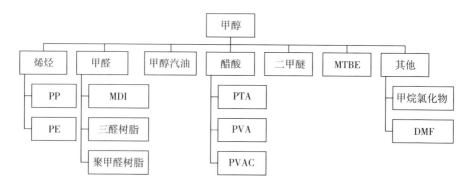

图 5-6　甲醇下游应用

资料来源：上海清新碳和科技有限公司官网。

55%，甲醛与甲醇汽油次之，占比均约为10%，生产醋酸、二甲醚、MTBE所用甲醇的占比约为6%。[①]

（3）钢铁冶金：全球钢铁年产量约为18亿吨，碳排放量约占全球碳排放总量的8%，钢铁行业是碳排放密集程度最高、最难实现碳中和的行业之一。传统钢铁冶炼工艺将焦炭作为还原剂，冶炼工艺分为长流程和短流程两种。长流程钢材生产大体包括两个环节：炼铁环节（焦炭与氧气在高温条件下反应生成一氧化碳，一氧化碳将铁矿石还原成铁水）和炼钢环节（铁水中的部分碳在高温下发生氧化反应）。短流程通过电炉将废钢冶炼成粗钢，用绿氢替代焦炭作为还原剂，是目前钢铁行业最具实用价值的碳中和解决方案。由于高炉炼铁是我国目前主流的钢铁生产方式，因此我国氢能炼钢技术的发展最先可能会用氢气代替部分化石燃料，通过向高炉内注入氢气提高冶炼效率，降低对化石能源的消耗和依赖，进而实现富氢减排的效果。该方法虽然具备设备改造难度小的优势，但减排不彻底。未来若绿氢制备成本降低，且工艺成熟，有望实现氢气完全替代焦炭的纯氢炼钢。经测算，若2030年钢铁领域绿氢渗透率接近1%，则对应绿氢需求100万吨，2050年绿氢渗透率提升至20%+，对应绿氢需求3000万吨以上。[②]

（二）能源脱碳

短期工业领域的氢脱碳可通过提升绿氢渗透率减少生产过程中的碳排放量，即以更低碳或零碳的途径获取现有用作原料的氢，将煤、天然气制灰氢升级为电解水制绿氢生成绿色甲醇和绿氨。长期来看，氢（气态氢、液氢）以及由绿氢合成的绿氨、绿色甲醇等有望直接取代部分化石原料：在交通领域替代石油（氢燃料电池、甲醇动力船、氨动力船）、在天然气中掺氢减少天然气用量、在火电机组掺烧氨或纯氨。

2022年欧盟正式将航运业纳入碳市场，2024年开始考核，对于5000总吨以上船只，按照2024年排放量的40%、2025年排放量的70%、2026年后排放量的100%逐步纳入碳排放配额管理，且除了二氧化碳，2026年也将正式考核甲烷、一氧化二氮（影响液化天然气船只）。因此，自2022年开始，全球甲醇双燃料船订单明显增加，且应用由绿氢制成的绿色甲醇。2022年前三季度，甲醇船舶占新增订单的比重为3%，占替代燃料船舶的比重为6%，随着欧洲船舶碳考核时间

---

① 绿氢成本低至8元/公斤，年需求量破亿吨的时代将到来！［EB/OL］. 国际氢能网，https：//hz. in-en. com/html/hz-2423215. shtml，2023-03-15.

② 曾朵红，阮巧燕. 氢能源行业深度报告：绿氢，第四次能源革命的载体［EB/OL］. https：//baiji-ahao. baidu. com/s? id＝1759759951775023255&wfr＝spider&for＝pc，2023-03-08.

节点趋近，后续订单将明显增长。按照 1 艘 5 万吨载重量双燃料船舶每年耗甲醇 5 万吨测算，预计到 2030 年新增甲醇船舶的渗透率将达到 9%，当年对应耗费氢量超 500 万吨。

（三）大规模风光电消纳、调峰

绿氢储能具有规模大、时间长、能量转化形式多样等优势，可解决新能源消纳问题。近年来新能源的迅速发展使电力输送和综合消纳等困难凸显，可再生能源发电的随机性、季节性、反调峰特性及不可预测性导致部分电能品质较差，叠加储能技术有限，"弃风弃光"问题突出。而用新能源发电制氢，有利于提高可再生能源利用效率，助力消纳新能源"弃风弃光"问题。将绿氢作为储能的方式，或将绿氢转为绿氨、绿醇，具备以下优势：

（1）储能规模大且时间长：电化学储能的容量是兆瓦级，储能时间是 1 天以内；抽水蓄能容量是吉瓦级，储能时间是 1 周至 1 个月；氢能储能的容量是太瓦级，时间可以达到 1 年以上。

（2）可跨长距离储能：氢储能可以做到跨区域长距离储能。

（3）能量转化形式多样：从能量转换上看，氢能不仅可转换为电能，还可以转换为热能、化学能多种形式的能源（见图 5-7）。

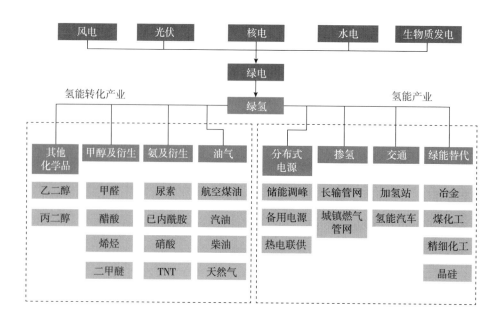

图 5-7　氢能转化示意图

资料来源：上海清新碳和科技有限公司官网。

三、风光度电成本降低推动绿氢大规模应用

降低电价及电耗为水电解制氢降本的核心，水电解制氢的成本远期有望低至8元/千克。目前国内最成熟的电解水制氢技术为碱性电解，制氢成本主要来源于电费和设备折旧，其中电费占比为70%~90%，折旧占比为10%~30%。按照年生产时间2000小时、电耗5千瓦时/标方、电价0.3元/千瓦时计算，1000标方的电解槽制氢成本为25元/千克。理想情况下，按照电耗4千瓦时/标方、电价0.15元/千瓦时计算，对应成本为15元/千克，则基本可与天然气制氢平价。若绿氢与风光、风电耦合，年利用小时提高至4000小时以上，成本则有望进一步下降至11元/千克以内，基本可以实现与煤制氢平价。远期来看，若电价达到0.1元/千瓦时、电耗下降至3.5千瓦时/标方，则绿氢成本可降至8元/千克，低于煤制氢。

在煤与天然气价格日益飙升的情况下（受全球大宗商品通货膨胀以及国家严格核定煤矿产量的影响），用化石能源制氢的成本日益增高，电解水制氢的性价比逐渐凸显。如果制氢可以因地制宜，在新能源上网电价较低的地方制氢，氢气价格将在当地有绝对优势。除此之外，如果赋予绿氢另一种意义，即不需要额外的碳排放，当全球交易市场追踪交易物品的碳足迹并且征收高额碳税的时候，绿氢的价值就会逐步提高。

第三节　碳捕集、利用与封存

一、碳捕集、利用与封存技术浅谈

CCUS指将二氧化碳从排放源中分离后直接加以利用或封存，以实现二氧化碳减排的技术过程。作为目前唯一能够实现化石能源大规模低碳化利用的减排技术，CCUS是我国实现碳达峰、碳中和目标技术组合的重要构成，尤其是在火电、钢铁、水泥、化工等领域。近年来，我国在碳捕集、输送、利用及封存多个环节均取得重大技术突破，技术路线呈现多点开花趋势，部分领域已经具备CCUS技术工业化应用能力。

（一）碳捕集、利用与封存技术的提出背景

CCUS是人类解决气候变化问题不可或缺的工具之一。

CCUS 最直接的作用就是减少大气层中的二氧化碳。这一技术的提出，是为了缓解人类排放二氧化碳所造成的温室效应，并争取在 21 世纪中期将气候变暖控制在一个可以接受的范围之内。

2019 年，IPCC 对于这个范围给出了一个量化的结论：世界必须将全球气温升高幅度限制在 1.5℃之内。到 2100 年，若全球变暖超过 1.5℃，将导致全球气候长期及不可逆转的变化（见图 5-8）。

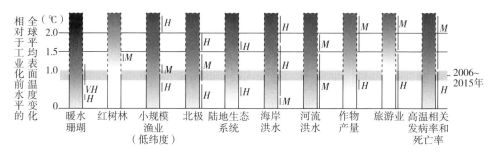

转变的置信度：L=低、M=中等、H=高、VH=很高

图 5-8　全球升温水平对全球环境可能造成的影响

资料来源：IPCC、上海清新碳和科技有限公司官网。

1.5℃的气温上升控制目标不仅是学术界和联合国的共识，而且受到了各国政府的肯定。《巴黎协定》由全世界 178 个缔约方共同签署，其明确指出各缔约方的长期目标是将本世纪全球平均气温较前工业化时期的上升幅度控制在 2℃以内，并努力将温度上升幅度限制在 1.5℃以内。随后，全球各大主要经济体纷纷提出了自己的二氧化碳排放控制战略，我国也提出了"3060"碳达峰、碳中和战略。

然而，仅仅依靠提升能源利用效率、增加新能源装机比例等减碳措施，是无法达到《巴黎协定》制定的 1.5℃的气温上升控制目标的。IEA 提出，如果要实现 1.5℃的气温上升控制目标，2060 年全球工业部门将有 280 亿吨的二氧化碳需要进行 CCUS 处理，能源加工和转换部门的 CCUS 需求累计量为 310 亿吨，电力部门的 CCUS 需求累计量为 560 亿吨。

就我国而言，如果要实现碳中和远景以及气温上升控制目标，到 21 世纪中叶电力、工业领域将分别有 8 亿吨/年和 6 亿吨/年的碳排放需要通过 CCUS 进行处理。

（二）二氧化碳捕集、利用和封存的介绍

CCUS 是指将二氧化碳从工业生产、能源利用或大气中分离出来，直接加以利用或注入地层以实现二氧化碳永久减排的过程。二氧化碳捕集、利用和封存，在早期其实只有捕集和封存两个环节，也就是 CCS。

二氧化碳捕集是指将二氧化碳从工业生产、能源利用或大气中分离出来的过程，主要分为燃烧前捕集、燃烧后捕集、富氧燃烧和化学链捕集。无论所用手段如何，二氧化碳捕集产品基本上都是液态二氧化碳，有利于后续的运输和封存。而二氧化碳封存，则是指通过工程技术手段将捕集到的二氧化碳注入深部地质储层，实现二氧化碳与大气长期隔绝的过程。按照封存位置不同，可分为陆地封存和海洋封存；按照地质封存体的不同，可分为咸水层封存、枯竭油气藏封存等。考虑到二氧化碳封存的永久性，在地面上使用人造罐体储存的方式基本不可行，而地下封存也要考虑到选址在千年尺度上的气密性以及地质稳定性。

从上述对二氧化碳捕集和封存的描述中可以看出，这一过程所需要的人力和物力着实不小。也正是因为经济问题，虽然 CCS 的概念在很久之前就已经提出，但一直没能在国际上获得广泛的应用。由此，二氧化碳利用的概念应运而生。

二氧化碳利用是指通过工程技术手段将捕集到的二氧化碳实现资源化利用的过程。根据工程技术手段的不同，可分为二氧化碳地质利用、二氧化碳化工利用和二氧化碳生物利用等。其中，二氧化碳地质利用是将二氧化碳注入地下，进而实现强化能源生产、促进资源开采的过程，如提高石油、天然气采收率，开采地热、深部咸（卤）水、铀矿等多种类型资源；二氧化碳化工利用是将二氧化碳作为原材料合成一系列有机物、建筑材料或者燃料；二氧化碳生物利用则是利用部分植物和藻类的光合作用来吸收二氧化碳，并产出木材或蛋白质等有经济价值的产品。这三种利用技术的优劣如表 5-3 所示。

表 5-3　主流二氧化碳利用技术及其优劣势

利用技术	成熟度	优势	劣势
地质利用	已接近商业利用	方案成熟，原理简单，能够与成熟的地质封存技术很好地结合；在强化矿藏油藏开采时具有正经济效益	与地质封存问题类似，可能会带来更高的地震风险；目前较为成熟的二氧化碳地质利用主要是强化化石能源的开采，长期与碳中和理念相悖
化工利用	已有工业级示范项目落地	化工利用的产成品价值更高，投资成本回报周期更短	二氧化碳化工利用产成品的细分下游市场有限，导致单个技术的理论处理能力普遍在 1 亿吨二氧化碳/年以内
生物利用	中试阶段	下游应用领域广、合成过程天然无污染，可产出纤维素、蛋白质、糖类等各种重要食品和化工原料	技术尚不成熟，藻类提纯需要消耗大量热能与电能

资料来源：上海清新碳和科技有限公司官网。

二氧化碳利用带来的经济效益有力地解决了此前 CCS 成本高、效益差的痛点，也为整个 CCUS 产业链补上了最后一块"拼图"。随着 CCS 技术的发展和国际上对 CCS 技术认识的不断深化，以及中美两国在气候谈判中就 CCUS 技术的推行达成共识，CCUS 的概念获得了国际的普遍认同。

（三）我国 CCUS 应用需求

目前，我国 CCUS 的应用需求主要集中在水泥、火电、钢铁、石化、化工等行业，而根据生态环境部发布的《中国二氧化碳捕集利用与封存（CCUS）年度报告（2021）——中国 CCUS 路径研究》（以下简称《中国 CCUS 年度报告（2021）》）预测，到 2030 年，水泥和化工行业有望成为我国 CCUS 减排需求率先超过千万吨/年的两大应用领域。

水泥行业是人为二氧化碳最主要的排放源头之一，由于其生产涉及大量的二氧化碳排放环节（如由石灰石制备生石灰），每生产 1 吨水泥直接排放（不计算能源消耗）的二氧化碳可达 0.65~0.72 吨。考虑到我国目前的水泥产量占到全球水泥产量的一半以上，水泥行业的减排行动迫在眉睫。

2019 年能源转型委员会与落基山研究所联合发布的报告《中国 2050：一个全面实现现代化国家的零碳图景》指出，到 2050 年，即使我国水泥行业的总产量由目前的 24 亿吨下降到 8 亿吨，同时即使采取其他常规减排方案后，仍剩余 48% 的碳排放量需要利用 CCUS 技术进行消化处理，所以 CCUS 是水泥行业脱碳的必要技术手段，预计水泥行业 2030 年的 CCUS 减排需求为 1000 万~1.52 亿吨/年，2060 年的 CCUS 减排需求为 1.9 亿~2.1 亿吨/年。

火电行业是当前中国应用 CCUS 技术的重点领域，不仅是因为火电行业是二氧化碳排放大户，也是因为 CCUS 是碳中和目标下保持电力系统灵活性的主要技术手段。2060 年前达到碳中和的目标要求电力系统大幅提高非化石电力比例，尽早实现净零排放，但短期内迅速提升非化石电力占比，必将显著提升电力系统供给端和消费端的不确定性，影响电力系统的安全稳定。因此，火电行业引入 CCUS 技术是当前电力系统实现碳中和的重要技术手段之一，不仅可以稳定提供清洁电力，同时也能平衡可再生能源发电的波动性，使我国电力系统在实现碳中和目标的大前提下，仍然可以拥有灵活性和可靠性。

《中国 CCUS 年度报告（2021）》指出，预计到 2025 年，煤电 CCUS 减排量将达到 600 万吨/年，2040 年达到峰值，为 2 亿~5 亿吨/年，随后保持不变。此后，气电对 CCUS 技术的部署将逐渐展开，减排量于 2035 年达到峰值，为 0.2 亿~1 亿吨/年，随后保持不变。

《中国 CCUS 年度报告（2021）》显示，钢铁行业在 2030 年的 CCUS 减排需求为 200 万~500 万吨/年，2060 年的减排需求为 0.9 亿~1.1 亿吨/年。中国钢铁生产工艺以排放量较高的高炉−转炉法为主，电炉钢产量仅占 10% 左右。高炉−转炉法炼钢约 89% 的能源投入来自煤炭，导致中国吨钢碳排放较高。CCUS 技术可以应用于钢铁行业的许多方面，其中包括但不限于氢还原炼铁技术中氢气的产生以及炼钢过程。在整个炼钢过程中，炼焦和高炉炼铁过程的二氧化碳排放量最大，因此这两个过程的碳捕集潜力也最大。

《中国 CCUS 年度报告（2021）》还指出，石化和化工行业的 CCUS 减排需求相对较小，2030 年约为 5000 万吨，到 2040 年逐渐降低至 0。中国石化和化工行业有很多高浓度二氧化碳（高于 70%）排放源，包括天然气加工厂，煤化工厂，氨/化肥生产厂，乙烯生产厂，甲醇、乙醇及二甲基乙醚生产厂等，其捕集能耗低、投资成本与运行维护成本低，有显著优势。因此，石化与化工领域高浓度排放源可为早期的 CCUS 示范提供低成本机会。需要指出的是，石化和化工行业也是二氧化碳的主要利用领域，其有机物合成、气体提纯、反应的成熟工艺包可以很好地转移至 CCUS 的化工利用场景中，可以通过化学反应将二氧化碳转变成其他物质，进行资源再利用。

（四）我国 CCUS 落地情况

过去几年中，随着我国提出"碳达峰、碳中和"重要气候战略，并在国际气候议题上扮演愈发重要的角色，我国在 CCUS 领域的探索初见成效。

《中国 CCUS 年度报告（2021）》显示，截至 2021 年，我国已投运或建设中的 CCUS 示范项目约为 40 个，捕集能力 300 万吨/年。以石油、煤化工、电力行业小规模的捕集驱油示范为主，缺乏大规模的、多种技术组合的全流程工业化示范。考虑到二氧化碳利用项目并不多，而纯捕集项目的经济效益较差，且以技术验证为主，所以这些示范性项目的实际二氧化碳处理规模会比设计处理能力小一些。

然而，虽然我国现有 CCUS 项目以示范性为主，且产能相对较小，但在技术路线、分布地域上呈现多点开花的局面。中国 CCUS 技术项目遍布 19 个省份，捕集源涉及的行业和封存利用的类型多样化分布。中国 13 个涉及电厂和水泥厂的纯捕集示范项目总体的二氧化碳捕集规模达 85.65 万吨/年，11 个项目的二氧化碳地质利用与封存规模达 182.1 万吨/年，其中强化石油开采（Enhanced Oil Recovery，EOR）的二氧化碳利用规模约为 154 万吨/年。中国二氧化碳捕集源覆盖燃煤电厂的燃烧前、燃烧后和富氧燃烧捕集，燃气电厂的燃烧后捕集，煤化工的二氧化碳捕集以及水泥窑尾气的燃烧后捕集等多种技术。二氧化碳封存及利用涉及咸水层封存、EOR、驱替煤层气、地浸采铀、二氧化碳矿化利用、二氧化碳合成可降解聚合物、重整制备合成气和微藻固定等多种方式。

就我国已落地的 CCUS 项目分布情况来看，捕集+化工利用项目数量最多，因此化工利用类技术是我国目前 CCUS 工程示范项目的主要探索和验证方向。同时，地质利用类项目虽然数量相对较少，但单体体量都显著大于其他技术路线的装置，这是由于地质利用类项目已经基本实现正经济收益，正在逐渐走向商业化应用。总体而言，我国 CCUS 项目的落地情况符合我国 CCUS 的技术发展现状，体现了地质利用进入规模化试验阶段、化工利用进入示范工程验证阶段、生物利用处于前期技术验证阶段的发展格局。

二、碳捕集、利用与封存技术路线分析

随着近年来气候变化议题在国际上得到广泛关注，以及世界各大主要经济体碳中和目标的出台，各类 CCUS 技术路线以及实验装置如雨后春笋般涌现，从矿化、生物利用到化工利用，不一而足。

为了更好地说明我国各类 CCUS 技术实际的应用情况，本部分仅计入目前已经有规模化处理能力，即 500 吨/年处理能力以上的 CCUS 装置。

我国 CCUS 技术路线如图 5-9 所示。

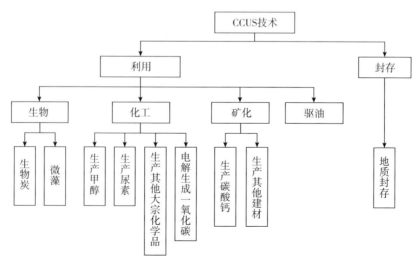

图 5-9　CCUS 技术路线分析

资料来源：上海清新碳和科技有限公司官网。

（一）技术现状

捕集端应用集中于燃煤电厂和水泥厂。作为已经纳入碳交易体系的燃煤电厂和未来即将被纳入碳交易体系的水泥厂，其对 CCUS 技术的探索和试验很有可能会在短期内为它们带来碳指标方面的可观收益。因此，燃煤电厂和水泥厂会有更强意愿对万吨级的 CCUS 试验装置进行投资，从而成为了我国 CCUS 试点的先行者。

在下游利用方面，EOR 技术是当下唯一能实现稳定经济收益的 CCUS 技术路线。有关研究人员曾表示，EOR 技术带来的收益在原油油价在每桶 60 美元以上时就可以抵销其成本，而国际油价在 2021 年初突破每桶 60 美元后就一路走高，EOR 的经济性进一步提升。

在单体项目规模方面，商业化速度较快的 EOR 设施已经开始迈向 10 万吨级以上的年处理能力，但其他种类的利用技术要么停留在千吨级中试阶段，如化工利用以及矿化技术，要么停留在实验室验证阶段和小试阶段。

总体而言，以 EOR 为代表的第一代 CCUS 装置已经正式开始商业化运行。国家能源集团鄂尔多斯 CCS 示范项目已成功开展了 10 万吨/年规模的 CCS 全流程示范。中石油吉林油田 EOR 项目是全球投入运行的 21 个大型 CCUS 项目中唯一的中国项目，也是亚洲最大的 EOR 项目，累计已注入二氧化碳超过 200 万吨。2021 年 7 月，中石化正式启动建设我国首个百万吨级 CCUS 项目（齐鲁石化-胜利油田 CCUS 项目）。

EOR 作为率先实现商用价值的 CCUS 技术路线，已经成功地使 CCUS 从实验室走向了工厂的 10 万吨甚至是百万吨级应用，同时在十几个大型 EOR 装置中，率先探索并验证了 CCUS 中的二氧化碳捕集工艺包在工业级生产中的实现形式。

表 5-4 列出了我国部分 CCUS 项目应用的技术。

表 5-4　我国 CCUS 项目情况（不完全统计）

项目名称	捕集工业类型	捕集规模（万吨/年）	利用与封存技术	投运年份	2021 年底状态
国家能源集团鄂尔多斯咸水层封存项目	煤制油	10	咸水层封存	2011	2016 年起停止注入，监测中
延长石油陕北煤化工 5 万吨/年 CO_2 捕集与示范	煤制气	30	EOR	2013	运行中

续表

项目名称	捕集工业类型	捕集规模（万吨/年）	利用与封存技术	投运年份	2021年底状态
中国核工业集团有限公司通辽地浸采铀	—	—	地浸采铀	—	—
中石油吉林油田 CO_2-EOR 研究与示范	天然气处理	60	EOR	2008	运行中
华能高碑店电厂	燃煤电厂	0.3	—	2008	撤资，已停运
华能绿色煤电 IGCC 电厂捕集利用和封存	燃煤电厂	10	盐水层封存	2015年捕集装置完成，利用与封存装置延迟	实验验证完毕，停止封存
国电集团天津北塘热电厂	燃煤电厂	2	食品应用	2012	运行中
连云港清洁能源动力系统研究设施	燃煤电厂	3	盐水层封存	2011	运行中
华能石洞口电厂	燃煤电厂	12	工业利用与食品	2009	间歇式运行
中石化胜利油田 CO_2-EOR 项目	燃煤电厂	4	EOR	2010	运行中
中石化中原油田 CO_2-EOR 项目	化肥厂	10	EOR	2015	运行中
中电投重庆双槐电厂碳捕集示范项目	燃煤电厂	1	用于焊接保护、电厂发电机氢冷置换等	2010	运行中
中联煤驱煤层气项目（柿庄）	外购气	—	ECBM	2004	运行中
华中科技大学 35MW 富氧燃烧示范	燃煤电厂	10	工业应用	2014	运行中
中联煤驱煤层气项目（柳林）	—	—	ECBM	2012	运行中
克拉玛依敦华石油-新疆油田 CO_2-EOR 项目	甲醇厂	10	EOR	2015	运行中
长庆油田 CO_2-EOR 项目	甲醇厂	5	EOR	2017	运行中
大庆油田 CO_2-EOR 示范项目	天然气处理	—	EOR	2003	运行中
海螺集团芜湖白马山水泥厂5万吨级二氧化碳捕集与纯化示范项目	水泥厂	5	—	2018	运行中
华润电力海丰碳捕集测试平台	燃煤电厂	2	—	2019	运行中
中石化华东油气田 CCUS 全流程示范项目	化工厂	10	EOR	2005	运行中
石化齐鲁石油化工 CCS 项目	化工厂	35	EOR	2017	运行中

项目名称	捕集工业类型	捕集规模（万吨/年）	利用与封存技术	投运年份	2021年底状态
新疆准东 CO_2-EWR 野外先导性试验	—	—	实验	2018	实验
国家能源集团国华锦界电厂15万吨/年燃烧后 CO_2 捕集与封存全流程示范项目	燃煤电厂	15	咸水层封存	2020	建设中
华能天然气发电烟气燃烧后捕集实验装置	燃煤电厂	0.1	—	2012	已停运
华能长春热电厂燃烧后捕集项目	燃煤电厂	0.1	—	2014	间歇运行
北京琉璃河水泥窑尾烟气碳捕捉及应用项目	水泥厂	0.1	工业利用	2017	运行中
丽水36-1气田 CO_2 分离、液化及制取干冰项目	天然气开采	5	商品	2019	间歇运行
$300Nm^3/h$ 烟气 CO_2 化学吸收中试平台	燃油锅炉	0.05	实验	2019	间歇运行
齐鲁石化-胜利油田 CCUS 项目	化工厂	100	驱油封存	2022	建设中

资料来源：《中国二氧化碳捕集利用与封存（CCUS）年度报告（2021）——中国 CCUS 路径研究》。

（二）我国 CCUS 各环节技术进展

目前碳捕集技术的成熟程度差异较大，燃烧前物理吸收法已经处于商业应用阶段，燃烧后化学吸附法尚处于中试阶段，其他大部分捕集技术处于工业示范阶段。燃烧后捕集技术是目前最成熟的捕集技术，可用于大部分火电厂的脱碳改造，国华锦界电厂开展的15万吨CCS示范项目是目前中国规模最大的燃煤电厂燃烧后CCS全流程示范项目。

燃烧前捕集系统相对复杂，整体煤气化联合循环技术是典型的可进行燃烧前碳捕集的系统，此技术路线的试验装置主要有华能天津IGCC项目以及连云港清洁能源动力系统研究设施。除此之外，富氧燃烧技术被认为是最具潜力的燃煤电厂大规模碳捕集技术之一，其产生的二氧化碳浓度较高（在 90%~95%），更易于捕获。富氧燃烧技术发展迅速，可用于新建燃煤电厂和部分改造后的火电厂。

当前，第一代碳捕集技术（燃烧后捕集技术、燃烧前捕集技术、富氧燃烧技术）的发展已经渐趋成熟，但主要瓶颈为成本和能耗偏高，在工业场景下，捕集1吨二氧化碳的成本为 400~500 元人民币；而第二代碳捕集技术（如新型膜分离技术、新型吸收技术、新型吸附技术、增压富氧燃烧技术等）仍处于实验室研发或小试阶段，技术成熟后其能耗和成本会比成熟的第一代技术降低 30% 以上，5～10 年内将会开始应用于中试装置，最晚在 2035 年前后大规模推广应用。

输送技术方面，在现有二氧化碳输送技术中，罐车运输和船舶运输技术已达到商业应用阶段，主要应用于规模 10 万吨/年以下的二氧化碳输送。中国已有的 CCUS 示范项目规模较小，大多采用罐车输送二氧化碳。华东油气田和丽水气田的部分二氧化碳通过船舶运输。管道输送尚处于中试阶段，吉林油田和齐鲁石化采用陆上管道输送二氧化碳。海底管道运输二氧化碳的成本比陆上管道高 40%～70%，目前海底管道输送二氧化碳的技术缺乏经验，在国内尚处于研究阶段。

二氧化碳利用主要分为地质利用、化工利用、矿化利用和生物利用。早年间，我国也有过直接应用捕得的二氧化碳的尝试（华能石洞口电厂项目），比如以液态二氧化碳或者干冰的形式应用在食品行业，或作为自然制冷剂，但由于下游用量较小，以及制备成本居高不下，该技术路线的经济效益和前景都相当有限，实际应用不多。

在我国二氧化碳地质利用技术中，二氧化碳地浸采铀技术已经达到商业应用阶段（但具体产量、处理能力尚未公开），EOR 已处于工业示范阶段，强化深部咸水开采技术已完成先导性试验研究，驱替煤层气开采技术已完成中试阶段研究，二氧化碳强化天然气、强化页岩气开采技术尚处于基础研究阶段。

中国二氧化碳 EOR 项目的分布相当广泛，集中在我国东部、北部、西北部以及西部地区的油田附近及近海地区。2021 年 7 月，中石化正式启动建设我国首个百万吨级 CCUS 项目（齐鲁石化-胜利油田 CCUS 项目），正式宣告我国 EOR 装置进入百万吨级时代。

矿化利用可以说是我国 CCUS 技术中除地质利用以外发展最快的技术路线。中国科学院过程工程研究所在四川达州开展了 5 万吨/年钢渣矿化工业验证项目；浙江大学联合河南强耐新材股份有限公司开展了二氧化碳深度矿化养护制建材关键技术与万吨级工业试验项目；四川大学联合中石化等公司在低浓度尾气二氧化碳直接矿化磷石膏联产硫基复合肥技术研发方面取得良好进展；北京原初科技的千吨级二氧化碳矿化利用设施顺利通过验收。

得益于矿化利用下游产品市场的成熟，随着矿化利用的处理成本进一步降低，矿化利用路线有望成为第二条能够产生经济效益的路线。

我国二氧化碳化工利用技术已经实现了较大进展，电催化、光催化等新技术大量涌现，比较成熟的技术包括二氧化碳与氨气合成尿素、二氧化碳与氯化钠生产纯碱、二氧化碳加氢合成甲醇、二氧化碳与环氧烷烃合成碳酸酯以及二氧化碳合成水杨酸等。其中，发展最快的是二氧化碳加氢合成甲醇，该技术路线在国内经过了较长时间的探索，落地的项目也具有一定的规模，比如兰州新区建设的"液态阳光"项目，以及吉利控股集团和河南省顺成集团在安阳共同投资建设的二氧化碳加氢制甲醇项目。该二氧化碳加氢制甲醇项目已经具备基本的盈利能力，但由于其前端依赖灰氢，因此其实际的碳捕捉能力仍然有待加强。在我国绿电制氢的成本进一步下降之后，二氧化碳化工利用技术将在 CCUS 领域中发挥更为关键的作用。

生物利用主要集中在微藻固定和气肥利用方面。生物利用在我国其实很久以前就已经提出并进行了试验，早在 2008 年，中国石油化工股份有限公司就和中国科学院商讨开发微藻生物柴油成套技术，其中中石化石油科学研究院的科研人员在中石化石家庄炼化分公司完成了 40000L 微藻生物固碳减排废气的小型中试研究。然而，受制于成本，尤其是藻类分离耗能和气肥制备成本方面的问题，我国在二氧化碳生物利用方面发展得相对慢一些。

（三）二氧化碳利用技术的展望

考虑到地质利用路线（如 EOR 技术）对于化石能源行业的依赖性，目前以 EOR 技术为主的二氧化碳利用格局应该不会持续太久。随着新一代二氧化碳利用技术的成熟，短则 3 年，长则 10 年，EOR 目前的龙头地位就会被下一种（或几种）能够有效达成正经济收益的二氧化碳利用方法替代。

但预测二氧化碳利用技术未来的格局并不是一件易事。在二氧化碳利用技术中，工程解决方案和前端科研同等重要，因此单纯依靠分析每条技术路线对应的论文发表数量并不能很好地为 5 年后或者 10 年后该领域的技术路线提供指引。反之，由于目前各种新型利用技术实际落地的中试研究都很少，单纯地比较各个技术路线已经落地的装置的数量也并不能得出什么有意义的结论。

多亏了埃隆·马斯克（Elon Musk）的一掷千金，世界得以在今日一瞥二氧化碳利用技术的未来格局。

2021 年，在马斯克本人和马斯克基金会（Musk Foundation）的赞助下，XPRIZE 碳清除大赛正式启动，大赛奖金总金额高达 1 亿美元。这项为期 4 年的全球大赛旨在在全球范围内征集能够直接从大气或海洋中提取二氧化碳，并以环保的方式对其永久封存或利用的解决方案。要想在大赛中胜出，参赛团队必须拿出严谨而有效的解决方案，除碳量达到 1 吨二氧化碳/天，并且必须通过 2022~2025 年的持续运营和扩大试验，进一步向评审小组证明，其解决方案能够实现经济规模，且处理能力有达到 10 亿吨级别的潜力。

XPRIZE 大赛一经宣布，全球各地 CCUS 领域顶尖的学术、创业、创新团队就纷纷响应，或是依托现有项目，或是启动全新课题，都开始着手申请参加 XPRIZE 碳清除大赛。截至 2021 年 6 月，全球共有超过 1000 支团队报名。2021 年底，XPRIZE 官方公布了第一轮评选 Top60 的筛选结果。

这 60 支由 XPRIZE 挑选出来的团队几乎都满足几个条件，首先是有着 300 吨/年以上处理能力的试验装置，其次是技术路线有达到经济性的潜力，最后是处理能力都相当高。从某种意义上来说，这 60 支团队是下一代二氧化碳利用技术的"种子选手"，而分析各个团队的技术路线（见图 5-10），就能了解到 CCUS 技术路线。

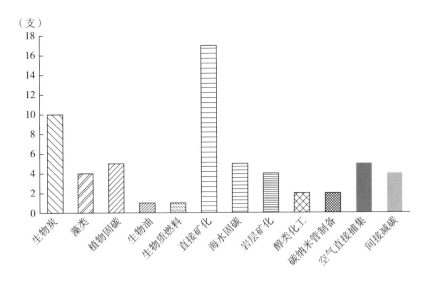

图 5-10　XPRIZE Top60 技术路线分布

注：海水固碳路线基本上都以碳酸氢钠盐的形式将二氧化碳储存在海水中，与矿化路线原理类似，因此也归于矿化路线中。

资料来源：上海清新碳和科技有限公司官网。

由图 5-10 不难看出，XPRIZE 的 Top60 团队里，采用矿化利用路线和生物利用路线的团队较多，而原本与这两条路线并驾齐驱的化工路线（醇类化工、碳纳米管制备）分别只有 4 支团队选择，这也从侧面显示出化工路线在技术开发与落地上所面临的困难。

XPRIZE Top60 团队采用的矿化利用和生物利用技术，有不少前文已提到，如直接矿化生成碳酸钙或养护水泥，以及生物利用中的藻类培育和速生竹固碳。

其中，直接矿化路线有近 20 支团队选择，这代表着学界和创业公司认同这些技术的改良价值，同时也已经找到了比较明确的降本和改进路线。

当然，XPRIZE Top60 团队采用的矿化利用和生物利用技术，也有不少是新兴的，或者说是我国较为少见的技术。其中，"生物炭"技术路线颇为引人注目。该技术路线是 XPRIZE Top60 团队中热度排名第二的技术路线，有整整 10 支团队选择了与生物炭相关的技术。

生物炭本身并不神秘，常见的木炭就是生物炭的一种形式。目前常见的制备方法是使生物质废料在 500℃~600℃ 高温下处于缺氧状态，从而实现高温分解。由于在分解过程中，生物炭还会产生合成气和焦油等可燃的副产物，因此分解炉本身可以依靠副产物合成气持续运作而不需要额外的能量。从源头分析，生物炭路线就是将原本在生物质发电或者堆肥过程中，本应作为甲烷或者二氧化碳气体逃逸的碳以生物炭的形式固化下来。

生物炭主要是作为肥料使用，其能够在一定程度上替代化肥，为农田带来稳定的碳源，其多孔的微观结构可以在降低土地水分的同时，维持土壤中的微生物种群，并依靠微生物来为土壤提供氮、磷、钾等重要营养元素。

生物炭对化肥或者有机肥的替代就是其减碳最主要的方式。化肥和有机肥在化学性质上并不稳定，有机肥在施放后会释放甲烷，而化肥则会在施放后释放氧化亚氮。这两种气体的温室效应强度都比二氧化碳高数百倍以上，因此经过综合核算，每施放 1 吨肥料，平均释放的温室气体强度可以达到 3.2 吨二氧化碳，我国每年仅因化肥施放而产生的碳排放量就达到了 1.8 亿吨（2018 年）。而生物炭结构稳定，可以在土壤中稳定存在长达数百年，有效规避了化肥或者有机肥的温室气体释放问题。

目前我国在生物炭方面的技术探索，尤其是对其减碳降碳效果的探索及与 CCER 的机制对接，有待进一步推进。但是在国际国内对生物炭领域高度关注的背景下，我国在该领域的尝试可能很快就会见诸报端。

三、国外政策支持与国内相关政策展望

过去 10 余年，我国一系列政策的适时发布有力地促进了国内 CCUS 技术的布局与发展，CCUS 技术目前总体上处于工业示范阶段。参考美国、欧盟等发达经济地区 CCUS 相关政策的颁布情况，则可以尝试推测未来我国发展 CCUS 的政策。

（一）政策支持是 CCUS 早期发展必要的推动力

为应对气候变化，全球超过 2/3 的国家已通过政策宣示、立法等方式明确碳

中和发展目标，我国也向国际社会承诺二氧化碳排放力争于 2030 年前达到峰值，努力争取于 2060 年前实现碳中和。CCUS 技术作为一种能够大规模减排二氧化碳的新兴技术，正成为各国推动化石能源减排、保障能源安全并寻求可持续发展的重要手段。

CCUS 作为新兴产业，具有科技含量高、行业涉及面广、产业关联性强、市场发展潜力大等特点，但同时也存在一定的不确定性和风险性。为助力产业发展，政府一般会适时出台相应政策，以营造良好的市场环境，及时调整产业布局与结构，为产业的健康发展提供支持与保障。我国历史上的新能源以及储能产业的发展引导皆是如此，而这对于 CCUS 这样典型的战略性新兴产业的发展同样适用。

（二）国外 CCUS 扶持政策情况

国外主要发达国家和地区早在 20 世纪 80 年代便开始了 CCS 技术探索，并着手进行配套政策的研究。为规范并促进 CCUS 产业化发展，美国、欧盟、澳大利亚等国家和地区发布了一系列政策，通过政府技术直投、财税支持、碳税推动、加强体系建设和建立技术规范为其助力。

1. 美国

美国早在 2007 年就立法将温室气体列为污染物，CCUS 技术一直被定位为温室气体减排的一项基本技术。在有效的法律法规框架、充足的公共资金投入与政府税收补贴等支撑下，美国 CCUS 商业化应用走在世界前列。《中国 CCUS 年度报告（2021）》显示，2020 年美国新增 12 个 CCUS 项目，运营中的 CCUS 项目增加至 38 个，约占全球运营项目总数的一半，二氧化碳捕集量超过 3000 万吨。近年来，民主党与共和党两党一致支持 CCUS，并不断优化机制可操作性，促进了 CCUS 进一步商业化发展。

在美国制定的一系列有关 CCUS 的政策中，最有代表性同时也是扶持力度最大的，莫过于 45Q 税收抵免政策。45Q 条款是针对碳捕集与封存的一项企业所得税优惠政策，其具体实施办法为：按照捕集与封存的碳氧化物数量计算抵免额，从而允许纳税人抵扣减免其企业所得税应纳税额，抵免期限最长可达 12 年。如果将捕集的碳氧化物用于 EOR，那么纳税人 2020 年可享受的税收抵免额为每吨 20.22 美元，之后每年根据通货膨胀率调整抵免额，到 2026 年提高至每吨 35 美元；如果将捕集的碳氧化物永久封存，2020 年的税收抵免额为每吨 31.77 美元，根据通货膨胀率逐年调整后，2026 年提高至每吨 50 美元。

在这一税收抵免政策下，二氧化碳的捕集成本几乎被 45Q 带来的收益抵消，大部分 EOR 以及 CCUS 项目的性价比将得到大幅提升，而 45Q 也因此被业界称为当今世界最前卫的 CCUS 补贴政策。

2. 欧盟

欧盟对 CCUS 技术的研发处于世界领先地位，早在 2006 年就将其明确为应对能源安全与气候变化挑战的三大政策优先项目之一，并较早进行了法律法规框架体系的建设。然而，相对其他低碳能源项目，欧盟对 CCUS 项目的政策支持，尤其是类似 45Q 的补贴政策，相对谨慎。一方面，这主要是由于欧盟发达的碳市场带来的碳价收益其实已经基本与美国 45Q 的补贴力度相当；另一方面，欧盟本身并不是一个主权国家，而是由多个主权国家组建起的经济和政治联盟，其成员国的经济状况和诉求各不相同，如果要在全欧盟范围内通过并推广类似 45Q 的补贴政策，必将面临财政和政治上的双重阻碍。

3. 澳大利亚

CCS 与 CCUS 的路径目标基本相同，所以澳大利亚对 CCS 的扶持政策可视作对 CCUS 的扶持政策。澳大利亚是全球最大的煤炭和天然气生产国之一，长期面临着较大的碳排放压力，CCS 一直是澳大利亚政府重点关注的碳减排技术，其在 2008 年颁布了首个 CCS 法案，为在近海地区注入和封存二氧化碳提供了法律支持。近年来，澳大利亚不断完善法律法规体系，并将 CCS 技术部署在制氢等领域。在项目实施上，澳大利亚强调运营许可证制度，涉及项目规划、现场筛选、注入测试、储存和后续监测等环节，有力规范了产业发展。

整体来看，近年来发达国家和地区的相关政策行动主要体现在提升财税激励力度、加大技术研发投入、强化风险监控等方面，结合自身实际有序推动 CCUS 布局优化与商业化发展。虽然各大经济体在政策工具的选用方面都有着自己的侧重，但无论是美国、欧盟还是澳大利亚政府，都对 CCUS 前沿技术的开发进行了直接投资，其每年的投资金额在一亿美元至十几亿美元不等。

（三）我国 CCUS 扶持政策情况

在我国，CCUS 技术作为化石能源清洁低碳化应用的关键途径，愈发受到重视。2021 年 3 月，我国明确提出要构建以新能源为主体的新型电力系统，同年 7 月全国碳排放权交易市场正式上线交易，未来我国碳排放刚性约束将越来越强。

然而，相较于国外发达国家和地区，我国 CCUS 相关工作开展较晚，且更加重视二氧化碳资源化利用价值的开发。在 2006 年北京香山会议学术讨论会上，我国首次提出 CCUS 概念并明确开始相关技术的探索研究。结合我国 CCUS 发展历程，考虑到我国产业发展的国家政策主要由国务院及有关部委制定发布，且在时间周期上通常与国民经济和社会发展五年计划的编制保持较好的一致性，本部分从四个阶段梳理 CCUS 相关政策情况。

1. "十一五"时期：减碳先声

纵览国家"十一五"时期发布的 CCUS 相关政策文件，其主要是将 CCUS 作为一个减碳工具在国家级政纲中提出，并推动各类 CCUS 技术的可行性研究。

"十一五"初期，气候变化问题就已受到全球社会与民众的普遍关注。为应对气候变化，《国家中长期科学和技术发展规划纲要（2006—2020 年）》明确要推动化石能源"零碳化"开发利用，从国家层面正式提出要大力开发与应用 CCUS 这项前沿的低碳化技术。

针对重要的碳封存环节，2009 年中国地质调查局制定了二氧化碳储存地质潜力调查评价的实施纲要，这是我国 CCUS 的第一个专项政策文件，着重部署了碳地质储存与适应性评价及盐水层封存试点工作。2010 年，工业和信息化部提出以水泥行业为试点，开展 CCUS 技术应用的可行性研究。同时，技术研发与试点应用工作在"十一五"期间也开始启动，在国家高技术研究发展计划（863 计划）、国家重点基础研究发展计划（973 计划）、国家科技支撑计划及国际科技合作项目的支持下，国内有关高校、科研院所、企业开展了 CCUS 基础理论研究及技术研发，实施了吉林油田 CO_2-EOR 研究与示范、华能石洞口电厂等试点项目，为我国 CCUS 的发展奠定了一定基础。

2. "十二五"时期：战略规划

进入"十二五"时期后，CCUS 技术在全球的关注度持续升温，相关政策密集发布，我国开始围绕 CCUS 制订整体性、战略性部署计划，并明确相关目标。

2011 年，在《国民经济和社会发展第十二个五年规划纲要》的框架下，科学技术部发布了《国家"十二五"科学和技术发展规划》，明确要大力发展 CCUS 技术。同年，科学技术部又组织发布了《中国碳捕集、利用与封存（CCUS）技术发展路线图研究》报告，首次提出了我国不同阶段的 CCUS 发展目标及优先方向，相关内容在 2012 年国家出台的应对气候变化、节能环保等规划中也得到了体现。2013 年，国家科学技术部、发展和改革委员会、环境保护部分别就 CCUS 技术研究、试点示范、环境影响及风险应对等工作发布了专项政策文件，多部门的协同配合有力促进了我国 CCUS 的布局的形成。2013 年，我国二氧化碳捕集利用与封存产业技术创新战略联盟也正式成立，带动了产学研用的合作。

到"十二五"末期，部分 CCUS 技术成果已列入国家发展和改革委员会公开发布的重点推广的低碳技术目录。此外，"十二五"时期，我国 CCUS 有关法律法规研究、标准建设、债券融资支持等工作内容在国家政策文件中也被提及。总体来看，我国在"十二五"时期 CCUS 的布局初步形成，并加快落实项目试点工作。

3. "十三五"时期：实践探索

总体来看，"十三五"时期，我国深化了 CCUS 技术与产业发展的定位与布局，并在环境风险评估、技术标准建设、投融资支持等领域开展了相关实践，进一步推动试点示范工程项目建设，促进了 CCUS 的规范化发展。2016 年，国家发展和改革委员会、国家能源局在《能源技术革命创新行动计划（2016－2030年）》《能源生产和消费革命战略（2016—2030）》等规划中率先明确发展 CCUS 是我国中长期的重要工作。随后，在国家创新规划、应对气候变化专项规划中碳捕集、运输、利用和封存等环节的更高水平的技术创新和重点行业的 CCUS 大规模示范项目建设方面进行了工作部署。

2019 年，基于 CCUS 技术本身及发展环境发生显著变化的背景，科学技术部社会发展科技司和中国 21 世纪议程管理中心发布了《中国碳捕集利用与封存技术发展路线图（2019 版）》报告，在 2011 年版路线图的基础上，进一步明晰了 CCUS 技术在我国的战略定位，提出了构建低成本、低能耗、安全可靠的 CCUS 技术体系和产业集群的总体愿景，并更新了不同时间阶段的发展目标与优先方向。齐鲁石油化工、国华锦界电厂等工程示范项目的建设为 CCUS 大规模全流程商业化应用积累了一定工程经验。

同时，CCUS 环境影响风险控制得到了国家的重点关注。环境保护部在 2016年正式发布了《二氧化碳捕集、利用与环境风险评估技术指南（试行）》，明确了环境影响风险评估的流程，并提出环境风险防范措施和环境风险事件的应急措施，对加强碳捕集、运输、利用和封存全过程中可能出现的各类环境风险的管理具有重要意义。此外，2020 年《关于促进应对气候变化投融资的指导意见》的发布标志着我国在 CCUS 融资工作上取得了一定进展。

4. "十四五"时期：深入推进

"十四五"时期，不仅首次将 CCUS 相关扶持政策落到了实地，而且在战略层面强调了 CCUS 示范工程的重要性，进一步突出"全流程""规模化"等要求，预示着我国 CCUS 将进入大规模工业示范发展阶段。在这一背景下，中国石化正式启动了国内首个百万吨级 CCUS 项目——齐鲁石化-胜利油田 CCUS 项目的建设，这是国内最大的 CCUS 全产业链示范工程。在项目资本支持上，2021 年

4月出台的《绿色债券支持项目目录（2021年版）》首次将CCUS纳入其中，有效拓展了其投融资渠道。

2021年11月，中国人民银行推出了碳减排支持工具，这也是我国首次在贷款利率方面对CCUS项目进行支持。所谓碳减排支持工具，就是中央银行创设推出的结构性货币政策工具，它的主要功能是向符合一定条件的金融机构定向提供低成本资金（利率1.75%），并要求金融机构为节能环保重点项目提供优惠利率的金融支持。截至2022年底，国内的银行通过碳减排支持工具已累计为各类项目发放了超3000亿元的贷款。尽管其中绝大部分项目为新能源以及储能项目贷款，但这也从侧面说明了碳减排支持工具已经通过实战检验，CCUS项目在未来通过贷款解决部分初期投入的难度有望大大降低。

此外，2021年6月，国家发展和改革委员会办公厅发布了《关于请报送二氧化碳捕集利用与封存（CCUS）项目有关情况的通知》，开始对国内的各类CCUS已建成及在建项目进行系统性盘查，并建立项目信息管理制度，这将对后续"双碳"目标驱动下CCUS的发展形成有效支撑。

（四）我国未来CCUS扶持政策探讨

过去10余年，我国的CCUS政策切实地推动了我国碳捕集、运输、利用及封存等环节技术能力的进步。在政策引导、企业积极参与的背景下，我国的CCUS产业已取得一定的实践经验与落地成果，甚至在小部分技术领域呈现对国外发达经济体"弯道超车"的趋势。

与此同时，尽管我国并没有像欧盟或者美国一样利用财政资金对CCUS项目进行直接投资，但我国诸多国企在支持首批CCUS技术进入工业示范方面发挥了巨大的作用，不仅对CCUS项目进行了投资，还提供了项目的应用场景与场地，有力地支持了我国CCUS技术的快速落地发展。随着我国CCUS行业的发展，我国与CCUS相关的政策也势必会不断迭代和更新。

1. 定义性以及标准性文件的出台

在"十四五"时期与"十五五"前期，国内首批CCUS领域的定义性及规范性文件很可能出台。在我国，"CCUS项目的定义"这一问题并不像表面看上去那么简单，而过去的政策文件也确实尚未给出一个在行政上具备可操作性的定义。

这其中牵涉许多更为复杂的概念，比如，我国是否会将EOR视作一种普通的CCUS技术，还是会因为其助力开采化石燃料而赋予其以单独的名类认定？CCS项目是会被视作CCUS项目的一种类别，还是会因为其经济性而与CCUS类项目在定义上分隔开?

以上这些定义类问题,都将影响我国未来 20~30 年 CCUS 项目的补贴、认定、审批政策,并进一步影响我国 CCUS 行业内技术路线的竞争格局。需要指出的是,我国自"十一五"时期就非常重视二氧化碳利用,而这和欧美地区普遍从 CCS(贮存类)项目开始发展的路径非常不同,因此我国确实可能会在政策认定上更加偏向于支持利用类项目,而不是像美国那样通过 45Q 单纯地对贮存类项目进行补贴。

同时,CCUS 行业标准性文件的出台也具有一定的紧迫性。CCUS 项目开发涉及地下空间利用权许可、环境影响评估、封存监测与安全责任归属、环境破坏责任界定、技术标准统一、知识产权保护等内容,都需要通过明确的法律法规与标准体系进行监管或规范。

目前,美国、欧盟、澳大利亚等国家和地区已经建立了较为完善的法律法规体系,有关标准工作也正有序开展,而我国尚未颁布 CCUS 专项法律法规,涉及 CCUS 装置本身的技术标准也较少。考虑到我国部分大规模、商业化的 CCUS 装置有望在"十四五"或"十五五"期间落地,我国需要发布 CCUS 行业相关标准,否则届时我国 CCUS 项目的大型化和商业化将处于"无法可循"或只能"借鉴他法"的尴尬境地。另外,CCUS 的纲领性法律文件亟待出台,文件/法律的出台和制定,也可以作为一个里程碑式的事件,从侧面反映我国 CCUS 行业的发展状况。

2. 补贴性政策:间接补贴还是直接补贴

在 CCUS 设施的运营补贴方面,政府补贴模式包括碳税间接补贴和退税/财政直接补贴两种。考虑到我国目前碳市场的初步试点已经完成,全国统一碳市场已然建立,使用碳市场对 CCUS 设施进行间接补贴的可能性较大。

需要注意的是,若采用碳市场进行补贴,那具体的资产开发形式将取决于 CCUS 设施所建设的地点。如果 CCUS 设施直接建设在控排企业内部(如目前的燃煤发电企业),那么 CCUS 带来的收益将直接体现在业主本身的碳指标盈余上;如果 CCUS 设施建在非控排行业企业中,甚至是在未来建设独立的直接空气捕捉装置,那么这类装置将有可能开发独立的碳资产。但无论是前者碳指标的盈余,还是后者独立开发碳资产,都需要相关监管部门为 CCUS 技术在现有的市场规则上"打补丁",在考虑 CCUS 技术前沿性的情况下,合理设置评估标准。

当然,这也并非定论,如果在"十四五"期间,碳市场建设进度较慢,尤其是在全球经济增速放缓，碳交易的覆盖规模有可能暂缓扩张的情况下，地方或中央层面也可能对 CCUS 项目进行小幅财政补贴。

第四节　碳信用机制

一、碳信用机制概览

碳税、碳排放权交易和碳信用交易是三种主流的碳定价机制。碳信用交易区别于其他两种碳定价机制。因为碳信用的产生基于自愿原则，侧重于对减排项目的正向激励，而在其他碳定价机制中，被约束实体的履约是强制性、义务性的，更偏向于对高排放企业的约束。目前，大部分国家（包括我国）和地区的碳交易市场均采用碳排放权配额交易为主导、碳信用交易为补充的碳定价双轨机制。碳信用交易市场机制不仅可以激发碳减排项目运营商的投资积极性，还可以丰富碳市场的交易品种，为控排企业履约提供灵活选择。

碳信用代表在常规情景之外通过避免（如从畜禽粪便厌氧池捕获甲烷）或从大气中清除（如通过植树造林或直接从空气中捕获碳并储存）实现的温室气体减排。这意味着碳信用项目活动的碳排放量要比没有碳信用市场机制激励情景下的碳排放量低。每个碳信用代表 1 吨二氧化碳当量。

碳信用交易机制运作过程如图 5-11 所示。

碳信用项目活动涉及的领域，按目前碳信用累计签发量从大到小排列，包括工业气体（所有氟化气体——氢氟烃、全氟烷以及破坏臭氧层的物质）、可再生能源、逸散排放（应对工业甲烷排放的相关活动，如防止油田和矿场的甲烷泄漏）、林业、能源效率、垃圾处理、燃料转型、农业（与农业和农场管理相关的减排活动，包括畜牧活动）、交通运输、制造业（与减少材料生产过程，如水泥、钢铁的碳排放强度相关的活动）、CCS/碳捕集利用、其他土地利用等。

碳信用可以通过"抵销"的方式使用，即一个实体产生的碳信用（减排量）可以用于补偿（即"抵销"）另一个实体的排放。碳信用交易机制使碳信用买方的减排履约具有一定的灵活性。在碳信用交易机制下，买方可以通过为减排成本较低的部门或辖区提供资金来抵销自身的排放量，这样做有助于降低买方的减排成本。只要碳信用项目活动产生的减排量是真实的，碳信用交易机制便可以加

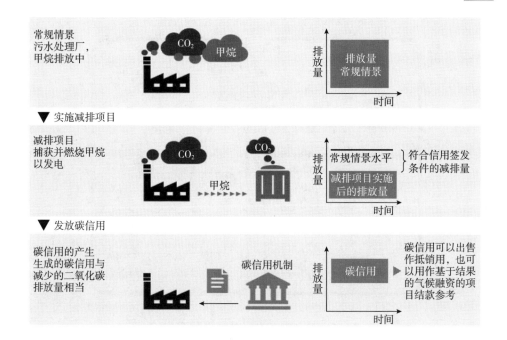

图 5-11　碳信用交易机制运作过程

资料来源：世界银行《碳定价机制发展现状与未来趋势报告 2020》。

速推进应对气候危机的行动。除减排收益外，产生碳信用的项目还可以获得协同效益，如生物多样性、气候适应性、水资源保护和栖息地保护等。

作为补偿抵销机制，碳信用交易机制在不同 ETS 中的区别主要表现在减排活动的地理范围和管理机制上。在地理范围上，碳信用交易机制可以分为国内抵销机制和国际抵销机制。国内抵销机制仅限于 ETS 司法管辖区内的碳避免或清除活动，可以提高辖区内减排水平，降低履约、监测和执法负担；国际抵销机制则包括 ETS 司法管辖区外产生的抵销，可以极大程度扩充潜在供给量并获得更多低成本减排机会（见图 5-12）。在管理机制上，减排项目本身可能由 ETS 政策制定者设计和管理，也可能在不同程度上依赖已有的减排机制进行管理。根据依赖程度和机制设置考量因素的不同，基于减排机制的管理模式可分为完全依赖、设置门槛、外包和间接依赖四种。不同的抵销机制可达成不同的政策目标、进行不同程度的成本效益控制，政策制定者可以根据需要选择适合的机制来实现其减排目标。

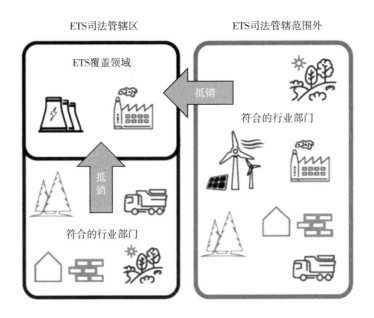

ETS司法管辖区　　　　　　　　ETS司法管辖范围外

ETS覆盖领域

抵销

符合的行业部门

抵销

符合的行业部门

图5-12　用于ETS抵销的碳信用项目来源

资料来源：上海清新碳和科技有限公司官网。

　　减排项目碳信用的开发，是指针对自愿开展的减排项目，依据适用的碳信用标准体系，向主管机构申请碳信用项目注册登记以及监测项目减排量，并开展已批准注册项目计入期内减排量的签发申请。减排项目碳信用的签发，是指向正在实施的，已获相关主管机构批准的自愿减排活动项目提供可用于市场交易的减排量证明的过程。

　　碳信用交易机制下，市场对碳信用的需求是多样的：①自愿需求，包括（主要是私人）实体购买碳信用以实现自愿碳目标或绿色主张；②国际合规需求，即一部门在其他国家或地区寻求代表减排的碳信用以履行自身减排承诺；③国内合规需求，通常来自使用碳信用以履行国内法定义务的公司，多是碳排放权交易系统或碳税的履约主体，碳税或ETS政策与碳信用提供的价格信号和减排激励措施之间相互作用；④需求也可以来自基于结果的气候融资，政府或国际组织通过购买碳信用来激励气候行动。

　　全球碳信用的签发量以2012年为时间节点，分为三个不同的阶段。2012年以前，碳信用项目注册量和签发量持续稳定增长，于2012年当年激增（见图5-13）。原因在于各项目急于在《京都议定书》第一个承诺期结束前完成注册、登记和签发流程，以避免2012年后CDM下的CER在进入EU ETS（当时《京都议定

书》碳信用最大的买家）时受到各种新规的限制。2013 年碳信用项目注册量和
签发量断崖式下跌的原因在于《京都议定书》第二期谈判毫无进展，全球碳市
场低迷，供给远超过需求，企业靠碳排放配额就可以完成履约，碳信用交易市场
因此受到影响。

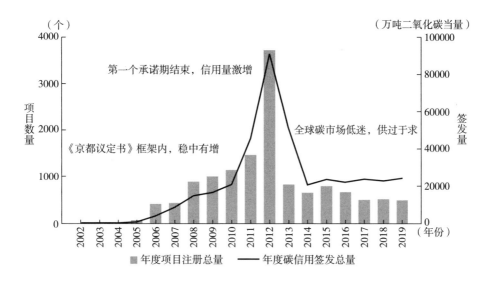

图 5-13　全球碳信用年度项目注册总量和年度碳信用签发总量

资料来源：世界银行《碳定价机制发展现状与未来趋势报告 2020》。

随着全球进入碳中和时代，各类机构自愿减排信用的需求大增已是必然。根
据联合国"奔向零碳"（Race to Zero）行动的统计，截至 2023 年中期全球共有
8307 家企业、1136 个城市、1125 家教育机构、65 家医疗机构、52 个地区和 29
个其他组织提出了自愿碳中和目标承诺。[①] 同时，为了顺应气候变化的全球趋
势，承担保护环境的社会责任，全球越来越多的公司承诺到 2050 年实现净零
排放。

近年来，第三方独立自愿减排机制飞速发展，已成为国际主流的自愿减排机
制。根据世界银行的统计，2021 年，第三方独立自愿减排机制签发的碳信用数
量占当年碳信用签发总量的 74%。[②] 自愿碳市场的交易活跃度不断提高，越来越
多的公司通过独立的碳信用机制购买自愿减排量。

①②　雷舒然，陈浩 . 国际自愿减排机制在我国的发展概况——VCS 篇［EB／OL］. https：／／www. cne-
mission. com／article／jydt／scyj／202304／20230400002909. shtml，2023-04-12.

而根据全球自愿碳市场扩大工作组的研究，为了实现全球升温不超过工业革命前水平1.5℃的目标，全球碳排放到2030年应当减少230亿吨，其中大约20亿吨来源于碳汇和碳移除。预计2030年全球自愿碳信用市场的规模保守估值为50亿~300亿美元，也可能达到500亿美元。预计到2050年，全球自愿碳信用市场的估值将增长到2500亿美元。

二、碳信用机制分类

根据碳信用产生方式和机制管理方式，可将碳信用机制分为三类：

一是国际碳信用机制。国际碳信用机制是受国际气候条约约束的碳信用机制，通常由国际机构直接管理。例如，基于《京都议定书》的CDM和JI，基于《巴黎协定》第6条的国际碳市场机制（目前处于国际磋商过程中）。比较特别的是，CORSIA是第一个全球性行业的减排市场机制。预计将来国际航运业也会出台类似的行业减排市场机制。

二是区域、国家和地方碳信用机制。区域、国家和地方碳信用机制由各自辖区内的立法机构管辖，通常由区域、国家或地方各级政府进行管理。例如，CCER、澳大利亚减排基金（Australia Emissions Reduction Fund）和美国加利福尼亚州配额抵销计划（California Compliance Offset Program）等。

三是独立碳信用机制。独立碳信用机制是不受任何国家法规或国际条约约束的机制，由独立的第三方组织（通常是非政府组织）管理，如GS和VCS等。

（一）CDM

1. 综述

《联合国气候变化框架公约》第三次缔约方会议通过的《京都议定书》是全球碳信用交易机制的源起。《京都议定书》于1997年12月11日获得通过。由于批准过程复杂，且涉及的缔约方众多，该公约于2005年2月16日生效。

简而言之，《京都议定书》通过使工业化国家和转型经济体承诺根据商定的具体目标限制和减少温室气体排放，落实《联合国气候变化框架公约》。《联合国气候变化框架公约》本身只要求这些国家采取减缓气候变化的政策和措施，并定期报告。《京都议定书》以《联合国气候变化框架公约》的原则和规定为基础，只对发达国家有约束力，并根据"共同但有区别的责任和各自能力"原则，要求发达国家承担更多责任，因为《京都议定书》认定发达国家对目前大气中的温室气体负有主要责任。《京都议定书》在其附件一中为37个工业化国家和转型经济体以及欧洲联盟设定了具有约束力的减排目标。在第一个承诺期内，37

个工业化国家和转型经济体以及欧盟承诺将温室气体排放量减少到比 1990 年平均温室气体排放量低 5% 的水平。在第二个承诺期（2013~2020 年）内，缔约方承诺将温室气体排放量降至比 1990 年温室气体排放量至少减少 18% 的水平。第二个承诺期的缔约方组成与第一个承诺期不尽相同。

CDM 的历史沿革大致如下：

1990 年，联合国大会第四十五届会议设立政府间谈判委员会。

1992 年，联合国政府间谈判委员会通过了《联合国气候变化框架公约》（UNFCCC）。

1997 年，UNFCCC 第三次缔约方大会通过了《京都议定书》，规定了有约束力的量化减排目标。

2005 年，《京都议定书》第一次缔约方大会召开，碳交易规则生效。

2012 年，在卡塔尔多哈通过了《〈京都议定书〉（多哈修正案）》，用于 2013~2020 年的第二个承诺期。

《京都议定书》的一个重要内容是建立灵活的市场机制，其基础是排放许可交易。根据《京都议定书》，各国必须主要通过国家措施来实现其目标。然而，《京都议定书》还通过三种基于市场的机制为各国提供了实现目标的额外手段，这三种机制分别为 ET、JI、CDM。

这些机制的设计理念是鼓励温室气体减排从最具成本效益的地方开始，如发展中国家，只要能从大气中去除温室气体，在哪里减排并不重要。这样做的好处是刺激发展中国家的绿色投资，并让私营部门参与到这一努力中，从而减少温室气体排放。这也使跳跃式发展变得更加经济且有明显的长期效益，也就是说，跳过使用旧的、不清洁的技术，直接使用新的、更清洁的基础设施和系统。

ET 和 JI 主要在发达国家之间运作，允许发达国家之间通过碳排放权贸易来调剂盈亏、联合开发减排项目。CDM 在发达国家和发展中国家之间开展，鼓励发达国家提供资金和技术，与发展中国家合作，在发展中国家开展节能减排项目，产生的减排量可用于发达国家履约。这三种机制构成联合国统筹管理下的京都碳交易机制。

CDM 项目签发的碳信用称为 CER。CDM 允许《京都议定书》附件一以外的国家的注册项目的 CER 转移至附件一国家中，附件一国家可以使用这些 CER 来履行其在《京都议定书》下的减排承诺。一方面帮助强制碳市场的管控企业灵活履约，形成市场"补偿机制"；另一方面在 CDM 下发达国家通过向发展中国家投资或推广低碳技术设备获得减排项目产生的碳信用，发展中国家也因发达国家的投资或者技术推广而获益。所以，CDM 项目在全球发展中国家蓬勃发展。

根据各国公布的相关数据统计，截至 2022 年，CDM 下累计注册 8205 个项目（包括 7842 个 Project Activities 和 363 个 Program of Activities），累计签发超过 24 亿个 CER，是累计签发碳信用和注册减排项目最多的碳信用机制。其中，虽然 CDM 有 250 多个方法学（方法学是指用于确定减排项目基准线、论证额外性、计算减排量、制订项目监测计划等的技术规范）可以用于核证签发各种技术类型的项目的减排量，但实际上，CDM 签发的碳信用中 75% 以上来源于两个领域：工业气体和可再生能源。

多年来，CDM 的用途已经多样化，个人可通过在线抵销平台将其他碳定价机制下的减排量用于个人自愿抵销，基于结果的气候金融计划也将其用作减缓成果证明。

CDM 的碳信用 CER 可以通过场外交易签订协议并在联合国碳抵销平台注销，也可以在指定交易所进行场内交易。2015 年，联合国碳抵销平台上线，截至 2021 年 12 月约有 450 万吨二氧化碳当量的 CER 通过该平台被注销。[1] 该平台不支持 CER 的转手交易，购买的 CER 将直接注销，不进行所有权转移。

2. 我国 CDM 发展情况

2002 年，荷兰政府与中国政府签订内蒙古自治区辉腾锡勒风电场项目，拉开了我国 CDM 项目发展的序幕。2004 年，《清洁发展机制项目运行管理暂行办法》发布，为 CDM 项目在中国的发展提供了政策支持和法律保障，因此国内 CDM 项目的注册数量迅速上升，并在短时间内成为全球范围内 CDM 项目第一大国。2011 年，国家发展和改革委员会、科学技术部、外交部又发布了《清洁发展机制项目运行管理暂行办法（修订）》，完善了项目申报程序和法律责任。2012 年，我国新增 CDM 项目注册数量达到了 1819 个，与之前 7 年的总和相当，激增的原因与前文所述的碳信用项目量激增原因相同。2011 年欧债危机后，欧盟经济萎靡不振、生产萎缩，各控排企业仅靠碳排放配额即可履约，对 CER 的需求大大减少。2012 年，《京都议定书》一期承诺到期，世界各国迟迟无法达成新的气候协定，CDM 和 JI 的前景存疑。2013 年，欧盟宣布不再接收来自中国和印度的 CDM 项目，只接受最不发达国家新注册的 CDM 项目，严格限制企业用 CER 履约，中国 CDM 项目的黄金十年落幕。

---

① CTI 华测检测 . CTI 华测认证国内外自愿减排项目服务介绍（CDM/VCS/GS/GCC/CCER）[EB/OL]. https：//www.ctimall.com/journalismDetails/1129，2022-10-18.

中国CDM项目的发展历程大致如下：

2004年，《清洁发展机制项目运行管理暂行办法》发布，为国内开展CDM项目提供了政策支持和法律保障。

2005年，内蒙古自治区辉腾锡勒风电场成为国内首个注册的CDM项目。

2006年，中国CDM项目注册数量上超越巴西和印度跃居世界第一；南京天井洼垃圾填埋气发电项目成为国内首个获得减排量CER签发的CDM项目。

2011年，《清洁发展机制项目运行管理暂行办法（修订）》发布，完善了项目申报程序和法律责任。

2017年，北京海淀北部区域能源中心项目完成注册。

近年来，随着全球关注点从《京都议定书》转移至《巴黎协定》，CDM的影响力持续下降。但CDM的运作模式为新的国际碳信用机制的运作提供了指引，特别是关于如何创建方法学和如何确保可信度。其他很多碳信用机制，如VCS、GS等，都引用或借鉴了CDM的方法学。

（二）基于《巴黎协定》第6条的国际碳市场机制

1. 综述

为应对日益严峻的气候变化，近200个缔约方于2015年12月12日在第二十一届联合国气候变化大会上通过了《巴黎协定》，旨在大幅减少全球温室气体排放，将21世纪全球平均气温较前工业化时期上升幅度控制在2℃以内，并努力将温度上升幅度限制在1.5℃以内。《巴黎协定》于2016年11月4日正式生效，是具有法律约束力的国际条约。

《巴黎协定》包括缔约方对减排和共同努力适应气候变化的承诺，并呼吁各国逐步加强承诺。《巴黎协定》鼓励发达国家协助发展中国家减缓和适应气候变化，为其提供了方法，同时建立了透明监测和报告各国气候目标的框架。《巴黎协定》提供了一个持久的框架，为未来几十年的全球努力指明了方向，它标志着世界向净零排放转变的开始。《巴黎协定》的实施对于实现可持续发展目标至关重要，为推动减排的气候行动提供了路线图。

《巴黎协定》针对气候变化问题，提出了自下而上的解决方法，要求各国通过国家自主贡献（Nationally Determined Contribution，NDC）作出各自承诺。《巴黎协定》第6条提供了新的国际碳市场机制，其中条款6.2和条款6.4确定了两种不同的合作机制。条款6.2具体说明了司法辖区间进行减排成果国际转让的途径，为各方达成共识，推动碳定价机制在地方、国家、区域和国际不同层面的跨境应用奠定了基础。条款6.4为国家推动温室气体减排和可持续发展建立了一项机制。该机制受《巴黎协定》缔约方指定机构监督，减排量既可以被东道国缔约方用来履约也可被其他缔约方用来履约，其目的是同时激励公共部门和社会部门参与减排活动。

国际排放贸易协会建模分析结果显示，《巴黎协定》第 6 条的落实可将 NDC 的成本降低一半左右，这相当于在 2030 年内节省 2500 亿美元。虽然地缘政治可能制约国家间全面合作，但与单边行动相比，国际合作所能取得的收益是巨大的。通过降低 NDC 的成本可以激励国家将这些成本投资于其他减排工作。与单边行动相比，国际合作可将全球温室气体排放量多减少 50%，这相当于到 2030 年额外减排 50 亿吨二氧化碳，等同于加拿大年温室气体排放量的 7 倍，或从道路上减少 11 亿辆汽车，还等同于 2℃情景下国家自主贡献之外所需减排量的 1/3。

实现全球温度控制目标需要国家间通力合作，随着各方对《巴黎协定》第 6 条达成共识，国际碳市场中跨国市场机制建设成为未来国际多边合作的重要议题。对于《巴黎协定》第 6 条第 2 款缔约方之间的合作方法，第二十七届联合国气候变化大会已经通过了一套全面的关于合作方法的指南，但还需进一步厘清技术细节，以确保指南的实施。第二十六届联合国气候变化大会上，缔约方通过了与国际市场机制的规则、模式和程序相关的内容，第二十七届联合国气候变化大会上又进一步通过了机制监督机构的议事规则。随着《巴黎协定》第 6 条逐步细化和落实，《巴黎协定》市场机制将成为各国国家自主减排贡献目标实现的重要路径。

条款 6.2 提供了一个国际减排合作框架，即合作方法（Cooperative Approaches），允许缔约方在实现其 NDC 目标时，可以采用基于双边或多边协议的合作方法，通过基于双边协议的碳市场实现两国碳排放配额的跨国流通。该市场机制下产生的碳减排量被统称为"国际减缓成果转让"（Internationally Transferred Mitigation Outcomes，ITMO）。根据《巴黎协定》条款 6.2 的合作方法指南，ITMO 应有以下主要特点：

（1）温室气体减排或者移除发生了国际转让。

（2）依据条款 6.2 所述的合作方法，涉及根据条款 6.3 授权用于 NDC 的减缓成果的国际转让。

（3）参与方授权用于实现 NDC 或由参与方授权用于首次转移所确定的使用目的。

（4）条款 6.4 规定的机制签发的减排量，被授权用于实现 NDC 目标和/或被授权用于其他国际减缓目的。

可以看出，ITMO 的核心点在于国际流转、用于实现 NDC 或国际减缓目标以及参与方授权，满足以上几个特征的国际合作机制减排量才能被称作 ITMO。合作方法有助于缔约方使用 ITMO 实现 NDC 目标，提升减排力度，促进可持续发展，确保环境完整性并建立稳健的核算准则以避免双重核算。事实上，合作方法可以看作一个管理不同减排合作活动的框架，通过建立一套核算准则去管理不同减排合作活动产生的碳减排量的转让。从 ITMO 的具体要求来看，《巴黎协定》第 6 条第 2 款并没有对减排机制类型进行特定的限制，从理论上来讲，任何减排合作活动都可产生 ITMO。

虽然《巴黎协定》第 6 条全球层面自上而下的规则仍在磋商制定过程中，但近年来国家和组织已开展了多项自下而上的研究和试点实践。

2. 近年来关于《巴黎协定》第 6 条的探索实践

（1）瑞典能源机构试点。瑞典能源机构已经选择在智利进行《巴黎协定》第 6 条试点，以促进利用非传统可再生能源发电。瑞典与尼日利亚开展了一项试点项目，将《巴黎协定》第 6 条与主权绿色债券相结合，尝试锁定一定数量的气候变化减缓成果，从未来交易市场的价值增值中获益。在东道国有望超额达到其无条件减排水平的情况下，减缓成果可用于国际转让，如果东道国未能实现其减排基准目标，投资者就得不到减缓成果。除此之外，还征集针对可通过合作开展的减排活动的建议。60 多项提案被提交，其中 6 项进入减排活动说明文件编制阶段。

（2）德国联邦环境、自然保护和核安全部试点活动。试点项目包括赞比亚、乌干达、莫桑比克和津巴布韦工业设施减少电网技术损失的项目，以及一个侧重于制冷的项目。在这方面，已经拟订了关于 ITMO 的转让协议初稿。然而，德国打算取消已生成的 ITMO，不将其用于履约。德国联邦环境、自然保护和核安全部还设立了一个新的国际气候倡议项目，目标是提升中等收入国家利用国际碳市场机制的能力有效进行 NDC，制定战略提高 NDC 力度，以及在每个国家最多发展 3 个第 6 条下的试点项目。该计划将针对 3~4 个国家，预算为 2000 万欧元。

（3）JCM。日本环境省构建了 JCM 全球伙伴关系，旨在促进 JCM 伙伴国家和参与 JCM 实施或对《巴黎协定》下的市场机制感兴趣的利益相关方之间建立多边伙伴关系。日本环境省还开展了线上活动，以促进对《巴黎协定》第 6 条的认识。日本在泰国（8 个）、越南（7 个）、印度尼西亚（4 个）等国家选定了 26 个项目，其中大部分是可再生能源项目，包括太阳能、水电、地热和生物质，此外也有一些项目来自与能源效率和废弃物处理管理行业相关的领域。

（4）Klik 基金会国际 ITMO 采购计划。2021 年 1 月 10 日，Klik 基金会结束了第三次对 ITMO 采购提案的征集。2020 年 10 月 20 日和 11 月 23 日，瑞士分别与秘鲁和加纳签署了关于在《巴黎协定》框架内合作实施气候保护活动的双边实施协议。这些协议对《巴黎协定》第 6 条下转让的减排量的确认和减排信用作出了规定。一旦国家程序确定，Klik 基金会也将相应地调整有关程序。作为瑞士和加纳双边协议下的第一项活动，Klik 基金会对由加纳环境、科学、技术和创新部与瑞士环境保护局合作制订的国家清洁能源计划进行支持。

（5）转型碳资产基金。转型碳资产基金是一个基于成果的机制，它与几个潜在的东道国合作，在固体废弃物处理行业、可再生能源行业、农业和金融行业制订减排信用计划。转型碳资产基金拥有大约 2.2 亿美元的资本，其目标是支持 4~6 个项目，帮助发展中国家实施国家自主减排计划并提高其减缓气候变化的雄心。转型碳资产基金为部分行业制定了详细的减排信用蓝图，如气候智能型农业、绿色金融行业、交通运输行业等。

（6）西非和东非联盟。2020 年 7 月 8 日，两大联盟合作成功举办了第一次 ITMO 圆桌会议。来自东非和西非的几个合作方参加了关于《巴黎协定》第 6 条试点活动实践的对话。在第二阶段（2020~2024 年），西非联盟计划开展一系列活动，帮助成员国为执行《巴黎协定》第 6 条做好准备，包括建立国家准备平台来协助选定的成员国执行第 6 条，或者开发一个数据库为成员国提供有关减排项目开发和实施的最新信息。缔约方和附属机构会议期间，组织了多次关于第 6 条的能力建设活动，以使成员们更好地为技术讨论做准备。

（三）CORSIA

为促进航空业碳减排，2016 年 10 月，国际民用航空组织（International Civil Aviation Organization，ICAO）第三十九届大会通过了具有历史意义的 CORSIA，形成了第一个全球性行业的减排市场机制。ICAO 于 2022 年 10 月开展的第四十一届会议通过了长期全球愿景目标（Long-Term Global Aspirational Goal，LTAG），力求 2050 年之前实现全球国际航空业的净零碳排放。

CORSIA 是一种基于市场的机制，通过使用合格排放单位（即合格减排项目体系产生的排放单位）来抵销无法通过航空技术改进、日常运营技术改进以及可持续航空燃料使用等方式减少的国际航班碳排放增量。

为保障在同一航线上飞行的所有航空公司之间公平竞争，CORSIA 的覆盖范围按航线定义：如果起点和终点的两个国家都参与 CORSIA，该航线将被 COR-

SIA 覆盖；如果至少有一个国家未参与该计划，则该航线不会被覆盖。随着各国决定自愿参与（或选择退出）CORSIA 计划以及 CORSIA 计划进入强制性阶段，航线的覆盖范围可能会发生变化。截至 2023 年 1 月 1 日，已有 115 个国家有意参加 CORSIA，另有 4 个国家（塞舌尔、塞拉利昂、所罗门群岛和毛里求斯）有意从 2024 年 1 月 1 日起参加 CORSIA，参与国总数达到 119 个。①

CORSIA 于 2021~2023 年开启第一个试点阶段，2024~2026 年为第一阶段，2027~2035 年为第二阶段。其中，试点阶段和第一阶段采取自愿原则，而在第二阶段，所有成员国将按照 2018 年每吨千米收入（Revenue Tonne Kilometers，RTKs）的份额来承担抵销责任，豁免国家除外。同时，CORSIA 也存在一些其他豁免条件，其不适用一些低水平的国际航空活动，如每年国际航空中碳排放量少于 10000 吨的航空活动等。此外，CORSIA 要求新加入者在运营 3 年后或当其国际航班年排放量超过 2019 年总排放量 0.1% 的次年起再纳入 CORSIA 抵销管理。

CORSIA 的履约期为 3 年，在每个阶段的 3 年履约期结束时，航空公司必须提交报告以证明他们符合 CORSIA 的抵销要求，表明他们已经购买了足额的碳信用以抵销过去增长的排放量，且只有符合 ICAO 严格标准的碳信用额才能用于履行 CORSIA 规定的合规义务。

根据 CORSIA 的公告，可用于 2021~2023 年试点阶段的合格碳信用，必须是由 2016 年 1 月 1 日后投产的减排项目产生的（即减排项目的第一个计入期开始于 2016 年 1 月 1 日后），且不得晚于 2020 年 12 月 31 日。同时，在试点阶段采用的合格碳信用的减排项目必须来自以下 8 个减排机制：ACR、REDD+交易架构（Architecture for REDD+Transaction，ART）、CCER、CDM、CAR、全球碳委员会（Global Carbon Council，GCC）、GS 和 VCS。除此之外，CORSIA 还将一些减排机制列为"有条件符合"的情况，如 The Forest Carbon Partnership Facility（FCPF）、British Columbia Offset Program（BCOP）和 Thailand Voluntary Emissions Reduction Program（T-VER）的项目，后续若按照 CORSIA 意见完善，其产生的减排量可部分或全部纳入 CORSIA 抵销市场。2023 年 3 月，ICAO 发布了第一阶段认可的自愿减排机制，即 ACR 和 ART。

CORSIA 抵销量的计算基于"历史法"展开，且不同阶段的基准排放量及行业占比有所不同。CORSIA 的抵销分配方案最初以 2019 年和 2020 年两年内航空公司的平均碳排放量为基准，但由于新冠疫情的影响，2020 年的航空运输需求

---

① 读懂 CORSIA 国际航空碳抵消及减排机制［EB/OL］. 国际节能环保网，https：//huanbao. in-en. com/html/huanbao-2379551. shtml，2023-10-08.

急剧下降，继续使用 2020 年的数据会使基准线的设定失衡。因此，ICAO 将试点阶段的基准线调整为 2019 年碳排放量的 100%，而自 2024 年起，基准线调整为 2019 年二氧化碳排放量的 85%。此外，抵销量不是根据航空公司的碳排放量来衡量的，而是根据整个行业碳排放量相对 2019 年水平的增长量按比例计算的，其主要由行业和个体两部分组成：行业部分根据全球国际航空碳排放的增加量进行分摊，个体部分来自航空公司自身国际航空的碳排放增加量，且行业和个体部分的比例设定在每个阶段均有所不同。根据 ICAO 在其第四十一届会议通过的 A41-22 号决议，抵销量由最初的按行业增排比例分配逐渐过渡到按航空运营商个体增排比例分配，2021~2032 年，行业分配占比 100%；2033~2035 年，行业分配占比降至 85%，个体分配占比调整为 15%（见表 5-5）。

表 5-5　CORSIA 分阶段碳排放量抵销规则

阶段	基准线	抵销规定
试点阶段	2019 年的碳排放量	100%行业分配
第一阶段	2019 年碳排放量的 85%	100%行业分配
第二阶段	2019 年碳排放量的 85%	2021~2032 年：100%行业分配 2033~2035 年：85%行业分配和 15%个体分配

资料来源：上海清新碳和科技有限公司官网。

为确保碳排放数据的完整性、一致性和准确性，自 2019 年 1 月 1 日起，ICAO 要求所有成员国的国际航空运营商无论是否参与 CORSIA 必须实施 MRV 计划，且每年向其国家当局报告经由第三方核查机构基于国际标准化组织的现有标准以及《国际民用航空公约》附件 16 第 IV 卷中 CORSIA 的特定要求核查的排放数据，最后由国家主管部门报送至 ICAO 以计算基准排放量等数据。

我国目前尚未加入 CORSIA 计划，但 CORSIA 的实施运行对我国的航空减排交易市场带来一定的压力，若中国未来加入，减排成本可能直接影响我国航空公司的国际竞争力。因此我国航空业更应该积极加强自身能力建设，投身节能技术改进、可持续燃油替代等减排改革以提升我国航空运输业的绿色高质量发展能力，为未来做好准备。此外，CCER 或成为我国开展国际气候合作的关键纽带，在 CCER 重启改革过程中应充分考虑 CORSIA 市场的需求，通过国际航空减排交易市场实现 CCER 的国际对接，也能起到推动我国自愿减排交易市场有序发展的作用。

（四）CCER

CCER 是指对我国境内可再生能源、林业碳汇、甲烷利用等项目的温室气体减排效果进行量化核证，并在国家温室气体自愿减排交易注册登记系统中登记的温室气体减排量。

CCER 区别于 CDM 中产生的 CER，是在 CDM 之后，碳信用机制在中国的重要应用。CCER 继承了 CDM 的基本框架和思路，成为减排项目碳信用资产变现的又一重要手段。

2012 年，《温室气体自愿减排交易管理暂行办法》发布，CCER 交易机制正式启动。CCER 项目和项目减排量在国家登记簿登记备案，备案减排量在国内各碳交易试点市场进行交易。

2017 年 3 月，由于温室气体自愿减排交易量小、个别项目不够规范，国家发展和改革委员会发文暂停受理温室气体自愿减排交易方法学、项目、减排量、审定与核证机构、交易机构备案申请，CCER 机制暂停运行，暂停前已签发的减排量仍可在试点市场交易。

中国 CCER 机制在 2012 年启动到 2017 年暂停期间，累计备案 CCER 方法学12 批，共 200 个，其中常规项目方法学 109 个、农林项目方法学 5 个、小型项目方法学 86 个[1]；累计公示 2871 个项目（项目审定工作开始前的挂网公示），备案 861 个项目（其中，光伏项目 159 个、风电项目 328 个、水电项目 83 个），254 个项目获得 CCER 减排量备案，备案 CCER 减排量约 7800 万吨（其中，光伏项目 48 个、风电项目 91 个、水电项目 32 个）[2]。可再生能源项目占主导份额。2017 年暂停之后，没有新增的项目备案和项目减排量备案。经过试点市场的抵销使用和全国统一碳市场 2019~2020 年履约周期的抵销使用，存量 CCER 仅余约 1000 万吨。

2018 年 3 月，CCER 管理责任由国家发展和改革委员会移交给生态环境部。2020 年 12 月，生态环境部发布的《碳排放权交易管理暂行办法（试行）》提出，重点排放单位每年可以使用 CCER 抵销碳排放配额的清缴，抵销比例不得超过应清缴碳排放配额的 5%，CCER 纳入全国碳交易市场。2021 年 3 月，生态环境部就《碳排放权交易管理暂行条例（草案修改稿）》征求意见，该条例草案

① 易碳家. CCER 备案方法学数量多、覆盖类型广泛［EB/OL］. http：//m. tanpaifang. com/article/78376. html，2021-06-30.

② 碳中和 CCER 碳汇开发［EB/OL］. 网易网，https：//www. 163. com/dy/article/HCIEUO3J0553G462. html，2022-07-13.

修改稿指出可再生能源、林业碳汇、甲烷利用等项目的实施单位可以申请国务院生态环境主管部门组织对其项目产生的温室气体削减排放量进行核证。

2023 年 3 月 30 日，生态环境部发布《关于公开征集温室气体自愿减排项目方法学建议的函》，向全社会公开征集温室气体自愿减排项目方法学建议。2023年 7 月 7 日，生态环境部就《温室气体自愿减排交易管理办法（试行）》公开征求社会意见。根据新的政策安排，CCER 项目和项目减排量将在国家气候中心管理运营的全国温室气体自愿减排注册登记系统登记，在北京绿色交易所管理运营的全国温室气体自愿减排交易系统进行交易。2024 年 1 月 22 日，CCER 正式重启。

表 5-6　CCER 政策发展历程

时间	文件/公告	发布主体	主要内容
2011 年10 月 29 日	《关于开展碳排放权交易试点工作的通知》	国家发展和改革委员会	为落实"十二五"规划关于逐步建立国内碳排放交易市场的要求，推动运用市场机制以较低成本实现 2020 年我国控制温室气体排放行动目标，加快经济发展方式转变和产业结构升级，将北京市、天津市、上海市、重庆市、湖北省、广东省及深圳市列为碳排放权交易试点。各试点地区要着手研究制定碳排放权交易试点管理办法，明确试点的基本规则，测算并确定本地区温室气体排放总量控制目标，研究制定温室气体排放指标分配方案，建立本地区碳排放权交易监管体系和登记注册系统，培育和建设交易平台，做好碳排放权交易试点支撑体系建设，保障试点工作的顺利进行
2012 年6 月 13 日	《关于印发〈温室气体自愿减排交易管理暂行办法〉的通知》	国家发展和改革委员会	为实现我国 2020 年单位国内生产总值二氧化碳排放下降目标，《国民经济和社会发展第十二个五年规划纲要》提出逐步建立碳排放交易市场，发挥市场机制在推动经济发展方式转变和经济结构调整方面的重要作用。国内已经开展了一些基于项目的自愿减排交易活动，对于培育碳减排市场意识、探索和试验碳排放交易程序和规范具有积极意义。为保障自愿减排交易活动有序开展，调动全社会自觉参与碳减排活动的积极性，为逐步建立总量控制下的碳排放权交易市场积累经验，奠定技术和规则基础，制定该法

时间	文件/公告	发布主体	主要内容
2014 年 12 月 10 日	《碳排放权交易管理暂行办法》	国家发展和改革委员会	碳排放权交易包括排放配额和国家核证自愿减排量的交易，排放配额分配在初期以免费分配为主，适时引入有偿分配，并逐步提高有偿分配的比例。重点排放单位可按照有关规定，使用国家核证自愿减排量抵销其部分经确认的碳排放量。省级碳交易主管部门每年应对其行政区域内重点排放单位上年度的配额清缴情况进行分析，并将配额清缴情况上报国务院碳交易主管部门
2017 年 3 月 14 日	暂缓受理温室气体自愿减排交易备案申请公告	国家发展和改革委员会	《温室气体自愿减排交易管理暂行办法》施行中也存在着温室气体自愿减排交易量小、个别项目不够规范等问题，暂缓受理温室气体自愿减排交易方法学、项目、减排量、审定与核证机构、交易机构备案申请。待《温室气体自愿减排交易管理暂行办法》修订完成并发布后，将依据新办法受理相关申请。此次暂缓受理温室气体自愿减排交易备案申请，不影响已备案的温室气体自愿减排项目和减排量在国家登记簿登记，也不影响已备案的 CCER 参与交易
2017 年 12 月 18 日	《全国碳排放权交易市场建设方案（发电行业）》	国家发展和改革委员会	在发电行业碳市场稳定运行的前提下，逐步扩大市场覆盖范围，丰富交易品种和交易方式。创造条件，尽早将国家核证自愿减排量纳入全国碳市场。建设全国统一的碳排放权注册登记系统及其灾备系统，为各类市场主体提供碳排放配额和国家核证自愿减排量的法定确权及登记服务，并实现配额清缴及履约管理
2020 年 12 月 31 日	《碳排放权交易管理办法（试行）》	生态环境部	CCER 指对我国境内可再生能源、林业碳汇、甲烷利用等项目的减排效果精量化核证，并在碳交易所注册登记的核证自愿减排量。CCER 是一种碳抵销机制，允许企业购买项目级的减排信用来抵扣排放量。重点排放单位（年度温室气体排放量达到 2.6 万吨二氧化碳当量及以上的企业或者其他经济组织）使用 CCER 或生态环境部另行公布的其他减排指标，抵销其不超过 5% 的经核查排放量
2021 年 10 月 26 日	《关于做好全国碳排放权交易市场第一个履约周期碳排放配额清缴工作的通知》	生态环境部	有意愿使用 CCER 抵销碳排放配额清缴的重点排放单位抓紧开立 CCER 注册登记账号，并在经备案的交易机构尽快完成 CCER 购买并申请注销。用于配额清缴抵销的 CCER 抵销比例不超过应清缴碳排放配额的 5%，全国碳市场第一个履约周期可用的 CCER 均为 2017 年 3 月前产生的减排量，减排量产生期间，有关减排项目均不是纳入全国碳市场配额管理的减排项目

续表

时间	文件/公告	发布主体	主要内容
2023 年 3 月 30 日	《关于公开征集温室气体自愿减排项目方法学建议的函》	生态环境部	拟提出的温室气体自愿减排项目方法学建议可以是原有已备案方法学的修订，也可以是新的方法学，符合国家相关产业政策要求，体现绿色低碳技术发展趋势，有利于保护生态环境，有利于推动实现碳达峰碳中和目标，能够避免、减少温室气体排放或者实现温室气体的清除。所建议方法学及额外性论证要求应当清晰、可操作、便于审定与核查，并确保案例项目活动产生的减排量真实、准确、保守。鼓励对减排效果明显、社会期待高、技术争议小、数据质量可靠、社会和生态效益兼具的行业和领域提出方法学建议，其额外性可免于论证或简化论证。不能对现有法律法规规定等有强制温室气体减排义务的行业和领域提出方法学建议
2023 年 7 月 17 日	《关于全国碳排放权交易市场 2021、2022 年度碳排放配额清缴相关工作的通知》	生态环境部	组织有意愿使用 CCER 抵销碳排放配额清缴的重点排放单位抓紧开立账户，尽快完成 CCER 购买并申请抵销，抵销比例不超过对应年度应清缴配额量的 5%。对第一个履约周期出于履约目的已注销但实际未用于抵销清缴的 CCER，由重点排放单位申请，可用于抵销 2021、2022 年度配额清缴

资料来源：上海清新碳和科技有限公司官网。

（五）JCM

JCM 于 2012 年成立，该机制是指日本面向发展中国家，与发展中国家签订双边协议，由日本向协议国提供领先的脱碳技术、产品、系统、服务、基础设施以及资金，在协议国实施减排项目，并获得项目产生的减排量，用于实现日本自身的减排目标。日本与蒙古国于 2013 年 1 月 8 日签署《日蒙低碳发展伙伴关系》，标志着 JCM 的正式启动，因此 JCM 最早又被称为 "Joint Crediting Mechanism between Japan and Mongolia"。随着日本的大力推广，截至 2023 年 4 月，该机制已覆盖包括亚洲、非洲、美洲、大洋洲在内的 26 个发展中国家。

日本推行 JCM 的目标是通过国际间的碳减排合作，到 2030 年 JCM 项目实现累计减排和清除量达到约 1 亿吨二氧化碳当量，以确保实现其 NDC 目标。JCM 实施以来，日本陆续与多个国家签订合作协议，由日本提供技术和资金支持，在签约国实施碳减排项目，双方政府共同建立联合委员会运营 JCM。第二十七届联合国气候变化大会召开后，JCM 合作备忘录规定 JCM 项目签发的减排量可用于实现两国 NDC 目标或用于国际气候减缓措施。

JCM 在很大程度上沿袭了 CDM 的做法，因此两者的机制流程较为类似，但

JCM 的每一个流程都更加简化，各流程相应的操作程序均可在各东道国 JCM 官方网站上查询。与 CDM 不同的是，JCM 属于双边机制，JCM 项目减排量的签发包括两方面内容：①JCM 联合委员会决定签发的数量；②JCM 涉及的各方政府负责具体签发。此外，JCM 不具备与 CDM 一样的统一的管理机构（执行委员会），JCM 框架下并没有一个统一的联合委员会，而是由日本与 JCM 各东道国分别建立联合委员会及秘书处，如 JCM 日本-蒙古联合委员会、JCM 日本-泰国联合委员会等，不同联合委员会下的项目开发流程参见各东道国 JCM 官网。

项目东道国当地的联合委员会负责方法学的开发和核准，方法学开发周期一般为 82~112 天。截至 2023 年 4 月，JCM 共批准了 101 个方法学。JCM 减排量的申请流程，主要包括设计文件（Project Design Document，PDD）准备、项目审定、项目注册备案、项目运行监测、核证、减排量签发几个环节。整体申请流程虽然与主流减排机制（如 CDM、VCS）等差异不大，但是每个环节都存在 JCM 自身特点。

参与主体层面，JCM 的参与者主要为减排项目开发方、联合委员会与秘书处以及第三方机构，其各自角色如下：一是减排项目开发方。减排项目开发方通常有两类，即项目业主以及减排项目的开发单位或技术的提供单位。减排项目开发方经过项目实施、提交 PDD、实施减排量监测、第三方机构审定和核证后才能获签减排量。二是联合委员会与秘书处。日本与各东道国分别成立联合委员会，代表各自政府，负责方法学的审批、项目注册、批准或拒绝减排量的签发、建立注册登记簿等工作；联合委员会下设秘书处，负责 JCM 在东道国的执行、发布拟议的方法学和 PDD 等、对 PDD 和监测报告进行完整性检查、宣布和传达联合委员会的决定等工作。三是第三方机构。与其他减排机制类似，JCM 也存在第三方机构（Third Party Entities，TPE），主要负责项目的审定和验证过程。JCM 中的 TPE 可以是 CDM 执行理事会以及国际标准化组织 ISO 14065 认证机构认证的现有指定运营实体。

在减排量使用方面，日本政府获得的减排量目前只能用于完成国家 NDC 目标，但只有 2021 年 1 月后签发的减排量才能用于日本政府 NDC 目标；而企业实体所拥有的 JCM 减排量则可以用于其他国际减排（需政府批准）、抵销温室气体排放等目的，主要使用方式为注销。目前，由于日本与东道国间的双边协议还没有对国际间的交易进行授权，故 JCM 仍处于不可交易的阶段，无法跨国流通。以日本与泰国所签订的双边协议为例，规定了 JCM 起步期两国运行的 JCM 机制为减排信用不可交易机制，虽然双方协调明确未来 JCM 机制将向可交易类型机制过渡，但就目前的执行情况来看，现行 JCM 不支持减排量国际流转。尽管 JCM 机制现阶段不支持减排量国际转移，但 JCM 的日本注册登记簿允许日本与外国实体企业通过开设登记簿账户获得 JCM 减排量。企业登记簿账户支持减排量的相互划转，这就为 JCM 日本注册登记簿内部的减排量交易创造了条件。根据要求，企业进行减排量交易需向 JCM 日本登记簿提交申请，内容包括交收账户、交易类型、交易目的（包括注销与代注销）等。

截至 2023 年 4 月，JCM 已注册项目 76 个，签发减排量项目 40 个，已签发 JCM 减排量超 12 万吨，其中日本获减排量 8.9 万吨，东道国获减排量 3.7 万吨。① 日本在其公布的 NDC 目标中明确将利用 JCM 减少温室气体排放作为实现 NDC 目标的手段之一，即希望通过 JCM，至 2030 财年累计减排和消除的温室气体能够达到 1 亿吨二氧化碳当量的规模。

从实际签发情况来看，无论是获签减排量还是减排量的方法学类型，均以能源利用项目占据主要比例。总体来看，JCM 项目以小型的能源项目为主，目前获得签发减排量的项目数量并不多。

当前阶段，已有主体或国家尝试通过购买减排量实现 ITMO，可以认为交易是实现减排量国际流转的一种方式，但减排量国际流转并无官方定义，JCM 减排量是否属于 ITMO 并无明确定论。《巴黎协定》达成后，日本与一些东道国按照《巴黎协定》第 6 条的精神更新了关于 JCM 的合作备忘录，备忘录明确在《巴黎协定》第 6 条第 2 款下双方国家授权所签发至日本注册登记簿的 JCM 减排量可作为 ITMO 用于实现日本 NDC 目标或减缓国际社会气候变化，即日本与东道国官方认为 JCM 减排量属于 ITMO 范围。JCM 的分配模式是对《巴黎协定》第 6 条第 2 款合作方法中 ITMO 的探索，即把直接分配也视作减排量国际流转的一种方式。未来随着《巴黎协定》第 6 条第 2 款的逐步完善和成熟，JCM 减排量将对国际气候行动谈判产生重要影响，为《巴黎协定》第 6 条第 2 款未来的发展与逐步细化提供参考样本。

在过去，日本政府主要通过 JCM 来出口低碳技术、产品、服务和基础设施，以促进发展中国家的可持续发展，随着《巴黎协定》的签署及全球气候治理的推进，日本制定了宏大的减排目标，JCM 是当前日本政府按照《巴黎协定》要求推行减排计划的关键路径。因此，日本政府正在大力推动 JCM 在全球的应用实施，希望借此引领全球碳市场的规则制定。

---

① 【市场研究】国际自愿减排机制发展概况——JCM 篇 ［EB/OL］. 新浪网，https：//finance. sina. com. cn/esg/2023-05-28/doc-imyvhzyk6445755. shtml，2023-05-28.

（六）德国上游减排碳信用机制

欧盟的燃料质量指令（Fuel Quality Directive），以及德国《联邦排放控制法》和《温室气体减排配额法案》要求，自 2020 年起，在德国销售液体燃料（汽油、柴油、液化石油气）的终端销售商，必须将其销售燃料的温室气体排放量减少 6%。德国政府将来会持续提高此减排要求。

同时，基于欧盟理事会指令 Council Directive（EU）2015/652，德国《上游减排条例》指出，液体燃料终端销售商可以通过上游减排量（Upstream Emission Reduction，UER）来抵销其部分排放，上限为 1.2%，以完成其法定减排义务。上游减排量 UER 的来源不限于德国境内。

上游减排是在终端液体燃料（汽油、柴油和液化石油气）的上游原材料进入炼油厂或储存设施之前所进行的温室气体减排。其中包括油田生产环节使用可再生能源和低碳能源替代高碳能源、提高能源利用效率，运输环节以管道运输替代车辆运输、新能源车替代燃油车，以及通过避免在原油生产中燃烧相关气体（如油井伴生气）实现的减排。UER 项目方法学全面参照 CDM 方法学。

德国及德国境外的油田，在生产和运输环节开展的减排项目，可以按照德国《上游减排条例》的相关要求开发成 UER 项目，可以依据项目产生的减排量签发相应数量的 UER 证书，出售给德国境内的终端油品销售商，用于其履行法定义务。

（七）CAR

CAR 是一家于 2008 年正式成立的环保非营利组织，总部位于加利福尼亚州洛杉矶。加利福尼亚州气候行动登记处（California Climate Action Registry）为 CAR 的前身，由加利福尼亚州立法机构于 2001 年为鼓励企业与其他组织参与减缓温室效应的早期行动（Early Action）而成立。CAR 作为碳减排登记簿除承担自身机制所覆盖的自愿减排登记职能之外，还被 CARB 列为加利福尼亚州强制抵销项目以及早期减排行动登记处之一（其他的登记处还包括 ACR、Verra 登记簿）。此外，CAR 已通过华盛顿州生态部批准，将作为华盛顿州官方认证的碳抵销登记簿负责碳抵销项目的登记。

CAR 登记簿数据显示，截至 2023 年 6 月，CAR 已签发超 1.9 亿吨减排量，累计 613 个项目获签，减排项目类型涵盖自然气候方案、废弃物处理与甲烷销毁以及工业过程与气体三大类。[①] 除美国本土外，CAR 机制覆盖区域还囊括加拿

---

① 高瑞，陈浩. 国际自愿减排机制发展概况——CAR 篇［EB/OL］. https://cnemission.com/article/jydt/scyj/202308/20230800003044.shtml，2023-08-23.

大、墨西哥，未来还计划向中国、多米尼加共和国、巴拿马、危地马拉延伸。

CAR 签发的自愿减排碳抵销信用为 Climate Reserve Tonnes（CRTs），可以通过场外交易并在 CAR 注册登记系统划转，也可以在 AirCarbon Exchange 交易所和美国洲际交易所进行场内交易。

CAR 不仅定义了标准自愿减排项目框架，而且由于其衔接了加利福尼亚州及华盛顿州强制碳市场，因此其还在标准自愿减排项目框架下发展出可转化为强制碳市场的碳抵销项目（Registry Offset Credit，ROC）。此外，为鼓励企业投资自愿减排项目，以降低生产经营过程中的温室气体排放，CAR 创新性地推出 "Climate Forward" 项目，先行向控排企业发放温室气体减排信用（Forecasted Mitigation Unit，FMU）。

与其他自愿减排机制一致，CAR 标准自愿减排项目要求项目申请方根据项目方法学（CAR 称为 "协议"）要求完成项目注册、减排量核证和签发等系列流程。CAR 用 "协议"（Protocol）指代其抵销项目类型，以突出每个 "协议" 的复杂性。CAR 备案了覆盖美国、墨西哥和加拿大的 22 个协议，在美国 45 个州和墨西哥 10 个州备案了 400 余个项目。已获备案的协议包括：己二酸生产、加拿大草原、煤矿甲烷、森林、草原、墨西哥锅炉效率、墨西哥森林、墨西哥卤化碳、墨西哥垃圾填埋场、墨西哥畜牧、墨西哥臭氧消耗物质（已被墨西哥卤化碳取代）、硝酸生产、氮气管理、有机废弃物堆肥、有机废弃物消化、臭氧消耗物质、水稻种植、土壤富集、城市森林管理、城市植树、美国垃圾填埋场、美国畜牧业。

协议规定了减排项目具体的资格认证标准、减排量监测以及核实特定类型温室气体减排量的细节步骤；核证环节由第三方机构负责，只有在核查机构提交的核查报告和核查声明被 CAR 接受后才签发减排量；CAR 接受社会群体向其提交新的方法学，经 CAR 审批后即可成为新的项目方法学。与此同时，CAR 减排量遵循真实性、永久性、额外性等原则，从机制整体运行框架结构以及减排量核证原则来看，CAR 与 VCS、CCER 等国内外典型减排机制较为相似。

对于项目的具体开发，项目开发者需根据 CAR 方法学要求提交规定文件，交由 CAR 进行审核。通过审核后，项目开发者可选择 CAR 注册公开的核证机构进行核证，如 SCS Global Services、Ruby Canyon Environmental 等公司。但与其他减排机制不同，CAR 没有项目审定环节，这是因为 CAR 的资格认证标准是最标准化的，项目资格认证标准以及减排量计算方法在方法学中已明确规定，认定较为简单，核证机构只做简单判断即可。值得注意的是，在 CAR 框架体系下，报告期与核证期有所区别，报告期特指所记录项目减排量产生的时间周期，而核证期指的是温室气体减排量被核证的时间周期，CRTs 签发以最终核证期为准。减排项目在首个报告期结束的 12 个月内必须完成项目核证工作，项目开发者必须向 CAR 提交一份完整的核证报告以及核证声明，即核证工作必须在所申请的减排量产生时段之后的 12 个月内完成，CAR 审阅通过后项目即完成"注册"工作。

核证报告通过且项目开发商按 CAR 规定缴纳相关费用后，项目处于"注册"状态，CAR 会依据核证报告的数据签发对应数量的 CRTs，CRTs 可以转让、注销或代注销/持有。如果事后发现项目获签减排量超过实际减排量，CAR 将通知项目开发商要求其对超发数量的减排量进行取消，或向 CAR 提交书面授权在未来的项目减排量签发过程中放弃本次超发的减排量。

截至 2023 年 6 月，CAR 已累计签发约 8000 万吨 CRTs，项目缓冲池（防止项目逆转风险）47 万吨，累计自愿注销量达 6000 万吨。从 CRTs 签发的项目类型来看，CRTs 中废弃物处理与甲烷销毁占比最大（53%），其次为自然气候方案（36%）。就项目地区分布而言，CAR 减排项目主要分布在美国与墨西哥两国，其他国家暂无 CAR 签发减排量。[①]

从 CRTs 的使用目的来看，绝大部分的 CRTs 被第三方用于抵销其排放量以完成可持续发展目标或社会责任，除此之外，部分 CRTs 用于项目排放量抵销或组织活动与个人排放量注销（累计注销约 247 万吨），总体形式类似我国国内常见的碳中和（企业、项目、组织以及个人排放量注销等）。其他注销使用情况还包括逆转补偿、政府强制要求等，总体使用量相对较少。

整体来看，CAR 签发量较为依赖自然类减碳项目，随着美国本土 CAR 新注册项目数量与减排签发量的下滑，CAR 选择采取扩大市场覆盖范围的方式来增加 CAR 新注册项目数量进而增加未来签发的减排量，墨西哥森林项目数量的大幅增加就是一个典型例子，考虑到该项目签发量增长迅速但总量不大，未来 CAR 减排量是否能够通过该方式持续稳步增长亟待检验。

（八）VCS

VCS 是由机构 Verra 主管的全球最广泛应用的碳信用计划之一。VCS 是由几个主要的碳市场参与者建立的，包括气候组织、国际排放交易协会、世界可持续发展工商理事会和世界经济论坛。其创建的目的是为自愿减排项目提供认证和信

---

① 高瑞，陈浩.国际自愿减排机制发展概况——CAR 篇［EB/OL］. https：//cnemission.com/article/jydt/scyj/202308/20230800003044. shtml，2023-08-23.

用签发服务。VCS 主要包括 VCS 标准体系、独立审核体系、方法学体系和注册登记系统。自 2006 年启动以来，VCS 在全球 82 个国家和地区中有 2000 多个注册项目，累计产生了约 11 亿个核证碳单位（Verjfied Carbon Unit，VCU）①。

VCS 包括可以减少和清除温室气体的各种技术和措施，涵盖能源、建筑、交通、废弃物回收利用、矿业、农业、林业、草地、湿地、畜牧业以及 CCUS 等多个领域。无论什么领域的项目，在 VCS Registry 注册系统中成功注册成为 VCS 项目之前都必须通过严格的评估过程。一旦成功注册，这些项目就有资格获得 VCU。一个 VCU 代表从大气中减少或清除 1 吨二氧化碳当量。项目可以在碳市场上将 VCU 变现，以支持和扩大其减缓气候变化的活动。

在当前主流的第三方独立自愿减排机制中，VCS 2021 年新注册项目 110 个，签发碳信用超 2.95 亿吨，是国际市场最大的第三方独立自愿减排机制。根据 Ecosystem Marketplace 2022 年报告统计，截至 2021 年底，在全球自愿碳市场的交易量接近 5 亿个碳信用中，76% 是由 VCS 签发的碳信用。②

VCS 备案方法学所覆盖的领域包括能源、建筑、交通、废弃物回收利用、矿业、农业、林业、草原、湿地和畜牧业以及 CCUS 等。除了几个被排除在外的 CDM 方法学，基本所有 CDM 下的方法学都可以用于登记 VCS 项目。CAR 机制下除 AFOLU（Agriculture，Forestry，Other Land Use）领域的协议外也均可用于登记 VCS 项目。

Verra 登记簿数据显示，截至 2023 年 4 月，已注册的 VCS 项目按行业可分为 25 个类别，包括如 "制造业" 的单一类型 13 个，还有多个如 "建筑+制造业" 的复合类型 12 个。目前注册项目数量最多且累计签发 VCU 量最多的类别是单一类型下的 "能源产业（可再生/不可再生资源）"，多为水电、风电等节能项目，共有项目 1244 个，累计签发 4.8235 亿吨二氧化碳当量。另外，"农业、林业和其他土地使用" 类别的 VCU 签发量位居第二，其 VCU 签发量虽然与 "能源产业（可再生/不可再生资源）" 不相上下，但 "农业、林业和其他土地使用" 类别只有 259 个项目。③

就项目地区分布来看，VCS 项目多集中于亚洲，占总项目数量的 63%。VCS 项目高度集中的特点也体现在国家分布中。从 VCS 已注册项目的国家分布来看，

---

① 格林美. 全球首个! 格林循环 PP 塑料回收再生碳减排项目通过国际权威批准 [EB/OL]. https://news. smm. cn/news/102772951，2024-05-27.

②③ 雷舒然，陈浩. 国际自愿减排机制在我国的发展概况——VCS 篇 [EB/OL]. https://www. cne-mission. com/article/jydt/scyj/202304/20230400002909. shtml，2023-04-12.

印度的 VCS 项目数量最多，共 608 个，超过项目总数的 30%。我国 VCS 已注册项目数量位居全球第二，共 465 个（包括 462 个已注册项目和 3 个处于计入期更新阶段的项目），约占项目总数的 23%。之后是土耳其、巴西和美国，除此之外，其他国家的 VCS 项目数量较少。结合 VCU 累计签发量和 VCS 项目注册情况来看，印度尼西亚虽然只有 15 个注册项目，但 VCU 累计签发量位居全球第四，共 8830.37 万吨。[①]

截至 2023 年 6 月，VCS 在中国的项目共有 973 个，含已注册项目 462 个，其他状态项目 511 个（其他状态为验证中、要求注册、要求登记和验证批准、正在开发、不活跃、已申请计入更新、从清洁发展机制 CDM 转入的项目等）。过半项目已经完成注册，大多数项目仍在 VCS 计划的初次验证核查审批或者已注册项目的复核流程中。中国已注册的 VCS 项目中拥有 VCU 存量的项目有 290 个，处于复核或者搁置状态的项目 33 个。[②]

自 2020 年 4 月起，VCS 既可以在 Verra 登记系统（Verra Registry）中交易，也可以在碳贸易交易所进行场内交易。此外，Xpansiv 数据系统股份有限公司（Xpansiv Data System，Inc）旗下的 ESG 现货市场 CBL 推出了 GEO、N-GEO 和 C-GEO 现货合约，芝加哥商业交易所集团在此基础上推出了 GEO、N-GEO 和 C-GEO 期货合约，均包含 VCU，其中 N-GEO 和 C-GEO 以 Verra 为唯一登记机构。

VCS 的运营方 Verra 在 2019 年更新了核证减排机制规则，收紧了未来符合信用签发条件的减排活动类型，特别是大多数新的并网可再生能源项目将被 VCS 机制排除在覆盖范围之外。这是因为，由碳金融支持的一些项目已在市场上站稳脚跟，能够与排放密集型的同类产品进行竞争，因此不再需要依靠碳融资工具寻找技术早期融资来源。

VCS 注重项目对所在国家或地区可持续发展目标的影响，积极与《巴黎协定》的目标和联合国可持续发展目标保持一致。2019 年 1 月，Verra 推出了可持续发展影响核证标准（SD VISta），为评估和报告项目导向型活动的可持续发展收益提供了灵活框架。自此，项目可同时使用 VCS 标准和 SD VISta。已经通过 VCS 的项目很快也可通过填写 SDG 贡献报告，阐述其对可持续发展的贡献。VCS 是目前最大的独立温室气体碳信用机制，也是森林保护、可持续管理和增加森林碳汇与林业碳信用的最大签发者。此外，Verra 也是加利福尼亚州的碳抵销项目

---

①②　雷舒然，陈浩 . 国际自愿减排机制在我国的发展概况——VCS 篇［EB/OL］. https：//www.cne-mission.com/article/jydt/scyj/202304/20230400002909.shtml，2023-04-12.

注册处。

尽管 VCS 签发的碳信用 VCU 的主要用途仍是自愿抵销，但哥伦比亚、南非以及国际航空碳抵销和减少计划等合规碳市场正在接受包括 VCS 在内的自愿碳信用计划所签发的高质量碳信用，以满足其各自的碳减排或清除要求。

哥伦比亚政府于 2017 年实施了国家碳税（2016 年第 1819 号法律），对污染行业的温室气体排放征税。该税法允许哥伦比亚国家的实体用来自哥伦比亚减排项目的高质量碳信用额，包括 VCU，来抵销其排放税责任（最高可 100%抵销）。

2019 年 6 月，南非的《碳税法案》生效，以帮助其履行在《巴黎协定》下的气候承诺。Verra 的 VCS 在南非碳税法规下得到认可。有纳税义务的南非实体可以使用 VCU 来履行其部分纳税义务。南非的运输、废物处理和 AFOLU 行业的项目可以产生碳信用。Verra Registry 的 VCU 可以注销并在碳抵销管理系统中列出，该系统支撑南非碳市场中碳抵销的使用。

VCS Program 中大多数类型的项目都有资格向 CORSIA 提供 VCU。根据 ICAO 规定的当前合格的 VCS 项目的范围，计入期必须从 2016 年 1 月 1 日开始，且减缓必须在 2020 年 12 月 31 日之前发生。ICAO 将进一步考虑 2021 年之后通过 VCS 项目进行减缓的资格。项目开发者可以请求将 CORSIA 标签应用到符合条件的 VCU 上，可以在 VCU 签发流程中申请或在签发后单独申请。CORSIA 标签将在 Verra Registry 上显示，以表明哪些 VCU 可以作为 CORSIA 的用途进行注销。

（九）GS

GS 是由世界自然基金会和其他几个国际非政府组织组建的碳信用机制，用于为自愿抵销签发碳信用，同时也可用于对 CDM 下 CER 的社会影响进行补充性认证。类似地，GS 也主要包括 GS 标准体系、独立审核体系、方法学体系和注册登记系统。GS 签发的碳抵销信用为 GSVER。根据签发项目数和签发信用总额，GS 是全球第二大独立碳信用机制，其中很大一部分核证的减排量来自可再生能源和炉灶燃料转换项目。

GS 特别重视协同效益，如在关注项目减排的同时也关注增加就业、改善当地社群健康状况等其他社会效益。在对这些协同效应制定示范性保障措施方面，GS 有着严格的要求。与其他大多数独立减排机制产生的碳信用一样，GS 的 CER 主要用于自愿抵销。但在哥伦比亚碳税机制下，也有超过 20 万个单位的 CER 用于履约。

GS 还通过了一项名为"全球目标黄金标准"（Gold Standard for the Global Goals，GS4GG）的最佳实践标准，积极促进其碳信用签发活动与《巴黎协定》

和联合国可持续发展目标保持一致，该标准于 2017 年生效。

GS 备案的方法学涵盖土地利用、林业和农业、能源效率、燃料转换、可再生能源、航运、废弃物处理、用水效益和二氧化碳移除八个领域。

截至 2022 年 6 月，GS 已经为超过 900 个项目签发了 1.51 亿碳信用，这些项目分布在 65 个不同的国家。这包括 1.261 亿自愿减排量和 2490 万黄金标准核证减排量。共计 7580 万吨自愿减排量已经注销，占发行自愿减排量总量的 60%。①

VER 可以直接在黄金标准登记系统上交易，实现实时注销，自动生成证书。碳信用需求方可以直接和网站上公开的项目业主接洽，或者与国际碳减排与抵销联盟公开的经纪商联系，在场外签订合同后在黄金标准登记系统上交易。VER 也可以在碳贸易交易所进行场内交易。

GS 在 2022 年进行了显著的升级，一项是强制使用可持续发展目标工具以支持可持续发展目标影响的标准化报告，引入新的登记功能和要求以支持《巴黎协定》第 6 条的使用；另一项是启动了碳市场数字化工作组和咨询工作。

此外，GS 引入了多种新方法学，通过混凝土骨料的碳封存以及首个集成数字 MRV 的清洁烹饪方法学，实现能源使用的实时测量。

---

① 鲁政委，粟晓春，钱立华，等．"碳中和"愿景下我国 CCER 市场发展研究［J］．西南金融，2022（12）：3-16.

第六章　碳金融风险监管

第一节　碳金融风险的分类

相较于传统金融市场，碳金融市场的形成和起步较晚，相关的制度、平台和机制建设尚不完善，因此，碳金融市场在运行过程中存在较多的问题和不确定性。从碳金融交易本身出发，由于其交易标的具有复杂性和多样性、交易跨期，碳金融风险呈现种类多（见表6-1）、形成原因复杂且较难预测的特征。

表6-1　碳金融市场风险分类概览

风险类别	具体内容
市场风险	碳交易价格波动、利率波动以及汇率波动
政策风险	政策不连续不稳定、央地政策不一致、出台的政策不合理
信用风险	由信息披露制度及监管制度不完善引起的信息不对称问题
技术及操作风险	碳金融作为新兴领域，平台建设不健全、人才培养制度不完善
声誉风险	企业履行社会责任的情况成为社会评价企业的重要标准

资料来源：上海清新碳和科技有限公司官网。

一、市场风险

市场风险由未来市场价格的不确定性引发，主要包括利率风险、汇率风险、股票价格风险和商品价格风险。碳金融市场风险由于碳金融市场本身的独特性而与传统金融市场风险有所区别。

碳交易价格风险是一种有别于传统金融市场的碳金融市场风险。碳交易价格受各方因素的影响，如政府采取的碳排放管制措施（包括碳税、碳排放配额制度等）和能源政策，全球经济景气程度和需求状况，燃煤和天然气等能源价格的变动，新型清洁能源技术的发展和应用以及温室气体排放量等。碳价的波动会对碳金融市场产生复杂多面的影响。一方面，碳价本身的波动会直接作用于碳交易市场整体的利润，碳金融市场的参与者可以根据碳价的波动买入或卖出碳排放配额；另一方面，碳价波动会通过影响能源价格变化间接影响碳金融市场，碳价格的上涨会导致碳排放成本的增加，从而使化石燃料的成本上涨，这会影响与能源相关的行业，如石油、天然气、电力等行业，这些行业也正是碳金融市场的参与者。此外，投资者对碳金融市场的信心也有可能遭受碳价波动的打击，碳价的波动会导致市场内投资者质疑碳金融市场的稳定性与可靠性，从而降低对碳金融市场进行投资的意愿，进而使碳金融市场的流动性变差，影响市场的整体运作。

例如，2022 年初俄乌冲突爆发后，国际油价持续创下历史新高，天然气、煤炭、电力等能源的价格也持续上涨，但欧盟碳价骤降，2022 年 3 月 7 日，欧盟碳价已经较 2 月初的 97 欧元/吨暴跌超 35%。碳价通常与能源价格走向同势，这种两者之间的"脱钩"不可谓不异常。根据碳市场咨询公司 RepuTex 的分析，欧盟碳价暴跌主要是由于投资者对欧洲局势的担忧，投资者们普遍认为欧洲地区的地缘冲突很可能会成为欧洲经济复苏的制约因素，这引发了他们的避险情绪，抛售碳排放配额成为他们权衡之下的选择。此外，一些工业企业的现金流在大宗商品价格疯涨中也受到损失，这些企业也纷纷选择抛售碳排放配额以及时止损。

碳金融交易在时间和空间维度上也具有独特性。一方面，碳金融交易是一种全球性交易，其中部分项目，如 CDM 项目涉及跨国界交易，那么在进行外汇结算时，国际市场上汇率的波动也会对碳金融市场产生不小的影响；另一方面，碳金融交易也具有跨期性，完成一次碳金融交易、一个碳金融项目往往需要很长一段时间，如 CDM 项目，从开发到审批再到具体落实，可能需要几个月甚至几年的时间，而在这段时间内，利率不可能是一成不变的，利率的波动尤其是异常的、剧烈的波动，会对碳金融市场造成影响，甚至带来风险。[1]

二、政策风险

碳金融是指一种特定的金融商品，代表了企业或个人在减少碳排放方面所做出的贡献，可以视为一种可交易的资源。碳金融的价值在很大程度上取决于市场供需关系，同时也受到国际及本国政策的影响。碳金融市场建立在政策基础之上

---

① 程凯，许传华. 碳金融风险监管的国际经验 [J]. 湖北经济学院学报（人文社会科学版），2018，15（10）：44-47.

并受政策和制度约束，具有极强的政策导向性。

首先，政策的连续性、稳定性及可持续性对碳金融市场的稳定起着至关重要的作用。政策的连续性强调政策在短期内的方向一致性；稳定性强调政策支持力度的波动不能过大，需要保持在一定的区间内；可持续性则强调政策短期与长期的平衡。如果政策前后不一、支持力度忽大忽小且从长期来看不存在可持续的能力，那么会使参与碳金融市场的主体对市场环境充满担忧，怀疑整个市场的稳定性与可持续性，进而在制定投资及交易决策时举棋不定。此外，碳市场政策过快、不一致的变化也会给相关监管部门带来难题，这些部门往往需要根据变化的政策调整管理方式和制定相关规则，增加了整个市场的管理成本。例如，在奥巴马政府时期，美国实施了一系列碳市场政策，包括清洁电力计划和温室气体排放标准。然而，在特朗普上台后，这些政策或被废除或被削弱。拜登上台后，美国又重新开始了推进碳市场政策的努力。

其次，各方政策的不一致也会给碳金融市场带来风险。碳金融交易的过程非常复杂，涉及多个国家、地区和企业。就国内来看，我国的碳排放权交易起步于碳排放权交易试点，2013 年我国的碳排放权交易试点工作正式启动，先后在北京、上海、天津、重庆、湖北、广东、深圳七省市开展碳排放权交易试点，之后又在四川、福建两地增添碳交易市场，地区碳排放权交易市场由各地区自行设立，独立运行，这种独立运作体系使不同地区在交易主体、碳排放配额分配机制和履约机制等方面存在差异。例如，北京碳排放权交易市场不允许个人参与交易，而其他地方碳排放权交易市场则均允许个人交易；地方碳排放权交易市场交易标的各不相同，其中北京碳排放权交易市场的交易标的除 CCER 外，还包括北京碳市场碳排放配额、北京认证自愿减排量、自愿减排、林业碳减排量在内的地方碳排放配额。这种政策标准的不一致也在一定程度上给碳金融市场带来了风险。但随着全国碳排放权交易市场于 2021 年 7 月 16 日开市，这种政策不一致现象有所缓和。

最后，不合理的政策对碳金融市场的稳定性也会产生负面的影响。我国自 2011 年开始着手开展碳交易市场试点，2017 年将建立全国碳交易市场提上日程，2021 年全国碳交易市场投入使用，由此可以看出，我国的碳金融市场建设还相当稚嫩。在探索初期，我国主要参考国外相对成熟的碳交易市场的经验，但这些经验大多是"别人的经验"，想要真正让这些经验为己所用，还需将其与我国国情充分结合，而这种"中国化"进程需要时间，一些用以试错的"弯路"也是不可避免的。

三、信用风险

碳金融交易面临较高的信用风险。碳金融市场中的信用风险大多来自信息披露制度的不健全而引发的信息不对称。

一方面，由于信息披露机制不完善，信息披露标准不一，交易双方很难充分获得有关政策规定、操作流程、交易对手的信息，"逆向选择""道德风险问题"极易滋生。例如，在商业银行的一些绿色信贷项目中，那些技术较差或减排潜力较差的借款者反而更容易获得资金，但在得到资金后，部分借款者并不会将资金用于原定的用途，而转向投资于其他以高风险获得更高收益的项目，这往往会导致借款者到期无力偿还借款、无法按时交付 CER。

另一方面，欺诈行为在碳金融市场频发，这也源自信息不对称而引发的信用风险。例如，国际碳市场上的"盗窃增值税"（又称旋转木马欺诈或消失的贸易商欺诈）是一种典型的由信息不对称引发的碳金融市场欺诈。一个典型案例是，金融犯罪者经营着数个从英国进口碳信用额的虚假贸易公司，他们利用英国增值税法，进口无增值税的碳排放信用额，再将这些信用额出售给一家公司，他们在其中收取交易后应该提交给政府的增值税，交易完成后，这些公司（包括初始的进口公司在内）会立即解散，而碳信用额度再次在另外几家"缓冲"公司（也由这些金融犯罪者经营）之间出售，最后这些碳信用额度被出售给一家合法公司，造成交易合法的假象。①

信用风险的发生，一方面是由于碳金融市场的信息不对称，另一方面则是由于监管机制的不健全。信息披露机制的缺位，催生了企业采取瞒报、错报以至欺诈行为的动机，而不健全的监管机制，则彻底赋予了这些市场不道德行为的可行性。

四、技术及操作风险

根据《巴塞尔协议》的规定，金融领域的操作风险是因内部流程不完善、人员和系统不足及故障或外部事件造成损失的风险。碳金融市场的操作风险也大抵来自这几个方面。

碳金融作为一个新生领域，具有独特的交易规则、交易主体、产品等，碳金

---

① 樊威，陈维韬. 碳金融市场风险形成机理与防范机制研究［J］. 福建论坛（人文社会科学版），2019（5）：54-64.

融业务的交易规则、风险管理、盈利模式、项目审批等都需要进一步探索，碳金融方面的咨询人才及操作人才也需要很长的时间才能培养起来，因此，人为操作失误、系统漏洞而导致的配额盗窃及重复利用等问题容易发生。[①]

此外，许多投资者对于碳金融交易并不十分了解，这就会使一些碳金融交易市场的内部人员利用自己的信息优势，违法向外部人员泄露企业核查信息、企业碳金融资产组成情况以及碳交易相关信息，或向外部人员提供买卖建议，抑或诱导投资者做出指定的投资决策。

五、声誉风险

碳排放权交易是一项助力碳减排、推进我国顺利实现"双碳"目标的强有力的措施，是一项利好国家的活动。但在微观层面上，碳排放权交易提高了对企业的要求，要求企业承担起碳减排的社会责任，特别是在"双碳"目标提出之后，社会层面对于"低碳生活""绿色生活"的关注度日益提升。因此，一些企业，如传统高耗能企业、燃油汽车企业，可能会由于耗能高、碳排放量大而遭遇声誉危机；一些不够重视低碳管理的企业，即使它们本身并不是高耗能企业，也可能会遭受公众的抵制。此外，政府在进行采购活动时，受政策导向影响，也会更加倾向于碳排放量低、绿色效益强的企业。总之，上述在低碳领域弱势的企业在碳金融市场上，可能会由此丧失品牌价值和企业竞争力，获得较低的社会评价，经济效益和发展前景受到负面影响。

第二节 中国碳市场监管现状及发展方向

一、中国碳市场监管体系

生态环境部于 2020 年 12 月 31 日发布的《碳排放权交易管理办法（试行）》以及于 2021 年 5 月 17 日发布的《碳排放权登记管理规则（试行）》《碳排放权交易管理规则（试行）》和《碳排放权结算管理规则（试行）》是我国目前碳市场运行的主要依据，对我国碳市场的监管工作做了规定。我国碳市场监管主体

---

① 程凯，许传华.碳金融风险监管的国际经验［J］.湖北经济学院学报（人文社会科学版），2018，15（10）：44-47.

如表6-2所示。

表6-2　中国碳市场监管体系概览

监管主体		监管内容
政府部门层面	生态环境部	碳交易市场监管工作顶层设计，碳交易配额分配，配额及CCER注册登记和交易，碳排放情况核查，以及监管核查机构、注册登记机构、交易平台、清结算机构、碳资产管理公司等机构
	地方生态环境主管部门	
交易平台及相关金融机构层面		碳交易的真实性合规性监管、配合政府主管部门对违规企业进行处罚、健全风险管理体系及信息披露制度
碳金融市场参与主体层面		参与主体内部自我监管
社会层面		鼓励媒体与公众积极参与碳交易市场监督管理工作

资料来源：上海清新碳和科技有限公司官网。

（一）监管部门

由生态环境部制定全国碳排放权交易及相关活动的制度、技术规范，并且会同国务院有关部门对全国碳排放权交易活动进行监管。

在地方层面，省级生态环境主管部门负责在所在行政区域内组织开展碳排放配额分配、清缴、相关核查工作及监管工作，市级生态环境部门配合省级部门依法落实监管工作。

（二）监管对象

温室气体重点排放单位、全国碳排放权注册登记机构和全国碳排放权交易机构以及这两个机构的相关工作人员。碳排放配额的分配和清缴，碳排放权登记、交易、结算，温室气体排放报告与核查等活动的开展。

（三）监管主体的监管形式

1. 生态环境部及省级生态环境部门

各级生态环境部门确定重点排放单位名录，并根据对重点排放单位温室气体排放报告的核查结果确定监管重点和频次；市级以上地方生态环境主管部门根据"双随机、一公开"（在监管过程中随机抽取检查对象、随机选派执法检查人员，抽查情况及查处结果及时向社会公开）的方式对重点排放单位温室气体排放和碳排放配额清缴情况进行监管，并按程序将监督检查结果上报生态环境部；生态环境部及省级生态环境主管部门定期将核查结果向社会公开。

2. 全国碳排放权注册登记机构和全国碳排放权交易机构

这些机构负责通过合规建立风险管理机制和信息披露制度、制定风险管理预案对全国碳排放权交易进行实时监控和风险控制，以及及时公布碳排放权登记、交易、结算等信息。若全国碳排放权注册登记机构和全国碳排放权交易机构在碳市场中发现交易主体有违反《碳排放权交易管理办法（试行）》关于碳排放权注册登记、结算或者交易相关规定的行为，则可以直接按照国家相关规定限制交易主体交易。

3. 重点排放单位

重点排放单位进行自我监督，每年需根据生态环境部制定的温室气体排放核算与报告技术规范，编制该单位上一年度的温室气体排放报告，并于 3 月 31 日前报生产经营场所所在地的省级生态环境主管部门，并且温室气体排放报告需定期向公众公开。

4. 公众、新闻媒体等

公众、新闻媒体等对重点排放单位和其他交易主体的碳排放权交易及相关活动进行监督。

二、中国碳市场监管现状

（一）碳市场中法律监管不到位

目前我国碳排放权交易主要有三部关联法律，分别是《中华人民共和国清洁生产促进法》《中华人民共和国循环经济促进法》《中华人民共和国大气污染防治法》，自碳排放权交易试点工作启动以来，天津、上海、北京等各试点地区都出台了相应的碳排放权交易管理试行办法。但我国碳排放权交易相关的法律文件大多是宏观性的、原则规定性的，在宏观层面强调节能减排、发展清洁能源相关产业、开展碳排放权交易、核查企业碳排放数据等的重要性，而微观层面上量化的、具体可操作的、明确的关于碳市场运作的法律制度则有所不足。

我国现行法律文件的效力层级比较低，无论是生态环境部颁布的《碳排放权交易管理办法（试行）》，还是国家发展和改革委员会颁布的《温室气体自愿减排交易管理暂行办法》都是部门规章，而非行政法规，其效力层级较低，对碳市场上活动的约束力不强（见表 6-3）。

表 6-3　碳市场相关规章制度

政策发布方	政策文件	属性分类
国家发展和改革委员会	《温室气体自愿减排交易管理暂行办法》	部门规章
生态环境部	《碳排放权交易管理办法（试行）》	部门规章

续表

政策发布方		政策文件	属性分类
北京市	北京市人民政府	《北京市碳排放权交易管理办法（试行）》	市政府规章
	北京市发展和改革委员会	《北京市碳排放权抵消管理办法（试行）》	规范性文件
天津市人民政府办公厅		《天津市碳排放权交易管理暂行办法》	市政府规章
上海市人民政府		《上海市碳排放管理试行办法》	市政府规章
重庆市人民政府		《重庆市碳排放权交易管理办法（试行）》	市政府规章
湖北省	湖北省人民政府	《湖北省碳排放权管理和交易暂行办法》	省政府规章
	湖北省生态环境厅	《湖北省碳排放第三方核查机构管理办法》	规范性文件
广东省人民政府		《广东省碳排放管理试行办法》	省政府规章
深圳市人民政府		《深圳市碳排放权交易管理办法》	市政府规章
福建省人民政府		《福建省碳排放权交易管理暂行办法》	省政府规章
四川省发展和改革委员会		《四川省碳排放权交易管理暂行办法》	规范性文件

资料来源：笔者根据政务公开信息整理所得。

此外，碳排放权本身在我国现行法律中就没有足够明确的定位，这在一定程度上阻碍了我国碳市场的发展与完善。目前，我国将碳排放权在理论上归为用益物权，这导致碳排放权本身需要经由政府核证、许可、发放等公法方面的属性未能得到有效体现。我国也尚未明确认为碳减排额度具有私权的属性，难以有效激励更多企业参与其中。①

（二）碳排放数据监管工作还需改进

我国目前的碳排放数据一般是由排放单位自行测算制定报告并上报，由第三方核查机构进行核查。目前碳排放数据测算有两种方式，即直接测量与采用排放因子法、质量平衡法等方法进行数据估算。直接测量通常是将电子监测设备安装在碳排放单位的排放出口，这种方法测算的数据准确性高，但相应地，其测算难度和测算成本也较高。利用排放因子法、质量平衡法等估算方法估算碳排放数据的优越性体现在其便捷性与低成本性上，企业在实际中常用这些估算方法来测算碳排放数据。表6-4列出了几种常用的碳排放数据核算方法。

---

① 秦芳菊．绿色金融的法律制度研究［M］．长春：吉林大学出版社，2021.

表 6-4 碳排放数据核算方法

方法	具体说明	适用范围	优点	缺点
实测法	通过国家有关部门认定的连续计量设施，测量排放气体的流速、流量和浓度	小区域、简单生产排放链的排放源；小区域、有能力获取一手监测数据的自然排放源	准确度高；中间环节少	测算成本高；数据获取难度大；要求检测样本具有高代表性
排放因子法	针对每一种排放源构造活动数据与排放因子，将投入的能源使用量和排放因子的乘积作为该排放项目的碳排放量估算值	适用于社会经济排放源变化较为稳定、自然排放源不是很复杂的情况	简单明确易于理解；有成熟的核算公式以及排放因子数据库；有大量可供参考的应用实例	受到技术水平、生产状况、能源利用工艺过程的影响而不确定性较大
质量平衡法	基本原理是物质守恒定律，即输入物料量等于输出物料量与物料流失量的和	适用于数据基础较好的行业，如将化石能源既作为燃料又作为生产原料的化工和钢铁行业	对产生和排放的物质进行系统和全面的研究，具有较强的科学性及实施有效性	工作量大，需要搜集详细的工业生产过程数据，全面了解生产工艺、化学反应、副反应和管理等情况
生命周期法	以过程分析为基本出发点，对产品生命周期内的能源需求、原材料加工活动产生的物质排放进行详细研究，从而评价生命周期内的碳排放量	适合于微观层面的计算	对产品、工序或生产活动直接或间接的温室气体排放量进行核算，计算过程较详细而且结果较准确	生命周期阶段和边界的确定比较复杂，边界的限制使系统完整性较差，需要使用大量具有时效性的数据测算，进而使核算成本高且耗时长
投入产出分析法	编制投入产出表，得到经济系统各部门间的关系，通过里昂惕夫逆矩阵变换得到产品投入与产出之间的对应关系，结合各部门的平均温室气体排放强度数据，计算各部门在整个生产链上的温室气体排放量	适用于计算工业、商业、大的产品群、家庭、政府以及社会经济组织的碳足迹	以整个经济系统为边界，计算经济变化对环境产生的直接和间接影响，综合性较强；模型选择合适可以节省时间和人力成本	容易产生误差；核算结果只能用于评价某个部门或产业的温室气体排放情况；我国每五年编制一次投入产出表，因此该方法的时效性较差

资料来源：上海清新碳和科技有限公司官网。

排放因子法虽然便捷但也有弊端，其中之一便是给企业提供了数据造假的空间，而对于数据造假的监管在现实中往往难以开展。例如，2022 年 3 月 14 日，生态环境部披露了中碳能投科技（北京）有限公司等多家公司存在篡改伪造检测报告、制作虚假煤样、报告结论失真失实等突出问题（见表6-5）。

表6-5　生态环境部公布2022年第一批弄虚作假企业

造假单位	造假内容
中碳能投科技（北京）有限公司	篡改伪造检测报告；授意指导制作虚假煤样；碳排放报告编制不实，报告内容失真
北京中创碳投科技有限公司	工作程序不符合规定，核查报告质量差；核查履职不到位，核查结论失实
青岛希诺新能源有限公司	核查程序不合规；核查结论失实
辽宁省东煤测试分析研究院有限责任公司	编造虚假检测报告；伪造原始检测记录

资料来源：《生态环境部公开中碳能投等机构碳排放报告数据弄虚作假等典型问题案例（2022年第一批突出环境问题）》。

另外，我国当前的碳排放核算体系存在数据更新偏慢、核算口径不一、基础排放因子滞后等一系列问题。我国有关部门发布了核算指南等一系列技术文件，但综合来看，目前我国碳排放数据监测在国家和地方层面上有不同的标准（见表6-6和表6-7），行业之间的标准也有差异，统一明确的碳排放核算标准还未真正形成。但近年来，我国越来越注重监测标准的统一化、规范化及与国情的适应度，2022年4月22日，《关于加快建立统一规范的碳排放统计核算体系实施方案》印发，指明要进一步完善碳排放统计核算体系。2023年3月14日，国家重点研发计划"碳排放监测数据质量控制关键测量技术及标准研究"项目在北京启动，该项目将为碳排放监测数据质量制定"标尺"，构建温室气体标尺体系及量值传递体系，为确保碳排放监测数据的真实准确和量值统一提供测量基础。

表6-6　国家层面碳核算标准

发布单位	核算标准
生态环境部	《企业温室气体排放核算与报告指南　发电设施》
	《企业温室气体排放核查技术指南　发电设施》
国家发展和改革委员会	分批次组织制定并发布了24个行业企业温室气体排放核算方法与报告指南
	《省级温室气体清单编制指南（试行）》

资料来源：上海清新碳和科技有限公司官网。

表6-7　省级碳核算标准

省市	核算标准
北京	以《二氧化碳排放核算和报告要求　电力生产业》为代表的7个核算标准，涵盖电力生产业、水泥制造业、石油化工生产业、热力生产和供应业、服务业、道路运输业及其他行业
天津	《天津市企业碳排放报告编制指南（试行）》
	以《天津市电力热力行业碳排放核算指南（试行）》为代表的5个核算标准，包括对电力热力行业、钢铁行业、炼油和乙烯行业、化工行业以及其他行业的碳排放核算规定
上海	《上海市温室气体排放核算与报告指南（试行）》
	以《上海市电力、热力生产业温室气体排放核算与报告方法（试行）》为代表的8个核算标准，涉及电力、热力生产，钢铁，化工，有色金属、纺织造纸、非金属矿物制品，旅游饭店、商场、房地产业及金融业办公建筑，运输站点行业
广东	《广东省市县（区）温室气体清单编制指南（试行）》
	《广东省企业（单位）二氧化碳排放信息报告通则》
	以《火力发电企业二氧化碳排放信息报告指南》为代表的5个行业核算标准，涵盖火电、石化、水泥、钢铁、纺织5个行业的碳核算
深圳	《组织的温室气体排放核查指南》
	《深圳市企业温室气体排放核查技术规范及指南》
湖北	《湖北省温室气体排放核查指南（试行）》
	《湖北省工业企业温室气体排放监测、量化和报告指南（试行）》
重庆	《重庆市工业企业碳排放核算报告和核查细则（试行）》
	《重庆市工业企业碳排放核算和报告指南（试行）》

资料来源：笔者根据相关资料整理所得。

(三) 碳市场核查体系尚未完善

一方面，我国的碳核查机构包括其人员的专业性还有待提升。碳排放权交易及其他附属活动的开展，都需要一定的经验积累，而我国开展碳核查的经验不多，且专业化机构较少。在这种情况下，地方倾向于培养服务于本地的碳核查机构，难免会采取一些保护措施，部分地方核查机构未经过严格的资质审批、考核和认定程序，也缺乏周期性的复审和认定。在人员方面，也缺少系统性的能力建设以及资质认定管理机制，专业人员培养体系以及能力定期审查机制也不完善。

另一方面，核查机构独立性不足，可能产生寻租行为。我国目前通常采用的核查方式是由政府相关部门委派第三方核查机构对企业进行碳排放核查。这种政府委派第三方核查机构的形式，可能会影响核查机构的独立性，并可能催生寻租行为，滋生地方保护主义、核查服务政策性垄断等问题。

（四）碳排放配额交易监管不足

碳排放配额交易是市场上的买卖活动，涉及市场准入、交易秩序、市场退出等方面。碳排放配额交易监管主要包括两方面内容：一方面是针对碳排放配额交易行为合法性的秩序监管；另一方面是针对碳排放配额交易行为合理性的价格调控。[①]

秩序监管主要指监管主体依法对碳排放配额交易的对象、方式等进行监督和管理，并依法对破坏碳排放配额交易秩序的违法行为进行监管、制止和惩罚。结合我国期货市场和国外成熟碳市场的运行情况来看，部分大户会利用资金优势开设多个账户，通过分仓操作来规避最大持仓限制、大户报告等规则，联手操纵市场价格，这种情况也可能会在我国碳排放配额交易市场上出现。我国目前的碳排放配额交易监管体系尚未健全，更给违规、不正当竞争者提供可乘之机。

价格调控主要指监管主体针对碳排放配额交易价格不正常的波动、交易价格的长期低迷等特定情形采取特定的调控措施，以确保碳排放配额交易合理、稳健发展。我国碳市场在启动初期，碳价普遍低迷，尤其是较欧盟碳排放权交易市场等成熟的碳市场价格低迷，且我国全国碳市场以及各试点碳市场的成交量普遍偏低。例如，深圳作为我国正式启动碳排放权交易的第一个试点城市，其碳价从启动当日到2022年，成交均价最高才达到65.98元/吨。处于比较低位的碳价的长期存在会打击市场参与主体对碳排放权交易乃至低碳经济的信心。

（五）惩罚力度偏弱

《碳排放权交易管理办法（试行）》规定对虚报、瞒报温室气体排放报告，或者拒绝履行温室气体排放报告义务的情况，处一万元以上三万元以下的罚款；对未按时足额清缴碳排放配额的情况，处二万元以上三万元以下的罚款（见表6-8）。而违规收益往往能达到上百万元，相比下来，违规排放单位受到的惩罚简直微乎其微，故部分重点排放单位就有了为谋利而违规的动机。

此外，由于惩罚力度较弱，企业也会忽视建立健全内部质量控制及监管体系，轻视数据测算的重要程度，并且无法真正理解控排的现实意义与企业责任，从而产生参与碳市场交易积极性不高、呈报数据质量低下等问题。

---

① 王广宇. 零碳金融：碳中和的发展转型［M］. 北京：中译出版社，2021.

表 6-8 《碳排放权交易管理办法（试行）》中的基本法律责任设置

主体	违法行为	惩罚措施
重点排放单位	虚报、瞒报温室气体排放报告或拒绝履行温室气体排放报告义务	由其生产经营场所所在地设区的市级以上地方生态环境主管部门责令限期改正，处一万元以上三万元以下的罚款；逾期未改正的，由重点排放单位生产经营场所所在地的省级生态环境主管部门测算其温室气体实际排放量，并将该排放量作为碳排放配额清缴的依据；对虚报、瞒报部分，等量核减其下一年度碳排放配额
重点排放单位	未按时足额清缴碳排放配额	由其生产经营场所所在地设区的市级以上地方生态环境主管部门责令限期改正，处二万元以上三万元以下的罚款；逾期未改正的，对欠缴部分，由重点排放单位生产经营场所所在地的省级生态环境主管部门等量核减其下一年度碳排放配额
政府主管部门的有关工作人员	在全国碳排放权交易及相关活动的监督管理中滥用职权、玩忽职守、徇私舞弊	由其上级行政机关或者监察机关责令改正，并依法给予处分
全国碳排放权注册登记机构和全国碳排放权交易机构及其工作人员	利用职务便利谋取不正当利益；有其他滥用职权、玩忽职守、徇私舞弊行为	由生态环境部依法给予处分，并向社会公开处理结果
全国碳排放权注册登记机构和全国碳排放权交易机构及其工作人员	泄露有关商业秘密或者构成其他违反国家交易监管规定行为的	依照其他有关规定处理

资料来源：笔者整理所得。

三、中国碳市场监管发展方向

（一）全过程监管

碳市场涉及包括碳排放权持有、变更、清缴、注销的登记，碳排放数据核查，碳排放配额发放及交易等在内的多个环节（见图 6-1），每个环节都是碳市场活动的重要构成，缺一不可，因此对各个环节进行监督管理必不可少。

图 6-1 碳市场基本流程

资料来源：上海清新碳和科技有限公司官网。

第一，建立健全碳排放许可制度与碳市场准入制度是必要的碳市场监管措施。排放单位拥有排放二氧化碳资质、拥有参与碳市场交易资质，是其在碳领域活动的基本条件，从源头上监管，能够有效降低碳市场违规行为的发生概率，使碳市场健康运转。

第二，对碳市场交易活动进行监管。2021 年 5 月生态环境部发布《碳排放权交易管理规则（试行）》，对碳排放权交易活动的监督管理工作进行了说明。在地方试点碳市场层面，北京市生态环境局起草了《北京市碳排放权交易管理办法（修订）》（征求意见稿），对碳市场交易活动的监管工作进行了规定；上海 2020 年 12 月发布的《上海市碳排放核查第三方机构管理暂行办法（修订版）》也将碳市场交易监管放在重要位置；湖北、天津、重庆、福建、广东及深圳出台的碳市场管理文件也纷纷对碳市场交易活动的监管工作进行规定。

第三，对碳排放数据进行核查。过去，我国碳核查机构数量少、资质差，碳核查制度不健全不完善，统一明确的碳核查标准缺位，二氧化碳排放单位在碳排放报告制定等方面弄虚作假，碳排放数据核查工作难上加难。当下，国家日益重视碳排放核查工作的规范性、制度性，生态环境部于 2022 年 2 月发布的《关于做好全国碳市场第一个履约周期后续相关工作的通知》、2022 年 3 月发布的《关于做好 2022 年企业温室气体排放报告管理相关重点工作的通知》等一系列文件都指明要完善碳排放统计核算体系。2022 年 8 月发布的《关于加快建立统一规范的碳排放统计核算体系实施方案》从编制温室气体清单、完善行业企业碳排放核算机制、建立健全重点产品碳排放核算方法等层面明确了建立统一规范的碳排放统计核算体系。地方层面，北京市 2021 年发布了一系列碳排放核算的地方标准；2023 年 2 月 21 日，上海市生态环境局发布《关于全面加强全国碳市场数据质量管理的通知》，提出建立碳市场数据质量定期检查和随机抽查相结合的常态化监管执法工作机制；其他试点城市也都提到要健全碳排放数据核查机制。碳排放核查体系的建成，将为相关单位和部门提供相对统一、规范、科学、可靠的碳排放数据，加强相关数据对碳市场建设的支撑作用，进而促进"双碳"目标的实现。[①]

（二）多部门协同监管

我国的碳市场监管体系自上而下为：政府层面，生态环境部和地方生态环境主管部门对碳市场交易主体及相关机构进行监督管理，其监管职责包括监管交易

---

① 王科，李世龙，李思阳，等．中国碳市场回顾与最优行业纳入顺序展望（2023）［J］．北京理工大学学报（社会科学版），2023，25（2）：36-44．

主体资格及其交易行为、宏观调控碳交易市场定价、制定交易规则、授权第三方监管机构等；机构层面，一些中介组织、行业组织、金融机构、第三方监管核查机构为政府所委派，负责监管市场主体的交易活动是否合规合法、碳交易的流程是否合规、碳排放单位的排放数据是否真实等，这些相应的组织机构同时又受到上级政府的监管；企业层面，企业内部设置监管机制以及质量管理机制，负责自我监管，监管企业碳排放数据测算、碳排放报告的制作及呈报等；公众也有权对碳市场上活动的主体进行监管，并向上级单位报告碳市场中不合规不合法的行为。

多部门、多层次、多环节协同监管在政府文件中被多次提及。在 2021 年 7 月 14 日的国务院政策例行吹风会上，生态环境部副部长赵英民回答了碳排放权交易中环境部门如何对企业和单位进行监管这一问题，他提到碳市场建设在未来需要持续落实几项工作，其中一项工作即为联合监管，即协调相关部门，依据有关法律法规，组织开展对碳市场运行各个环节的联合监管。《碳排放权交易管理规则（试行）》《碳排放权登记管理规则（试行）》《碳排放权结算管理规则（试行）》《碳排放权交易管理办法（试行）》等有关文件也多次指明要多部门联合监管。

（三）完善碳交易法治体系

未来应从碳市场立法、法治实施、法治监督、法治保障四个方面开展碳市场法治工作。[①]

在碳市场立法方面，全面系统梳理我国既有的碳交易方面的法律政策，科学借鉴国外成熟的碳交易法律政策，将国外经验与本国国情充分结合，完善碳交易中交易各方的权利与义务，从严制定有关违反碳交易法律行为的法律责任及相关监管机关的监管责任，打造有中国特色的碳交易法律体系，并推动相关法律率先在试点碳市场实行。

在法治实施方面，完善有关碳交易法律政策的具体实施制度，助推碳交易的法治化，增强碳交易法治体系的可执行性。要明确碳交易法律体系中各主体的权责分配，制定全面系统的碳交易法治实施流程，满足碳交易行业的法治需要。

在法治监督方面，健全碳交易的法治监督机制，一方面明确碳交易的法治监督内容，健全行业自律组织、行政和司法监管机构，并按权责要求赋予相关机构组织监督的权利义务；另一方面要建立碳交易的法治监督流程、沟通和反馈机

[①] 从立法、实施、监督、保障四方面完善碳交易法治体系［EB/OL］. 生态中国网，https：//www.eco.gov.cn/news_info/54462.html，2022-04-19.

制，让碳市场监管有法可依、按程序实施，从而促进碳交易的有效运转和循环。

在法治保障方面，建立碳交易法律决策的合法性审查机制，开展"回头看"的法治审查和巡查活动，构建碳交易法治建设指标体系和考核标准，对法律执行效果、法律政策效力进行系统性的评估考核，并对评估成绩不够理想的法律条款进行优化。此外，在社会层面开展全民碳交易普法活动，增强公众的碳交易法治观念。

目前，《碳排放权交易管理暂行条例（草案）》属于行政法规，《中华人民共和国环境保护法》属于法律，也印证了我国"以法治碳"的政策导向。

第三节　欧盟及美国碳排放权交易体系监管

一、欧盟碳排放权交易体系监管

欧盟碳排放权交易体系是欧盟应对气候变化和减少碳排放的主要政策工具。该体系由欧盟成员国政府和欧洲委员会共同管理，欧盟委员会负责监管部门的日常运作，其具体的监管体系如表6-9所示。

表6-9　欧盟碳排放权交易体系的监管体系

层级	监管部门	主要职能
欧盟层面	欧盟委员会气候行动总司	制定并执行气候政策和战略
		在国际气候谈判方面扮演领导角色
		执行 EU ETS
		监测欧盟成员国碳排放情况
		完善低碳技术和适应措施
	欧盟独立交易登记系统	记录配额的产生、免费发放、拍卖、交易、履约及注销
	欧盟金融监管部门	宏观审慎监管：欧洲系统性风险委员会通过发布预警和提出建议监管系统性风险
		微观审慎监管：欧洲银行业管理局、欧洲证券和市场管理局、欧洲保险和职业养老金管理局等机构评估金融风险，降低金融机构倒闭的可能性

续表

层级	监管部门	主要职能
成员国层面（以德国为例）	碳市场监管部门	德国排放交易管理局主管碳排放配额发放、协调拍卖、审查监控和账户管理，为企业、核查机构以及政府提供服务和沟通平台
	金融监管部门	联邦金融管理局保证客户和投资者的利益，保证金融资产的安全

资料来源：上海清新碳和科技有限公司官网。

(一) 监管部门

1. 欧盟层面

立法层面上，欧盟委员会负责发起有关碳市场活动的立法提案，欧洲理事会和欧洲议会负责对提案提出修正意见，欧盟委员会会同欧洲理事会、欧洲议会，确立欧盟碳市场监督管理办法。

欧洲委员会气候行动总司于 2010 年成立，是目前欧盟碳市场的核心监督机构。其主要职能包括：制定欧盟的气候政策和战略；监测欧盟成员国的温室气体排放情况，并向欧洲议会和欧盟理事会提供相关报告和建议；管理欧盟的碳市场和其他相关市场工具；协调欧盟内部各部门和机构在气候行动方面的合作；在国际气候谈判方面起领导作用以及完善低碳技术和适应措施。

欧盟独立交易登记系统 (Community Independent Transaction Log, CITL)，又被叫作 CITL 交易日志。CITL 主要是用来监测碳排放配额，该系统对各成员国排放权交易的许可和交易注销进行监督管控。

欧盟较早开始建设碳市场，其碳市场体系相对完善，碳金融市场发展程度更高，形成了欧盟层面的宏观、微观审慎监管以及各成员国内部监管相结合的欧盟金融监管体系。其中，宏观审慎监管由附设于欧洲央行下的欧洲系统性风险委员会负责，主要通过发布预警和提出建议等手段，对银行财务状况、金融市场上可能出现的系统性风险等进行监管；微观审慎监管则由欧洲银行业管理局、欧洲证券和市场管理局、欧洲保险和职业养老金管理局等机构实施，主要负责评估金融风险，降低金融机构倒闭的可能性，并制定跨部门协调统一的监管规则。成员国内各企业在受到欧盟监管的同时，也受到本国法律法规的监管。[①]

2. 欧盟成员国层面

欧盟各成员国的监管机构通常为各国的环保和金融管制机构。欧盟成员国的

---

① 樊东星、张叶东. 欧盟碳交易监管体系对我国的启示 [J]. 福建金融，2023 (1)：31-39.

控排企业既需要遵循欧盟委员会的监管规章，也需要依据所在国家的法律法规在碳市场上进行交易。以德国为例，德国于 2004 年 7 月正式颁布《温室气体排放交易法》并于 2005 年正式实施排放权制度，同时建立与排污交易相关的其他配套法规，形成了全面的碳市场法律体系和管理制度。在监管主体方面，德国排放交易管理局是德国国家级权威机构，该机构专门管理碳排放权交易事务。另外，德国的金融监管部门也参与碳市场交易监管，包括联邦金融管理局的一般金融监管，萨克森州经济、劳动和交通部对交易所的监管，以及欧洲能源交易所独立市场监察部的市场监督。

（二）监管法规

2003/87/EC、2004/101/EC、2008/101/EC 和 2009/29/EC 指令是欧盟碳排放权交易体系的基础性法律，从总体上规定了欧盟碳排放权交易体系的目标、原则和基本内容等，同时也是欧盟碳配额现货交易监管的主要依据。

在碳金融市场监管方面，《金融工具市场指令》（Directive 2014/65/EU）和《反市场滥用指令》[Regulation（EU）No 596/2014] 交易监管制度是主要法律依据。欧盟碳市场还颁布了几项针对金融工具的监管制度，如《金融工具市场指令Ⅱ》（MiFID Ⅱ）和《金融工具市场监管指令》（MiFIR）。其中，MiFID Ⅱ 明确了碳排放配额作为金融工具的性质；MiFIR 则对碳金融市场活动进行规范。[①]

欧盟历史上曾发生过多起滥用碳市场非法获取利润的行为，因此，欧盟也颁布了一系列市场滥用监管法规，其中主要的是《市场滥用监管指令》和《市场滥用刑事制裁指令》。《反洗钱指令》《资本要求条例》《结算终结指令》等监管法规也是欧盟碳市场的主要监管制度。

（三）惩罚机制

欧盟设定了严格的惩罚机制对违规的碳交易相关主体进行处罚，并要求其承担相应法律责任。例如，德国规定排放主体如果在规定期限内未按要求登记、注册，从而延误排放任务或超额排放，那么将会被处以高达 100 欧元/吨的高额罚款，同时在完成罚款金的缴纳后，其超额排放的当量数必须从下一年度的可排放配额中减去。欧盟对于此类情况则结合交易发展的三阶段采用阶梯式惩罚机制，第一阶段是碳排放量超过所分配额的，处以每吨 40 欧元罚金；第二阶段则更为严苛，处以每吨 100 欧元的罚金。[②]

---

① 龙葳. 我国碳排放权交易监管法律制度研究［D］. 兰州：西北民族大学，2022.

② 周泽兴. 我国碳排放权交易监管法律制度研究［D］. 大连：大连海事大学，2019.

二、美国碳排放权交易体系监管

美国碳交易监管体系如表 6-10 所示。

表 6-10　美国碳交易监管体系

层级	监管部门	主要职能
联邦政府层面	美国环境保护署	编写法规
		解释法律实施的细节
		评估和记录市场主体对许可证和法规的遵守情况
		收集证据支持执法过程
		监督碳市场主体对命令和法令的遵守情况
		向规则制定者反馈
	联邦储备委员会	负责监管碳市场的金融风险和市场运作情况
州级政府层面	各州环境保护或能源监管部门（以加利福尼亚州环境保护局为例）	制定本州碳交易市场监管的法规、发放本州境内碳排放设施的排放许可证、分配本州境内碳排放份额、对碳交易市场进行执法检查，对交易中存在的违法行为予以纠正
区域性交易市场层面	西部气候倡议	基于市场实现限定温室气体排放的目标
	RGGI	
	CAR	
	中西部温室气体减排协议	
	芝加哥气候交易所	

资料来源：上海清新碳和科技有限公司官网。

（一）监管部门

1. 联邦政府

美国环境保护署是主要的碳排放权交易市场监管机构，其负责确保碳排放权市场的合规性和有效性，其主要职能是编写法规、解释法律实施的细节、评估和记录市场主体对许可证和法规的遵守情况、收集证据支持执法过程、监督碳市场主体对命令和法令的遵守情况以及向规则制定者进行有关实施挑战的反馈。[①] 此外，美国联邦储备委员会也负责监管碳市场的金融风险和市场运作情况，以及保

[①] EPA. The Basics of the Regulatory Process ［EB/OL］. https：//www.epa.gov/laws-regulations/basics-regulatory-process，2023-03-26.

障市场的稳定性和安全性。

2. 州级政府

美国没有全国统一的碳排放权交易体系，只有区域性的减排计划，因此美国的碳市场监管在一定程度上依赖于州政府及区域机构。在州政府层面，大多数监管职责由州一级职能部门承担，多以州环保行政机构和能源监管机构为主。以加利福尼亚州为例，在该州通过《全球变暖解决方案法案》前，加利福尼亚州能源委员会、加利福尼亚州空气资源委员会等机构联合监管碳交易市场，在法案通过后则由统一的专门机构——加利福尼亚州环境保护局进行监管。

3. 区域性交易市场

西部气候倡议、RGGI、CAR、中西部温室气体减排协议以及芝加哥气候交易所是美国主要的几个区域性碳排放权交易市场。各区域性市场受美国联邦宪法的约束，未经批准不得私下互相缔结条约，但各州及区域性交易市场以"倡议"和"宣言"的形式规避了宪法的约束。在对碳排放权交易的监管上也借鉴此做法，委托一个监管机构开展监管工作，以此绕开联邦政府对行政权力的限制。该委托监管机构在各州协定的框架之下监管，各州内部的环境管理部门也有权对碳交易进行监管。例如，美国东北部的 RGGI 碳市场就受美国联邦宪法中"协议条款"的约束，无权设立一个具有行政主体资格的监管机构来行使法定监管权。因此，2007 年 9 月 RGGI 各签署州授权成立的一个名为 RGGI. Inc 的非营利性公司，只能为签署州的碳减排计划提供管理和技术服务。

（二）监管法规

《清洁空气法》是美国碳排放权交易市场的基本法规。美国碳市场的监管法律主要集中在区域性交易体系层面，联邦层面的监管立法相对较少。目前主要包括联邦最高法院关于"马萨诸塞州诉美国环境保护署"的判例、《美国清洁能源与安全法案》、《美国商品交易法》。

区域性碳排放权交易市场层面，州级单位颁布相关法案，如美国加利福尼亚州颁布《全球变暖解决方案法案》。区域性碳排放权交易体系，如西部气候倡议、RGGI、CAR、中西部温室气体减排协议以及芝加哥气候交易所，倾向于制订行动计划，如加入西部气候倡议的地区制订了加利福尼亚州气候行动计划、安大略气候行动计划、魁北克气候行动计划等一系列行动计划。

（三）惩罚机制

美国并未建立全国统一的碳排放权交易市场，监管工作以各个州或者区域性交易体系为主，联邦政府对碳市场的干预程度较低，倾向于利用市场机制赋予碳排放一种合法权利，将其进行量化，并允许该权利像商品一样在市场上进行交易，这使美国碳市场的自由度较高。相应地，政府立法执法的不足使碳市场上交易主体违规操作受惩罚的强度有限、碳市场规章制度震慑力不足。例如，芝加哥气候交易所采用会员制模式，排放单位自助选择是否进入交易所，排放单位进入交易所后成为该交易所的会员，与交易所签订碳减排守约，自觉按照守约履行所承诺的碳减排职责。如果会员没有完成额定的碳减排工作量，则需要购买相应的额度来抵销。这种会员与交易所之间的守约类似于一种商业合约，威慑力自然不如法律规章强效。

第四节　碳金融市场风险防范措施

一、加快健全碳金融法律法规

第一，要尽快确立碳排放权的法律属性。碳排放权是整个碳金融体系的核心，如何界定碳排放权是碳金融立法的重中之重。碳排放权产生的主要目的是通过权利交易形成利益诱导机制实现低成本温室气体减排，因此碳排放权必须是具有经济价值的、可交易的权利，符合财产权的理论特征。当前，我国对碳排放权法律属性的界定还比较模糊，学术界对于碳排放权的性质意见不一，对碳排放权法律属性的确认将直接影响碳排放权交易、质押融资等市场及其衍生市场的发展，法律性质不明确将无法为市场的制度设计提供合法的依据。① 因此，学术界应借鉴吸收国外碳领域对碳排放权法律属性界定的经验，并将其与我国国情相结合，通过多轮讨论，尽快确定碳排放权的法律属性，给予市场主体稳定的预期，吸引市场资金进入低碳减排领域。

第二，应尽快完善相关法律，明确碳金融产品的种类和属性、交易规则、基本市场架构、交易平台和注册登记系统的运行规范、交易监管机构的职责以及企业排放信息和市场交易信息公开办法等内容，让碳市场的各项工作有法可依。同时，也要尽快健全碳金融领域主管部门的规章、规范性文件以及碳金融行业的自律准则，多层级完善我国碳金融领域的政策法律体系。

---

① 陈宝贵，石晓慧. 碳排放权的法律属性、适质性及质权实现路径［J］. 金融发展研究，2023（2）：89-92.

二、建立健全事前风险预防机制

尽早发现风险源并及时采取针对性措施是从源头规避风险的重要途径。根据前文分析，我国碳金融市场上可能出现的风险主要包括市场风险、政策风险、信用风险、技术与操作风险以及声誉风险，因此，建立针对这些风险的预先规避机制，可以有效提升碳金融市场的稳定性。

对于市场风险，采取以市场调节为主、政府调控为辅的方式进行规避。一方面，要充分发挥市场的自我调节作用，设计配额柔性机制或建立配额调节机制，使碳金融市场价格异常波动时，通过碳金融市场上碳排放配额的调节，降低价格波动带来的不利影响。另一方面，政府要发挥调控作用，在政府与市场的界限之内，对碳金融市场进行价格调控。在这个过程中，政府需要制定专门的调控碳价的行政法规或规章，以确保政府调控碳价具有现实的法律依据，同时要明确碳金融市场上政府与市场的边界，以保证行政干预不会影响市场的发展。此外，交易机构应当积极开发并完善碳金融衍生品及其交易规则，推出诸如期货、远期等交易产品，遵循相关规章制度提升碳市场交易活跃度，强化价格发现功能、平抑价格波动，助力碳金融体系的多元化发展。

对于政策风险，首先，政府主管部门要充分研判国际碳金融市场及国内碳金融发展形势，结合本国国情借鉴国际上碳金融领域先进国家的有关经验，充分考虑各方面因素，力求形成合理有效且长期稳定的政策体系。其次，主管部门要联合商业银行、证券公司等一系列碳金融领域权威机构搭建政策评估机制，对我国现行碳金融政策及拟定的但尚未颁布的政策从经济效益、金融、环境等方面进行评估，确保我国政策合理、有效。交易主体应该深入研究国家碳金融政策体系，时刻关注市场变化，细致研判市场动态，预期可能发生的政策调整、市场变动，并适时调整企业行为、企业目标。

对于信用风险，要建立健全碳金融市场信息披露制度。政府生态环境主管部门应向碳金融市场内的主体明确信息披露的内容、原则、标准以及方式，制定相应的规章制度；设定国家层面的碳市场信息披露监管中心和网络信息披露交流平台，使信息披露工作智能化、便利化，使商业银行等金融机构查阅排放单位的信息数据更加快捷、准确；设立碳金融信用评级机构，构建合理的信用评级指标体系，规范评级程序、评级手段和方法，给予碳金融市场交易主体、金融机构足够的信用参考凭证。此外，商业银行等金融机构在推出绿色信贷等创新型融资工具的同时，要加强碳信贷的贷前调查，及时发现项目可能存在的风险。

对于技术及操作风险，一方面，国内相关单位要利用先进互联网技术搭建更加精密的碳金融交易平台、管理平台，降低因技术漏洞而产生风险的可能性；另一方面，对参与企业及机构定期开展碳金融知识培训，提升相关企业、机构对碳金融的认知程度，使更多企业了解碳金融交易的规则、流程、机制等信息，同时要加强相关工作人员的培训，培养具有经验的碳金融咨询人才以及熟练掌握碳金融交易知识的技术人员，并对他们开展行业规章教育，降低行业内部人员利用职务便利倒卖信息谋利等违法违规行为的发生率。

对于声誉风险，政府要对那些有减排困难、损失严重的高耗能企业给予一定的政策倾斜、政府补贴，提升相关企业碳减排、进行碳金融交易的动力。比如，政府可以制定税收返还制度、风险准备金制度、绿色贷款担保制度等，给予高耗能企业一定的获利空间。

三、建立健全事中风险监管机制

（一）内部监管

碳金融市场参与主体应该根据自身情况，建立健全内部控制和风险管理制度，加强对风险的监测和控制，制定合理的包括规避、转移和应对风险的碳金融风险管理策略；加强市场研究和分析，及时了解市场变化趋势，适时调整风险管理策略；加大对碳金融交易人员的培训力度，强化对碳金融交易部门或人员的监督和管理，降低内部因素引发操作风险的可能性。

（二）外部监管

1. 政府主管部门

主管部门应加强碳金融市场监管机制的顶层设计。一方面，要强化对市场中交易机构的实时跟踪，仔细审核碳交易许可证发放机构的资质，确定交易所的职能、责任，制定交易规则，加强对注册登记系统、交易系统的垂直管理，及时发现操作过程中的违规行为和系统漏洞。另一方面，要加强对碳金融市场中数据信息的监管，建立碳金融交易信息数据库，构建信息披露机制，在数据库中公开碳排放、碳交易及核查认证信息等相关数据，并提供风险评估结果，使市场主体能够及时发现市场风险、研判市场形势。

2. 相关机构

碳金融相关机构应该根据碳金融市场发展趋势、自身业务特点和风险管理需求，建立适合自身的碳金融风险管理框架，包括风险识别、风险评估、风险控制和风险监测等环节，以便及时发现和应对市场风险。

　　首先，应该关注碳金融市场上的政策运行效果并对其进行评估，及时识别可能出现的政策调整并适时调整自身的策略，以及时规避政策风险。

　　其次，应建立交易合法性监管机制。当前，我国碳市场对正常市场行为和操纵行为的区分不明确，期货市场和成熟碳市场的实践表明，部分大户会利用资金优势分仓操作以规避最大持仓限制、大户报告等规则，联手操纵市场价格，这种情况也可能会在碳金融市场上出现。对于这种情况，可以借鉴期货市场的穿透式监管制度，借用数据采集、智能分析等技术，判断交易的性质，如在碳金融交易系统中配置交易风险提示和风险评估前置程序，通过对交易者信用、交易商品特点等相关信息的分析，评估交易的风险等级，及时终止那些风险评估等级高的交易，确保交易安全性。[①]

　　最后，应建立严格的碳排放核查机制，严格审查排放单位的碳排放数据。适度引入数据实测设施，采用直接测量核算方法，提高核算结果的准确性和权威性。另外，提升核查服务市场竞争的公平性，提高核查服务的质量，明确规定技术服务机构设立的资质条件。技术服务机构应当对核查结果的真实性、完整性和准确性负责，相关部门应出台细则，明确技术服务机构承担连带责任的类型、范围、程度等。随着碳排放统计核算体系的完善，应建立碳排放市场化统计核算机制，提高核查效率和效果。

四、建立健全事后风险处理机制

　　风险发生之后，政府主管部门、碳金融机构以及交易企业应及时应对风险，避免风险进一步扩大。政府部门应迅速组建应急处理组，研讨应急方案，给予市场参与者明确的应急指导，在风险解决后及时给予相关主体适当的补偿以及对违规违法机构、企业进行惩罚；碳金融机构及企业要及时终止相关活动，在政府的指导下采取措施，并在风险消失后及时进行内部审查与处理。

　　政府相关部门应该根据历史经验、国外碳金融市场经验建立碳金融风险案例库以及风险应急策略库，为我国碳金融市场参与者提供风险应对指导。应建立风险应急策略库与碳金融市场风险评估联动机制，当碳金融风险发生时，联运机制自动评价当前风险级别，并根据风险评级及时给出相关建议及对策。

　　此外，应建立严格的责任追究制度。相关部门应细致梳理风险的起源、过程及碳金融市场的损失，追究相关方责任。同时，建立碳金融交易信用体系，对碳

---

　　① 樊威、陈维韬. 碳金融市场风险形成机理与防范机制研究［J］. 福建论坛（人文社会科学版），2019（5）：54-64.

金融市场参与者进行信用评级，赋予风险责任方低信用级别。

第五节　碳金融市场风险监管体系

一、专门监管

（一）中央政府主管部门

生态环境部内部需设立专门的碳金融监管部门，负责监管全国的碳金融活动。中央碳金融监管部门负责三方面的监管：对碳现货的监管、对碳金融产品的监管以及其他相关机构的监管。在碳现货监管方面，中央碳金融监管部门应落实全国碳排放配额总量的确定工作、合理分配碳排放初始配额、建立和运行碳排放配额注册登记系统、监管碳排放配额及 CCER 的注册登记及交易。在碳金融产品监管方面，中央碳金融监管部门需负责碳金融产品的核准和备案。在碳金融市场相关机构监管方面，中央碳金融监管部门监管碳排放权交易机构的审批，碳排放核查机构和碳资产管理机构的备案以及对碳排放核查机构、碳排放权注册登记机构、碳排放权交易平台、碳资产管理公司等机构的活动进行监管。此外，中央碳金融监管部门还要制定碳排放许可、碳排放配额管理、核证减排量使用、履约管理的规则。

（二）地方政府主管部门

省级层面的生态环境主管部门也要设立专门的碳金融监管机构，负责监管地方碳金融市场的活动。省级碳金融专门监管机构应负责地方碳现货、碳金融产品以及地方碳金融机构的监管。其职能主要包括：负责执行中央有关碳排放许可、碳排放配额初始分配以及碳排放配额管理等方面的指令，按照国家有关规定分配地方碳排放配额并进行监管；对地方碳排放核查机构、碳排放权注册登记机构、碳排放权交易平台、碳资产管理公司等机构的活动进行监管；对地方纳入碳排放权交易体系的企业（单位）的碳排放数据进行监测、报告和核证；对企业（单位）履约行为进行监管并对违规企业进行处罚。

（三）第三方监管

碳金融市场的第三方监管部门主要是一些碳金融市场专门机构，这些机构的职责主要是审查交易企业是否具有进入碳金融市场的资质、碳金融交易的真实性和合规性、资金账户和资产账户是否存在拖欠保证金或超买超卖的情况、交易时是否有不正当竞争行为和违规交易行为，并将这些信息上报给政府部门并向公众进行披露。碳排放权交易所和碳金融服务机构参与碳金融监管的作用主要表现为保障碳排放权交易信息的可靠性和公开性，为碳金融市场的良性运转提供支撑。

第三方监管机构在监管企业行为时，也被政府碳金融主管部门所监管，政府与碳排放权交易所、碳金融服务机构等主体在碳金融监管中是相辅相成的关系。一方面，碳排放权交易所和碳金融服务机构参与监管可弥补政府在信息、技术、人力资源等方面的短板，为政府科学决策提供依据。另一方面，政府针对碳排放权交易所和碳金融服务机构参与监管制定相应的规则，以保证第三方机构的科学性和可靠性。[①]

（四）内部监管

碳市场交易主体应进行内部自我监管。一是要在内部设置独立的监管部门，并保证监管部门在依法行使监督职权时，能排除一切外来干扰和阻力。二是要建立健全碳市场交易信息公开制度，保证信息的可靠性，接受社会各界的监督，营造公平公正且高效透明的交易环境，增强交易市场的公信力，从而避免因信息的不对称而造成的信用危机。三是建立严格的惩罚和责任追究制度。

二、协同监管

协同监管，即政府层面的监管机构与第三方监管机构、企业内部监管部门协同对全国碳金融市场进行风险监管。不同层面的监管单位在不同方面具有监管优势，因此监管单位协同能够对全国碳金融市场进行较为全面系统的监管。

具体来看，碳排放配额总量控制、碳排放配额分配、价格调控、履约管理等专业性和宏观性的工作可以由政府层面的专门机构监管；与交易秩序、一般碳金融活动有关的风险防控等工作可以交给金融监管机构负责；碳排放数据核查、碳排放标准制定、碳排放技术监管工作应由碳排放权交易所、碳排放核查机构等碳金融服务机构承担；企业碳金融业务人员行为引导、能力培训则可以交由企业内部监管部门负责。

由此，各级政府生态环境主管部门下设的碳金融监管专门机构、银行证券公司等金融监管机构、碳排放权交易所、碳金融服务机构、企业内部监管部门等协同监管单位，能够组成融政府、市场和社会于一体的协同监管体系。

---

① 刘明明. 论中国碳金融监管体制的构建［J］. 中国政法大学学报，2021（5）：42-51.

参考文献

［1］索尼亚·拉巴特，罗德尼·R. 怀特. 碳金融：气候变化的金融启示 ［M］. 王震，等译. 北京：石油工业出版社，2007.

［2］土元龙. 碳金融与我国商业银行的新机遇［N］. 金融时报，2009-07-18（002）.

［3］曾刚，万志宏. 国际碳交易市场：机制、现状与前景［J］. 中国金融，2009（24）：48-50.

［4］李晶，师军. 碳税和碳排放交易体系对比与碳定价发展策略探析［J］. 西部财会，2023（3）：14-16.

［5］田冠军，陈雪梅，王宝顺. "碳税"的国际进展、演进逻辑与推进策略 ［J］. 会计之友，2023（5）：46-52.

［6］吴昌政，谢全模，刘可，等. 国际碳交易实践对我国的启示［J］. 石油炼制与化工，2023，54（1）：10-16.

［7］深圳市人民政府. 深圳市碳排放权交易管理暂行办法［EB/OL］. http：//www. gd. gov. cn/zwgk/wjk/zcfgk/content/post_2531079. html，2019-07-05.

［8］上海市人民政府. 上海市碳排放管理试行办法［EB/OL］. https：//www. shanghai. gov. cn/nw31294/20200820/0001-31294_37414. html，2013-11-20.

［9］北京市发展和改革委员会. 关于开展碳排放权交易试点工作的通知 ［EB/OL］. https：//www. beijing. gov. cn/zhengce/zhengcefagui/201905/t20190522_57710. html，2013-11-20.

［10］广东省人民政府. 广东省碳排放管理试行办法［EB/OL］. http：//www. gd. gov. cn/zwgk/wjk/zcfgk/content/post_2524340. html，2019-06-27.

［11］天津市人民政府. 天津市碳排放权交易管理暂行办法［EB/OL］. https：//www. tj. gov. cn/zwgk/szfwj/tjsrmzfbgt/202006/t20200613_2666389. html，2020-06-12.

［12］湖北省人民政府. 湖北省碳排放权管理和交易暂行办法［EB/OL］.

https：//www. gov. cn/zhengce/2014-04/04/content_5714184. htm, 2016-09-26.

［13］重庆市人民政府. 重庆市碳排放权交易管理办法（试行）［EB/OL］. http：//www. cq. gov. cn/zwgk/zfxxgkml/szfwj/xzgfxwj/szf/202302/t20230227_11660 664. html, 2023-02-20.

［14］福建省人民政府. 福建省碳排放权交易管理暂行办法［EB/OL］. http：//www. fj. gov. cn/zwgk/zfxxgk/zfxxgkzc/fjsgzk/202112/t20211224_5799510. htm, 2020-08-07.

［15］生态环境部. 2019-2020 年全国碳排放权交易配额总量设定与分配实施方案（发电行业）［EB/OL］. https：//www. mee. gov. cn/xxgk2018/xxgk/xxgk03/202012/w020201230736907121045. pdf, 2020-12-30.

［16］生态环境部. 碳排放权交易管理办法（试行）［EB/OL］. https：//www. mee. gov. cn/xxgk2018/xxgk/xxgk02/202101/t20210105_816131. html, 2021-01-05.

［17］黄志强. 国际碳市场发展历程及展望［J］. 中国金融, 2012（9）：74-75.

［18］张晓燕, 殷子涵, 李志勇. 欧盟碳排放权交易市场的发展经验与启示［J］. 清华金融评论, 2023（2）：28-31.

［19］董利苹, 曾静静, 曲建升, 等. 欧盟碳中和政策体系评述及启示［J］. 中国科学院院刊, 2012（12）：1463-1470.

［20］段红霞. 国际碳市场的发展：经验和启示［M］//苏树辉, 袁国林. 温室气体减排与碳市场发展报告. 北京：世界知识出版社, 2016.

［21］江露. 加州碳市：扩展为北美最大的碳市场［EB/OL］. https：//mp. weixin. qq. com/s/-0JbOkwKuupL7n98qJ5BQA, 2023-02-21.

［22］国际碳行动伙伴组织（ICAP）. 全球碳市场进展：2021 年度报告执行摘要［R］. 2021.

［23］World Bank. State and Trends of Carbon Pricing 2021［EB/OL］. https：//openknowledge. worldbank. org/handle/10986/35620, 2021-05-25.

［24］张森林. 基于"双碳"目标的电力市场与碳市场协同发展研究［J］. 中国电力企业管理, 2021（10）：50-54.

［25］广发期货. 国内外碳市场的发展状况［EB/OL］. https：//huanbao. bjx. com. cn/news/20200214/1043281. shtml, 2020-02-14.

［26］龚芳, 袁宇泽. 国外碳市场发展特征及经验分享［EB/OL］. http：//

www. china-cer. com. cn/shuangtan/2022022516880. html，2022-02-25.

［27］财新智库．由碳达峰向碳中和：中国低碳发展行业展望年度白皮书（2021）［EB/OL］. https：//news. sohu. com/a/524700259_120189950，2022-02-23.

［28］华中科技大学中欧绿色能源金融研究所．国际碳市场及其碳金融发展概览［EB/OL］. http：//cegef. icare. hust. edu. cn/info/1040/2452. htm，2023-02-16.

［29］易碳家．韩国碳排放交易政策［EB/OL］. http：//m. tanpaifang. com/article/70793. html，2020-05-17.

［30］丁一，李川．碳交易体系建设的国际实践与启示［J］. 清华金融评论，2023（2）：17-19.

［31］王晶．韩国《应对气候危机碳中和绿色发展基本法》评析［EB/OL］. http：//www. rmfyb. com/paper/html/2022－07/01/content_218482. htm，2022－07-01.

［32］王超，孙福全，许晔．世界主要经济体碳中和战略剖析及启示［J］. 世界科技研究与发展，2022，45（2）：129-138.

［33］魏丽莉，侯宇琦．中国工业二氧化碳边际减排成本测算与行业碳达峰预测［J］. 经济理论与经济管理，2023，43（2）：63-77.

［34］茹雪，雷鹏飞，刘培．二氧化碳动态边际减排成本及其影响机制［J］. 中国人口·资源与环境，2022，32（11）：43-57.

［35］刘清德．低碳经济背景下节能减排发展分析［J］. 中国资源综合利用，2022，40（9）：172-174.

［36］程茉莉．钢铁企业二氧化碳减排路径分析及展望［J］. 冶金经济与管理，2022（4）：18-22.

［37］王丽娟，张剑，王雪松，等．中国电力行业二氧化碳排放达峰路径研究［J］. 环境科学研究，2022，35（2）：329-338.

［38］汪旭颖，李冰，吕晨，等．中国钢铁行业二氧化碳排放达峰路径研究［J］. 环境科学研究，2022，35（2）：339-346.

［39］贺晋瑜，何捷，王郁涛，等．中国水泥行业二氧化碳排放达峰路径研究［J］. 环境科学研究，2022，35（2）：347-355.

［40］庞凌云，翁慧，常靖，等．中国石化化工行业二氧化碳排放达峰路径研究［J］. 环境科学研究，2022，35（2）：356-367.

［41］金玲，郝成亮，吴立新，等．中国煤化工行业二氧化碳排放达峰路径研究［J］. 环境科学研究，2022，35（2）：368-376.

[42] 王丽娟, 邵朱强, 熊慧, 等. 中国铝冶炼行业二氧化碳排放达峰路径研究 [J]. 环境科学研究, 2022, 35 (2): 377-384.

[43] 张静, 薛英岚, 赵静, 等. 重点行业/领域碳达峰成本测算及社会经济影响评估 [J]. 环境科学研究, 2022, 35 (2): 414-423.

[44] 严刚, 郑逸璇, 王雪松, 等. 基于重点行业/领域的我国碳排放达峰路径研究 [J]. 环境科学研究, 2022, 35 (2): 309-319.

[45] 何峰, 刘峥延, 邢有凯, 等. 中国水泥行业节能减排措施的协同控制效应评估研究 [J]. 气候变化研究进展, 2021, 17 (4): 400-409.

[46] 刘志强, 赵毅, 潘荔. 中外火电节能减排效率分析与比较 [J]. 热力发电, 2021, 50 (3): 9-18.

[47] 高雨萌. 国外氢冶金发展现状及未来前景 [J]. 冶金管理, 2020 (20): 4-14.

[48] 唐珏, 储满生, 李峰, 等. 我国氢冶金发展现状及未来趋势 [J]. 河北冶金, 2020 (8): 1-6, 51.

[49] 赵建安, 钟帅, 沈镭. 中国主要耗能行业技术进步对节能减排的影响与展望 [J]. 资源科学, 2017, 39 (12): 2211-2222.

[50] 顾阿伦, 史宵鸣, 汪澜, 等. 中国水泥行业节能减排的潜力与成本分析 [J]. 中国人口·资源与环境, 2012, 22 (8): 16-21.

[51] 中国人民银行, 国家发展和改革委员会, 中国证券监督管理委员会. 中国人民银行 发展改革委 证监会关于印发《绿色债券支持项目目录 (2021年版)》的通知 [EB/OL]. https://www.gov.cn/zhengce/zhengceku/2021-04/22/content_56012 84.htm, 2021-04-02.

[52] 吴何来, 李汪繁, 丁先. "双碳"目标下我国碳捕集、利用与封存政策分析及建议 [J]. 电力建设, 2022, 43 (4): 28-37.

[53] 宋欣珂, 张九天, 王灿. 碳捕集、利用与封存技术商业模式分析 [J]. 中国环境管理, 2022, 14 (1): 38-47.

[54] 落基山研究所, 能源转型委员会. 中国 2050: 一个全面实现现代化国家的零碳图景 [EB/OL]. https://rmi.org.cn/insights/%E4%B8%AD%E5%9B%BD2050%E4%B8%80%E4%B8%AA%E5%85%A8%E9%9D%A2%E5%AE%9E%E7%8E%B0%E7%8E%B0%E4%BB%A3%E5%8C%96%E5%9B%BD%E5%AE%B6%E7%9A%84%E9%9B%B6%E7%A2%B3%E5%9B%BE%E6%99%AF/, 2019-11-21.

［55］王新频，宋教利，李光鑫．我国水泥工业碳达峰与碳中和前景展望［J］．水泥，2021（8）：1-9.

［56］闫贵壮，何畅．碳金融风险管理的数字化策略［J］．中国金融，2022（11）：29-30.

［57］尚似融，叶苡辰，陈俊衡．中国碳金融交易市场的风险及防控［J］．科技经济市场，2022（12）：1-3.

［58］刘明明．论中国碳金融监管体制的构建［J］．中国政法大学学报，2021（5）：42-51.

［59］樊东星，张叶东．欧盟碳交易监管体系对我国的启示［J］．福建金融，2023（1）：31-39.

［60］陈鹏．欧美碳交易市场监管机制比较研究及对我国的启示［D］．上海：华东政法大学，2012.

［61］王玮钰．我国金融市场存在的风险分析及防范策略探讨［J］．现代营销（下旬刊），2018（9）：40-41.

［62］Tesla. Tesla Impact Report 2021［R］. 2022.

［63］BP. BP 集团 2011 年可持续发展报告概要［R］. 2012.

［64］范欣宇．国际航空业碳抵消与削减机制（CORSIA）运行模式概览［EB/OL］. https：//iigf. cufe. edu. cn/info/1012/6925. htm，2023-05-23.

［65］秦芳菊．绿色金融的法律制度研究［M］．长春：吉林大学出版社，2021.

［66］王广宇．零碳金融：碳中和的发展转型［M］．北京：中译出版社，2021.

［67］程凯，许传华．碳金融风险监管的国际经验［J］．湖北经济学院学报（人文社会科学版），2018，15（10）：44-47.

［68］樊威，陈维韬．碳金融市场风险形成机理与防范机制研究［J］．福建论坛（人文社会科学版），2019（5）：54-64.

［69］王科，李世龙，李思阳，等．中国碳市场回顾与最优行业纳入顺序展望（2023）［J］．北京理工大学学报（社会科学版），2023，25（2）：36-44.

［70］龙葳．我国碳排放权交易监管法律制度研究［D］．兰州：西北民族大学，2023.

［71］周泽兴．我国碳排放权交易监管法律制度研究［D］．大连：大连海事大学，2019.

［72］陈宝贵，石晓慧．碳排放权的法律属性、适质性及质权实现路径

［J］. 金融发展研究，2023（2）：89-92.

［73］Global CCS Institute. Global Status of CCS 2020［R］. 2021.

［74］Saleem I, Riaz M, Mahmood R, et al. Biochar and microbes for sustainable soil quality management［C］//Kumar A, Singh J, Ferreira L F R（Eds）. Microbiome Under Changing Climate. Cambridge：Woodhead Publishing，2022.

［75］Intergovernmental Panel on Climate Change. Global Warming of 1.5℃［R］. 2018.

［76］ICAP. Offset Use Across Emissions Trading Systems［R］. 2023.

［77］Ecosystem Marketplace. State of the Voluntary Carbon Markets 2021［R］. 2021.

［78］Ministry of Economy, Trade and Industry. 2050年カーボンニュートラルに伴うグリーン成長戦略を策定しました［EB/OL］. https：//www. meti. go. jp/press/2021/06/20210618005/20210618005. html，2021-06-18.

［79］全国碳排放权交易市场何时上线交易，如何监管？官方解答来了！［EB/OL］. 澎湃网，https：//m. thepaper. cn/newsDetail_forward_13582023，2021-07-14.

［80］cnBeta. 100%由清洁能源供电的数据中心什么样？苹果丹麦维堡数据中心投入使用［EB/OL］. https：//mp. weixin. qq. com/s/nqjKKc2YMIFPZFw2UiRlKA，2020-09-05.

［81］中国电子装备技术开发协会. 2019年绿色制造系统解决方案供应商典型案例（五）——北京中创碳投科技有限公司［EB/OL］. https：//mp. weixin. qq. com/s/CEEZ2LlUyFqglMBLeNWFWQ，2020-08-18.

［82］Apple. Apple将47亿美元绿色债券用于支持绿色技术创新［EB/OL］. https：//mp. weixin. qq. com/s/Jqx2g8Tjhgs3YkOqI6tEZQ，2022-03-25.

［83］中国国际LNG峰会暨展览. bp激进的低碳战略，成效几何？［EB/OL］. https：//mp. weixin. qq. com/s/QIBpFPSvKQinIe29jC_iTA，2021-05-22.

［84］碳榕数科. CLEAN200™｜关于Apple"碳中和"的真相［EB/OL］. https：//mp. weixin. qq. com/s/fCk1wB13Heq4KZzN_oe_Jg，2023-02-21.

［85］Lawson A, Greenfield P. Shell to spend $450m on carbon offsetting as fears grow that credits may be worthless［EB/OL］. https：//www. theguardian. com/environment/2023/jan/19/shell-to-spend-450m-on-carbon-offsetting-fears-grow-credits-worthless-aoe，2023-01-19.

［86］ Mitchell S. TÜV SÜD Partners with MVGX to Launches Holistic Carbon Neutrality Rating System for Enterprises ［EB/OL］. https：//ethicalmarketingnews. com/tuv-sud-partners-with-mvgx-to-launch-holistic-carbon-neutrality-rating-system-for-enterprises，2023-01-06.

［87］ Fuel Cells Works. TÜV Rheinland Issues First Green Hydrogen Certificate in Brazil for White Martins, Linde's Subsidiary ［EB/OL］. https：//fuelcellsworks. com/news/tuv-rheinland-issues-first-green-hydrogen-certificate-in-brazil-for-white-martins-lindes-subsidiary/，2022-12-21.

［88］ 汽车海外并购. What?! Tesla made ＄5 billion by selling ZEV credits ［EB/OL］. https：//mp. weixin. qq. com/s/xIVGxHq4yoE9Uj6DoJx_Fg，2020-08-18.

［89］ 西门子西家. 案例│宝武炭材：懂得安全之道，打好数字化转型基础! ［EB/OL］. https：//mp. weixin. qq. com/s/2PnaS_bjZTL8modMznmYdQ，2020-01-07.

［90］ 宝武碳业. 宝武碳业节能低碳优秀案例 ［EB/OL］. https：//mp. weixin. qq. com/s/H0Asd0bVE3iLgvjIzzDj-g，2022-06-05.

［91］ 王红秋，付凯妹，等. 参考! 前瞻性企业碳中和路径模式│壳牌炼化业务零碳路径 ［EB/OL］. https：//mp. weixin. qq. com/s/ZYs8_Bj1euXcEqRPs_CXog，2021-05-31.

［92］ 刘杰. 产业分析│从碳市场建设看碳资产、碳业务和碳金融服务 ［EB/OL］. https：//mp. weixin. qq. com/s/rULyfm1Pvu7wQKFJcW1c9Q，2023-03-06.

［93］ 谢东平. 成立研究所、发行债券! 中国华能碳中和的雄心 ［EB/OL］. https：//mp. weixin. qq. com/s/iys1Fh5nDo2Hm8yFLhZmCQ，2021-02-22.

［94］ 田园沐雪，高原. 大唐碳资产：把握碳权，做碳中和先行者 ［EB/OL］. https：//mp. weixin. qq. com/s/1z-PHmRjt_je83WUVwTTxQ，2021-02-10.

［95］ 碳中和能源管理. 大唐碳资产有限公司区域经理孙铭光：企业碳资产管理 ［EB/OL］. https：//mp. weixin. qq. com/s/2O9GP_DaMoesSDNH6LjFYQ，2022-03-29.

［96］ 国际清洁能源论坛. 【2022IFCE 精彩活动】②第九届国际清洁能源论坛大会实现了"碳中和" ［EB/OL］. https：//mp. weixin. qq. com/s/_g2g5Csx3lSNefle1R7Dsw，2023-02-28.

［97］ 舍得低碳. 低碳转型案例系列 10——中国石化 ［EB/OL］. https：//mp. weixin. qq. com/s/JR7V6gUExbUyWl551yZ5Yg，2022-12-01.

［98］ 舍得低碳. 低碳转型案例系列 11——中国宝武 ［EB/OL］. https：//

参考文献

mp. weixin. qq. com/s/ZGDYem5SmWmxY-iuw1jouw，2022-12-02.

［99］张洁. 多措并举　集约管理　助力实现"双碳"目标［J］. 中国电力企业管理，2022（7）：39-40.

［100］妙盈科技. 赋能碳中和，妙盈科技产品迎来全面更新［EB/OL］. https：//mp. weixin. qq. com/s/fhw0MK8VAXpkZjaYLYRbMA，2021-04-07.

［101］聪明投资者. 高瓴张磊今天发声：我们投资的碳阻迹，已形成了可能是全球最大的碳排放因子数据库，ESG 已经纳入高瓴投资全生命周期管理中［EB/OL］. https：//mp. weixin. qq. com/s/cFCZrGcRmsuBP_NbUUwXBg，2021-08-26.

［102］DT 新材料. 国内外碳捕集、利用与封存（CCUS）示范项目及经验浅析［EB/OL］. https：//mp. weixin. qq. com/s/OpaDy9c0oSt7oSzG7etFBw，2022-07-07.

［103］北京绿色交易所.【会员介绍】金诺碳投环保科技（北京）有限公司［EB/OL］. https：//mp. weixin. qq. com/s/EJ086jKNxiAJAxcejnSFIg，2020-11-30.

［104］王亮，刘洋，江南. 巨制‖五大四小发电集团十年全方位 PK！［EB/OL］. https：//mp. weixin. qq. com/s/5GR9JTxTvfkwXxVPDgFBUA，2022-02-28.

［105］New Energy Nexus. 利用强大的数字科技提升企业 ESG 表现——妙盈科技［EB/OL］. https：//mp. weixin. qq. com/s/gjPwsKbDfyguTVxIKsKGig，2022-07-12.

［106］零碳君. 联合利华的大动作：为超过 30000 种商品打上碳标签［EB/OL］. https：//mp. weixin. qq. com/s/_Zwu3OgluiWIa-NEjLGU2g，2021-07-19.

［107］碳阻迹. 连续 11 年实现碳中和，碳阻迹领跑行业行动备受关注［EB/OL］. https：//mp. weixin. qq. com/s/WjGTRnaype6MkCGLMjZ36A，2023-03-12.

［108］北极星储能视界. 两网五大电碳资产公司解密！［EB/OL］. https：//mp. weixin. qq. com/s/U9JJ5ZyzUjKk1z_fY0nDeQ，2022-01-21.

［109］龙源电力. 龙源电力完成全国碳市场首批交易！［EB/OL］. https：//mp. weixin. qq. com/s/ClM0uf7VPVUsYBbufDaENA，2021-07-16.

［110］宝武智维　宝武重工. 绿色低碳｜宝武智维申报案例入选中国宝武绿色低碳优秀案例［EB/OL］. https：//mp. weixin. qq. com/s/qwRJljWGenGI1hBlUCG0NQ，2021-08-28.

［111］北京市绿色产业发展促进会. 专家视角｜梅德文：中国碳中和与碳市场挑战前所未有，机遇千载难逢［EB/OL］. https：//mp. weixin. qq. com/s/C3Zj9Davc5Vj1J9Ay-hGyQ，2023-02-22.

［112］绿脚印. 碳中和知识库｜美国 VS 中国：新能源汽车"双积分"政策

255

对比［EB/OL］. https：//mp. weixin. qq. com/s/cgzb4eSlJG5vqb－baitkWA，2023－02－05.

［113］快公益. 没有量化就没有管理，碳阻迹这样推动双碳目标的实现｜"善经济"思想年礼第三十二份［EB/OL］. https：//mp. weixin. qq. com/s/－KiIZU7wvev0orOWvaAfXw，2023－02－25.

［114］刘文慧. 能源企业碳资产管理平台全梳理［EB/OL］. https：//mp. weixin. qq. com/s/TXg27NXq2OyBm8urNirImA，2021－07－21.

［115］中国建材工业经济研究会订阅号. 欧盟碳价上涨，中国碳价上涨空间如何? 市场规模将有多大?［EB/OL］. https：//mp. weixin. qq. com/s/o48mQya7oeS_JyshuGdJ9A，2023－03－09.

［116］呼和浩特市环境科学学会. 盘活碳资产是当前企业的迫切需求之一［EB/OL］. https：//mp. weixin. qq. com/s/F1LnwTcidXgz_3ULxYJhxQ，2023－03－09.

［117］薛华. 全国碳市场对我国石油石化企业的机遇与挑战［EB/OL］. https：//mp. weixin. qq. com/s/uTAIn0pXBk5Qv595S3CZbQ，2021－07－27.

［118］中创碳投. 国内碳市｜全国碳市交易回暖［EB/OL］. https：//mp. weixin. qq. com/s/a7bOdbdX9faFg0D_2xcFaQ，2023－03－06.

［119］郭伟，陈志斌，郑喜鹏. 全国碳市场面临的新挑战和相关建议［EB/OL］. https：//mp. weixin. qq. com/s/E2CA0PnR－TxxBqDeNbf__g，2021－02－28.

［120］唐人虎，林立身. 全国碳市场运行现状、挑战及未来展望［J］. 中国电力企业管理，2022（7）：20-25.

［121］卢雪梅. 全球CCUS的发展、挑战与趋势［N］. 中国石化报，2022－03－11（005）.

［122］碳阻迹.【碳阻迹原创】让每个产品都有碳足迹（含2019低碳十大事件）［EB/OL］. https：//mp. weixin. qq. com/s/OL－d0XuMll6plOhop2P41Q，2020－01－18.

［123］中国石油和化工大数据. 石化碳中和：国内外石化企业碳中和典型案例（二）（22）［EB/OL］. https：//mp. weixin. qq. com/s/nsYRpaoeG9p2TgZkgSGXpA，2021－10－31.

［124］碳阻迹. 双轮驱动，碳阻迹为控排企业量身打造碳管理解决方案［EB/OL］. https：//mp. weixin. qq. com/s/RJn13VNmcyxFc2At1V1lnA，2021－12－16.

［125］源铄资本. 源铄研究｜双碳风口下的产业机会-碳交易［EB/OL］. https：//mp. weixin. qq. com/s/lNQil－u5js9jf5GpGJMUeUg，2022－04－15.

［126］陈天婧，朱克民，赵书萱，等．上能招风引电，下能养花供热，中石化新能源应用"碳"索不息［EB/OL］．https：//mp. weixin. qq. com/s/3yIttFHgE6 JuN4ehU2zMww，2023-02-13.

［127］Tommy 碳中和．深度解密碳中和巨头企业——中创碳投的财富密码［EB/OL］．https：//mp. weixin. qq. com/s/peDFqQEq-wKQc00KRLF9qw，2022-12-30.

［128］中创碳投．【生态伙伴】北京中创碳投科技有限公司［EB/OL］．https：//mp. weixin. qq. com/s/a1qCOaXtz-m53pLNmxC__g，2022-02-22.

［129］中国物资再生协会．碳关税等国际背景下的中国碳市场展望［EB/OL］．https：//mp. weixin. qq. com/s/sDA8QV7xfW6cLRnYVGCpRw，2022-02-11.

［130］黄通勋．碳关税来了 我们如何应对［EB/OL］．https：//mp. weixin. qq. com/s/FCRn6WctW_1ukh6SVaMCJQ，2023-03-10.

［131］湖北产教融合教育研究院．碳交易基本原理与中国碳市场实践［EB/OL］．https：//max. book118. com/html/2023/0202/6013111011005043. shtm，2023-01-31.

［132］投研七所．碳交易又来涨停潮，有哪些行业公司受益"碳中和"目标？［EB/OL］．https：//mp. weixin. qq. com/s/mD0pDHjnu6bzyx0r8UGr7Q，2021-03-11.

［133］世经未来．【世经研究】碳金融市场发展分析与风险提示［EB/OL］．https：//mp. weixin. qq. com/s/NKOpGyKVPXkFncdJy_hslg，2017-11-22.

［134］烁金．碳金融详解之案例篇［EB/OL］．https：//mp. weixin. qq. com/s/eZwIdk4u4GpRBkh0OpcUqA，2022-07-13.

［135］于智超．碳市场的超级大机遇［EB/OL］．https：//cj. sina. com. cn/articles/view/1434185515/557bef2b0190105rq，2023-01-10.

［136］武汉循环经济协会．碳市场模拟交易——中创碳投（附下载）［EB/OL］．https：//mp. weixin. qq. com/s/crK_oW6LQ-aI7sUJxTDh0g，2022-12-23.

［137］工邦．碳市场投资与碳金融创新的机遇［EB/OL］．https：//mp. weixin. qq. com/s/EMvE1MIKAq4fwufjS-vJLw，2023-02-09.

［138］陆晓如．"碳中和"，CCUS 稳站 C 位［EB/OL］．https：//mp. weixin. qq. com/s/vevpMnunVvCTI7mEA7V8qQ，2022-08-02.

［139］碳阻迹．【碳阻迹原创】碳中和 2023［EB/OL］．https：//mp. weixin. qq. com/s/BO5_0EG3frcd8Rl0EHOjLQ，2023-01-29.

［140］上海市土木工程学会．碳中和关注——10个落地案例！看懂什么是数字碳中和［EB/OL］．https：//mp. weixin. qq. com/s/jxUkEpKa54LmOf_Fsep0lw，2022-09-12.

［141］梅德文．碳中和目标下中国碳市场的挑战、机遇、现状与展望［EB/OL］．https：//mp. weixin. qq. com/s/Q8qjiYMxwTv90xHk51-fnw，2021-12-21.

［142］液化天然气产业协会．碳中和咨询机构碳信托：企业减排第一步是以碳核算绘碳足迹图［EB/OL］．https：//mp. weixin. qq. com/s/KhXXk1lN91 qzA-sXAih54Vg，2022-03-17.

［143］低碳经济学．碳资产管理业务指南：业务流程、实践案例、教程干货！强烈推荐！［EB/OL］．https：//mp. weixin. qq. com/s/jckDKaHg8N1uFi9Sr0gDng，2023-03-06.

［144］碳阻迹．碳阻迹隆重推出"企业碳管理服务"套餐［EB/OL］．https：//mp. weixin. qq. com/s/P8mRDyn4DGweSlWArrOBmQ，2014-09-11.

［145］碳阻迹．喜讯｜碳阻迹中标中煤集团碳排放管理项目［EB/OL］．https：//mp. weixin. qq. com/s/gwEbGm5x7lvLh-JL0rNqyw，2021-10-29.

［146］美通社．投资16亿引领世界级"智造"，联合利华首个"碳中和"生产基地将落户广州［EB/OL］．https：//www. prnasia. com/story/373403-1. shtml，2022-08-29.

［147］金诺碳投．我们的项目｜吉林林业碳汇VCS项目［EB/OL］．https：//mp. weixin. qq. com/s/DdGR6jnGpbt9cQ39KsCQkg，2022-11-23.

［148］海南低碳院厦门分院．碳资讯｜国内五大电力碳资产管理公司揭秘　上篇［EB/OL］．https：//mp. weixin. qq. com/s/QSSffW2SZl4LWZVEpZGMLQ，2023-06-17.

［149］唐云．深度｜新能源商用车为何要缺席新能源汽车积分管理办法？［EB/OL］．https：//mp. weixin. qq. com/s/dxHibifP7fm0HMOYd-z5KQ，2016-09-28.

［150］油化材迅．雪佛龙被罚1.8亿美元！碳排放没有达标！但壳牌在携手各界构建净零排放生态圈［EB/OL］．https：//mp. weixin. qq. com/s/NoRoYOwucvSyJm8b_0yN0g，2021-11-17.

［151］可持续准则研究中心．央企"双碳"行动：华能集团案例［EB/OL］．https：//mp. weixin. qq. com/s/G4nd47-sGoktYfLYMspmgA，2023-03-17.

［152］中创碳投．中创碳投参与的杭州临安天目"临碳"数智大脑项目顺利通过初验［EB/OL］．https：//mp. weixin. qq. com/s/Sy8XJQfeI70EeIJOXF3wog，2022-04-06.

［153］武博文，孟兵站．中创碳投为联合国生物多样性大会碳中和林提供现场监测服务［EB/OL］．https：//mp. weixin. qq. com/s/- wAUKKDQIhYQncDc-WcVtHA，2022-11-25.

［154］孙煜．中创碳投总经理唐人虎：中国碳市场未来发展挑战和机遇并存［EB/OL］．https：//mp. weixin. qq. com/s/kFWXhWwUcOxZnT69cHi6jQ，2022-12-30.

［155］宝武重工．重工之声｜宝武重工申报案例入选中国宝武绿色低碳优秀案例［EB/OL］．https：//mp. weixin. qq. com/s/AJHiCm - OniPiM97wJhAiyg，2021-08-26.

［156］中国石化．中石化宣布：我国最大"碳捕"项目启动！石油巨头CCUS如何布局？［EB/OL］．https：//mp. weixin. qq. com/s/vvfJgkqtuOZGdLnCaak-oUw，2021-07-05.

［157］注册企业近300家！碳资产管理公司的大生意［EB/OL］. IESPlaza 综合能源服务网，https：//mp. weixin. qq. com/s/jQCtGof1xLFor7LMZ4yHKg，2021-12-02.

［158］碳阻迹．助力钢铁行业数字化转型，碳阻迹提供一站式碳排放信息化解决方案［EB/OL］. https：//mp. weixin. qq. com/s/OcmrqEU_OAbu9N3XKNsB0g，2021-11-10.

［159］苏萌，席索迪. CCER 重启按下加速键：快评《温室气体自愿减排交易管理办法（试行）》（征求意见稿）［EB/OL］．https：//www. kwm. com/cn/zh/insights/latest-thinking/ccer-restart-draft-trial-measures-for-administration-of-greenhouse-gas-voluntary-emission-reduction-trading. html，2023-07-10.

［160］从立法、实施、监督、保障四方面完善碳交易法治体系［EB/OL］. 生态中国网，https：//www. eco. gov. cn/news_info/54462. html，2022-04-19.

［161］EPA. The Basics of the Regulatory Process［EB/OL］．https：//www. epa. gov/laws-regulations/basics-regulatory-process，2023-09-06.

［162］于清教．深度解析美国碳排放权制度及其交易体系机制［EB/OL］．https：//www. rtans. com/article/16641682668918. html，2022-09-26.

［163］碳市场的监管机制分析——美国碳交易市场的监管［EB/OL］．碳排放交易网，http：//www. tanjiaoyi. com/article-3430-1. html，2014-09-28.

［164］Szabo M. DNV Suspension Another Jab at Battered CO_2 Scheme［EB/OL］．https：//www. reuters. com/article/idusTRE4B04K1/，2008-12-02.

［165］刘磊．政策协同视角下对我国征收碳税的政策建议［EB/OL］.

https：//fae. ucass. edu. cn/info/1075/1467. htm，2022-03-31.

［166］周海赟. 碳税征收的国际经验、效果分析及其对中国的启示［J］. 理论导刊，2018（10）：96-102.

［167］ICAP. Emissions Trading Worldwide：2023［EB/OL］. https：//icapcarbonaction. com/en/publications/emissions-trading-worldwide-2023-icap-status-report，2023-03-22.

［168］ICAP. Emissions Trading Worldwide：2022［EB/OL］. https：//icapcarbonaction. com/en/publications/emissions-trading-worldwide-2022-icap-status-report，2022-03-29.

［169］Roppongi H，Suwa A，De Oliveira J A P. Innovating in sub-national climate policy：The mandatory emissions reduction scheme in Tokyo［J］. Climate Policy，2016，17（4）：516-532.

［170］曾朵红，阮巧燕. 氢能源行业深度报告：绿氢，第四次能源革命的载体［EB/OL］. https：//zhuanlan. zhihu. com/p/612332210，2023-03-08.

［171］生态环境部环境规划院，中国科学院武汉岩土力学研究所，中国 21 世纪议程管理中心. 中国二氧化碳捕集利用与封存（CCUS）年度报告（2021）——中国 CCUS 路径研究［EB/OL］. https：//img76. hbzhan. com/4/20210727/637629742157746067210. pdf，2021-07-27.

［172］央行行长易纲：碳减排支持工具发放再贷款超 3000 亿元［N］. 中国能源报，2023-02-13（007）.

［173］碳中和学堂. 一文了解 CCER、CDM、GS、VCS 、ACR 等国内外自愿减排类型［EB/OL］. https：//zhuanlan. zhihu. com/p/660526885，2023-10-10.

［174］CRTs 签发与使用情况［EB/OL］. 碳排放交易网，http：//www. tanpaifang. com/tanxinyong/2023/0827/100090. html，2023-08-27.

［175］刘磊，张永强. 基于碳排放权交易市场的碳税制度研究［J］. 税务研究，2019（2）：46-52.

［176］梅德文，葛兴安，邵诗洋. 国际自愿减排市场评述与展望［J］. 中国财政，2022（15）：27-29.

［177］袁鹰. 碳金融：不仅仅是机会［J］. 金融博览（银行客户），2008（8）：21-22.

［178］Labatt S，White R R. Carbon Finance：The Financial Implications of Climate Change［M］. Hoboken：John Wiley & Sons，Inc. ，2007.